Studienkurs Soziale Arbeit

Lehrbuchreihe für Studierende der Sozialen Arbeit
an Hochschulen und Universitäten

Praxisnah und in verständlicher Sprache führen die Bände der Reihe
in die zentralen Anwendungsfelder und Bezugswissenschaften
der Sozialen Arbeit ein und vermitteln die für angehende Sozialar-
beiter:innen und Sozialpädagog:innen grundlegenden Studien-
inhalte. Die konsequente Problemorientierung und die didaktische
Aufbereitung der einzelnen Kapitel erleichtern den Zugriff auf die
fachlichen Inhalte. Bestens geeignet zur Prüfungsvorbereitung u. a.
durch Zusammenfassungen, Wissens- und Verständnisfragen
sowie Schaubilder und thematische Querverweise.

Barbara Thiessen | Margrit Brückner
Michaela Köttig | Lotte Rose | Yvonne Rubin

Geschlecht und Soziale Arbeit

Onlineversion
Inlibra

Die Deutsche Nationalbibliothek verzeichnet diese Publikation in der Deutschen Nationalbibliografie; detaillierte bibliografische Daten sind im Internet über http://dnb.d-nb.de abrufbar.

ISBN 978-3-8487-7998-7 (Print)
ISBN 978-3-7489-2390-9 (ePDF)

1. Auflage 2026

Inhaltsverzeichnis

Einleitung: Geschlecht und Soziale Arbeit.
Theoretische Einordnungen und Gebrauchsanleitung

Barbara Thiessen, Margrit Brückner, Michaela Köttig, Lotte Rose und Yvonne Rubin

I. Ausgangspunkt: Konfrontation mit Genderwissen –
Ambivalenzen, Widerstände und Aha-Erlebnisse

Warum sind Geschlechterfragen für Soziale Arbeit relevant? Kaum ein Curriculum in Studiengängen Sozialer Arbeit kommt ohne Bezug zu Geschlechterverhältnissen, Geschlechtermustern und Genderanalysen aus. Einschlägige Lexika und Handbücher warten mit Beiträgen zu Geschlecht und „Gendersensibler Soziale Arbeit" (Maurer 2021) auf.

Es ist allerdings ein riskantes Unterfangen, zu diesen Themen mit Studierenden Sozialer Arbeit ins Gespräch zu kommen – und zwar für alle Beteiligten. Denn im Seminar treffen unterschiedliche Wissensarten zu Geschlecht aufeinander: theoretisch fundierte Gender Studies, praxisorientiertes Gleichstellungswissen und alltagsweltliche Erfahrungen zu Geschlechterfragen (vgl. Wetterer 2009). Diese Wissensarten sind zugleich hierarchisiert, sodass Studierende ihre alltagsweltlichen Wissensbestände entwertet erleben können, während das wissenschaftliche Wissen als höherrangig wahrgenommen wird. Die Entwertungsdynamiken stellen ein erstes Risiko dar.

Ein zweites riskantes Unterfangen ist darin begründet, dass mit der Thematisierung von Geschlecht immer auch Beziehungen, Körper, Sexualität, Machtverhältnisse, kulturelle Orientierungsmuster, tradierte Verhaltensweisen und alltägliche Handlungsroutinen im Raum stehen. Damit werden private Aspekte berührt, die üblicherweise nicht zum Gegenstand berufsqualifizierender Seminareinhalte gehören. Auch wenn Geschlechterfragen an gesellschaftlichen Verhältnissen oder in Bezug auf Adressat:innen vorgestellt werden, werden Studierende diese immer auch auf sich und ihre Erfahrungen, Orientierungen und Handlungspraktiken beziehen. Damit entstehen spezifische und auch konfliktbehaftete Dynamiken: Während bspw. eine Person gerade mit ihrem geschlechtlichen oder begehrensbezogenen Coming-out befasst ist, sieht die nächste bisherige religiöse Überzeugungen angegriffen. Für Studierende in heterosexuellen Beziehungen können Muster privater, häuslicher Arbeitsteilung in unterschiedlicher Weise konfliktär bewusst werden, während für andere alltägliche Sexismuserfahrungen nicht mehr zu bagatellisieren sind. Männlich sozialisierte Studierende können sich angegriffen fühlen, wenn häusliche Gewalt auf dem Seminarplan steht, auch wenn sie sich selbst gegenüber tradierten Männlichkeitsmustern abgrenzen.

Pointiert formuliert Hella Gebhart (2015) das unmögliche Unterfangen, in „Genderseminaren" Fachwissen und theoretisches Rüstzeug zu vermitteln, das von den Rezipient:innen kaum ohne kritische Introspektion zu verdauen ist, um die sie jedoch nicht gebeten haben: „Wir formulieren in der Gewissheit, das bessere – weil wissenschaftlich begründete – Genderwissen zu haben; Wir verlangen Selbstreflexion, wo kein aktueller Anlass besteht, und wir erwarten eine Motivation, genderbewusst zu arbeiten, wobei unklar gelassen wird, was dies bedeutet" (Gebhart 2015: 78). Problematisch ist – wie Lotte Rose (2007) formulierte –, dass Studierende Sozialer Arbeit vor allem mit den „dunklen Seiten des Geschlechterverhältnisses" konfrontiert werden, mit denen sie gerade auf Seite der Adressat:innen in besonderer Weise zu tun haben. Es sei aber genau dieser Bias, der sie daran hindere, die eigene vergeschlechtlichte Erfahrungsgeschichte in Bezug auf die Profession zu untersuchen (vgl. ebd.) und – das wäre zu ergänzen – auch in den Widerstand zu gehen, um überwunden geglaubte Schieflagen im Geschlechterverhältnis, die sie im eigenen Leben entweder privilegieren oder deprivilegieren, nicht zur Kenntnis nehmen zu müssen.

II. Soziale Arbeit mit der Geschlechterbrille betrachtet

Es wird ihnen aber nicht erspart bleiben. Drei Gründe sind dafür verantwortlich. Erstens: Im Studium der Sozialen Arbeit ist einer kritischen Geschlechterreflexion kaum zu entkommen: Wenn Studierende Sozialer Arbeit sich im Studium umschauen, sehen sie ganz überwiegend weiblich gelesene Personen in den Seminarräumen und Hörsälen. Auch in Praxiseinsätzen haben sie mehrheitlich mit Kolleginnen zu tun. Auf Leitungs- und auf professoraler Ebene begegnen ihnen jedoch mindestens zur Hälfte, häufig mit noch deutlicherem Überhang, männlich gelesene Personen. Wenn dann noch ein Blick auf die empfohlene Semesterliteratur oder auch auf die Leitungsebenen großer Wohlfahrtsverbände, Gewerkschaften oder Ämterstrukturen geworfen wird, überwiegen sowohl im Wissenschafts- als auch Praxisbereich die Namen von Männern.

Dies ist – im aufgeklärten 21. Jahrhundert – zumindest erklärungsbedürftig und das umso mehr, wenn im Grundlagenseminar zur Geschichte Sozialer Arbeit offensichtlich wird, dass Profession und Disziplin Sozialer Arbeit um 1900 im Wesentlichen – und dies ist der zweite Grund für die notwendige Befassung mit Geschlechterfragen – von der bürgerlichen Frauenbewegung initiiert und vorangetrieben wurde (vgl. Braches-Chyrek 2013). Entsprechend stammen die ersten Lehrbücher und theoretischen Konzepte von feministischen Pionierinnen (ebd.). Christoph Sachße bringt diese Entwicklung folgendermaßen auf den Punkt: „Soziale Arbeit veränderte sich [...] von einem Konzept weiblicher Emanzipation zu einem Dienstleistungsberuf unter männlicher Leitung" (Sachße 2001: 679). Um in der Wissenschaft und Praxis bis heute anhaltende Ungleichgewichte in den Geschlechterdynamiken zu verstehen, sind geschlechtertheoretische Analysen unerlässlich.

Ein dritter Grund ist schon angeklungen: Die sozialen Problemlagen der Adressat:innen Sozialer Arbeit sind ohne kritisches Geschlechterwissen kaum adäquat nachzuvollziehen. Entsprechend sind für fachliche Konzepte, Bildungsperspektiven und Interventionen geschlechterkritische Perspektiven bedeutsam. Angebote Früher Hilfen, die Mütter adressieren und Väter ‚vergessen‘, Ausstiegsberatung für rechtsextremistisch eingestellte junge Erwachsene ohne Rekurs auf Geschlechtsidentität, Waldkindergärten, in denen Eltern vor allem ihre Söhne anmelden, Altenheime, in denen die – wenigen – männlichen Bewohner darüber klagen, dass es so wenig Angebote für sie gibt, Angebote der tiergestützten Intervention, die vor allem von Frauen durchgeführt werden und auf die vor allem Mädchen ‚fliegen‘, oder Schutzeinrichtungen im Kontext häuslicher Gewalt ohne Wissen über Gewalt im Geschlechterverhältnis – dies alles wäre jeweils verfehlt und Interventionen weitgehend ineffektiv oder schlimmstenfalls kontraproduktiv ohne das Mitdenken von Geschlechterordnungen.

Auf der Ebene von Profession, der Disziplingeschichte sowie im Hinblick auf methodisches Handeln und das Erfassen der Lebenswelt der Adressat:innen ist Geschlecht als Analysekategorie unverzichtbar. Das hier vorliegende Lehrbuch Geschlecht und Soziale Arbeit will dazu einladen, sich mit diesen Zusammenhängen zu beschäftigen, sich Genderwissen zu erschließen und es für Theorie und Praxis Sozialer Arbeit als Handlungswissen anschlussfähig werden zu lassen. Bevor die Beiträge kurz vorgestellt werden, sollen im Folgenden knapp geschlechtertheoretische Bezüge auch in ihrer historischen Genese, die in allen Beiträgen relevant sind, ausgeführt werden.

III. Geschlechtertheoretische Bezüge und Vorbemerkungen

Im Austausch mit Studierenden zeigt sich, dass Geschlechterthemen zumeist auf der Mikro-Ebene gesehen werden, also als Identitätskategorie oder als Faktor in individuellen Interaktionen: Wie erlebe ich mich als Mann im Studium der Sozialen Arbeit? Oder: Wird hier mein Outing als trans Frau akzeptiert? Oder: Wie wird sich meine Beziehung verändern, wenn ich immer häufiger Fragen von Geschlechtergerechtigkeit mit meinem Freund diskutiere? Oder: Welche Rolle spielt es im Kontakt mit Klient:innen und Kolleg:innen, dass ich als Frau, als Mann, als queerer Mensch spreche?

Relevanter für die langfristige Wirkung spezifischer Geschlechterverhältnisse sind jedoch geschlechterbezogene Gestaltungen auf der Meso-Ebene, also der Ebene von Institutionen und ihrer Regulierungen, wie etwa das Ehegattensplitting in Deutschland, das zusammen mit dem mehrheitlich von Frauen genutzten Minijob-Angebot für den Bestand des sogenannten ‚Ernährermodells‘ sorgt. Auf dieser Ebene setzen daher auch zumeist Gleichstellungsmaßnahmen an wie Quotierung von Leitungspositionen oder Implementierung von Vereinbarkeitsregeln. Für kurzfristige Veränderungsmöglichkeiten ist schließlich die dritte Ebene, die symbolische Ordnung auf der Makro-Ebene, nicht erreichbar, in die jahrhundertealte Traditionsbestände, religiöse Sinnsysteme und juridische Normvorstellungen eingegossen sind (vgl. Engelfried/Ostrowski 2022). Diese drei Ebenen sind zwar miteinander verzahnt und aufeinander bezogen, ihre Trennung kann jedoch hilfreich sein, um das unterschiedliche Dimensionieren von Geschlecht zu verstehen.

Wenn hier und im Folgenden von Geschlecht gesprochen wird, steht dahinter das Verständnis von Geschlecht als Kontinuum statt dichotom gedachter Zweigeschlechtlichkeit (vgl. Hark 2023: 6). Weder biologisch noch sozial-kulturell lassen sich die Grenzen von ‚männlich‘ und ‚weiblich‘ trennscharf ziehen, vielmehr ist von einer Fluidität von Geschlecht ebenso wie von sexuellen Begehrensstrukturen und geschlechtlicher Positionierung – cis, trans – auszugehen. Für Soziale Arbeit relevant ist diese Konzeption von Geschlecht deshalb, weil die geschlechtliche und sexuelle Selbstbestimmung bedeutsam für eine angemessene Wahrnehmung der Adresat:innen ist. Der Auftrag Sozialer Arbeit lässt sich hier nicht zuletzt aus § 9 Abs. 3 SGB VIII ableiten: Gleichstellung aller Geschlechter ist in diesem Absatz des Sozialgesetzbuches als Auftrag bezogen auf Kinder und Jugendliche formuliert. Im Gesetzestext werden neben Mädchen und Jungen explizit auch trans, inter und nonbinäre Kinder und Jugendliche benannt.

Ein viel rezipiertes Konzept, Geschlecht in seiner Komplexität nachvollziehbar zu machen, stammt von Mechthild Bereswill und Gudrun Ehlert (2010; siehe auch Bereswill 2016; 2019). Demnach kann Geschlecht in dreifacher Weise konzeptionell aufgespannt werden, nämlich erstens als Strukturkategorie, zweitens als soziale Konstruktion und drittens als Konfliktkategorie. Diese drei Dimensionen, die bezogen auf das oben angeführte Modell auf der Meso-Ebene (1) sowie auf der Mikro-Ebene (Interaktion (2) sowie Identität (3)) angesiedelt sind, werden im Folgenden knapp skizziert.

III.1. Geschlechterverhältnisse: Geschlecht als Strukturkategorie

Die erste Dimension von Geschlecht im Modell von Bereswill und Ehlert (2010) zielt auf die Ebene gesellschaftlicher Strukturierung und nimmt das Geschlechterverhältnis als Herrschaftsverhältnis in den Blick. Die Regeln und Organisationsprinzipien von Gesellschaften – z. B. die Verrechtlichung sozialer Beziehungen – setzen soziale Gruppen ins Verhältnis zueinander. Dieses ‚in Beziehung Setzen‘ erfolgt nicht wertfrei: Das Geschlechterverhältnis wird als Herrschaftsverhältnis verstanden, das zu Ungunsten von Frauen institutionalisiert ist. Es hat sich in historischen Prozessen herausgebildet und mit dieser Perspektive lassen sich bestimmte Phänomene, wie z. B. die Arbeitsteilung zwischen den Geschlechtern und die Zuweisung der Geschlechter zu den Sphären des Privaten und des Öffentlichen, analysieren: Geschlecht fungierte und fungiert auch heute noch als „sozialer Platzanweiser" (ebd.: 144), das Geschlechterverhältnis wird „in verschiedenen sozialen Formationen, wie z. B. [...] in Partnerschaften und auf dem Arbeitsmarkt reproduziert" (Alischer 2018: 19). Der Arbeitsmarkt ist auch heute noch horizontal und vertikal geschlechtlich strukturiert.

Gesellschaftliche Ressourcen sind – je nach geschlechtlicher Zugehörigkeit – einfacher, erschwert oder auch gar nicht zugänglich. Erschwerte bzw. verwehrte Zugänge werden zum einen als soziale Ungleichheit verstanden, zum anderen gehen sie mit sozialer Ungerechtigkeit einher (vgl. Fraser 2003: 21ff.). Soziale Ungleichheiten und soziale Ungerechtigkeiten beschränken sich allerdings nicht nur auf die Kategorie Geschlecht, sondern umfassen weitere Kategorien, wie z. B. die Zugehörigkeit zu einem bestimmten Milieu (Klasse) oder Ethnizität. Durch die Einbeziehung weiterer Kategorien sozialer Ungleichheit lassen sich Fragen danach beantworten, ob in bestimmten Ungleichheitskonstellationen z. B. auch Männer von gesellschaftlichen Ressourcen ausgeschlossen sind bzw. einen erschwerten Zugang dazu haben.

Solche Fragestellungen werden unter dem Stichwort Intersektionalität (Crenshaw 1989; Ritter 2024) verhandelt. Gemeint ist damit einerseits, dass Geschlecht nicht isoliert für sich bedeutsam ist, sondern mit anderen Ungleichheitsdimensionen verknüpft ist. Andererseits verweist Intersektionalität darauf, dass es nicht ausreichend ist, nur einen gesellschaftlichen Teilbereich, z. B. den Arbeitsmarkt, zu betrachten, sondern dass „nach dem – teilweise verborgenen – Wechselverhältnis zwischen unterschiedlichen Differenzerfahrungen und verschiedenen gesellschaftlichen Sphären wie beispielsweise der Erwerbs- und Familienarbeit zu fragen" ist (Bereswill/Ehlert 2010: 145), um damit verschiedene Differenzkategorien im Verhältnis und Prozess sozialer Ungleichheit berücksichtigen zu können.

Mit Bezugnahme auf Gender als Strukturkategorie lassen sich Phänomene beschreiben, die sich unter dem Begriff der ‚rhetorischen Modernisierung' fassen lassen. Dieser – von Angelika Wetterer geprägte – Begriff meint, dass das Geschlechterverhältnis gegenwärtig durch Widersprüche, Brüche und Ungleichzeiten gekennzeichnet ist, die sich durch die „Verschiebung des Zusammenhangs von alltäglichem Differenzwissen und der Sozialstruktur" auszeichnen (Alischer 2018: 23). Während sich – auf der einen Seite – Berufszweige sowohl für Frauen als auch für Männer geöffnet haben und rechtliche Regelungen dahin gehend verändert wurden, dass (zumindest ansatzweise) Existenzsicherungen für Alleinerziehende zur Verfügung gestellt werden, hat sich – auf der anderen Seite – „die geschlechtliche Arbeitsteilung praktisch nicht gewandelt" (ebd.).

Die geschlechtergerechte Arbeitsteilung, z. B. der Sorgeaufgaben in der Familie, scheint in gebildeten Mittelschichtsfamilien zwar als selbstverständlich zu gelten, die gelebte Praxis sieht allerdings anders aus: Nach der Geburt des ersten Kindes verlängert sich die Erwerbsarbeitszeit der Väter signifikant, der Wunsch nach involvierter Vaterschaft konkretisiert sich insbesondere in der teilweisen – zumeist zweimonatigen – Übernahme der Elternzeit und in der Aktivität mit Kindern nach Feierabend und an den Wochenenden (vgl. Thiessen 2019: 82). Dass dies so ist, scheint viel mit dem immer noch gültigen „Weiblichkeitskonzept ‚Mutterliebe'" (ebd.) zu tun zu haben, das den Müttern tief eingeschrieben ist und scheint mit der Vorstellung einer ‚natürlichen' Zuständigkeit einherzugehen. Anders kann sich die Situation in unteren sozialen Milieus darstellen, in denen – trotz eher konservativer Geschlechterkonzepte – dann eine partnerschaftliche Arbeitsteilung vorzufinden ist, wenn beide Elternteile gleichermaßen erwerbsarbeitstätig sein müssen (z. B. in der

Schichtarbeit) und Haus- und Kinderbetreuungsarbeit verteilt werden muss (vgl. ebd.; Lengersdorf/Meuser 2022).

Eine Analyse von Geschlecht als Strukturkategorie ermöglicht zu erkennen, auf welcher Grundlage den Geschlechtern verschiedene Tätigkeiten zugeschrieben und verschiedene Ressourcen für diese Tätigkeiten zur Verfügung gestellt werden, z. B. zur Übernahme sorgender Tätigkeiten. Dabei wird der Annahme gefolgt, dass die bestehenden Geschlechterverhältnisse und ihre Reproduktion die „Grundlage für die Zuweisung von Geschlechterrollen, die Zuschreibung von Eigenschaften, Konzepten von Erziehung" darstellen (Maihofer 2002: 84).

III.2. Doing gender: Geschlecht als soziale Konstruktion

Ergänzend zur Analyseperspektive von Geschlecht als Strukturkategorie fokussiert die Analyseperspektive von Geschlecht als einer sozialen Konstruktion darauf, „den Körper nicht als Basis, sondern als Effekt sozialer Prozesse" (Hirschauer 1989: 101) zu verstehen. Sie zielt darauf ab, „jene soziale(n) Prozesse in den Blick zu nehmen, in denen ‚Geschlecht' als sozial folgenreiche Unterscheidung hervorgebracht und reproduziert wird" (Gildemeister 2008: 167). Die Zugehörigkeit zu einem Geschlecht und die Geschlechtsidentität werden als fortlaufende Herstellungsprozesse aufgefasst, die zusammen mit jeder menschlichen Aktivität vollzogen werden. „Etwas anders ausgedrückt: Nicht ‚der Unterschied' konstituiert die Bedeutung, sondern die Bedeutung die Differenz" (Gildemeister 2010: 137). ‚Doing gender' wurde vor dem Hintergrund soziologischer Erkenntnisse zur Transgeschlechtlichkeit entwickelt und erforderte eine Abkehr vom gängigen Alltagswissen, nach dem es „zwei Geschlechter gibt und nicht mehr" (Becker-Schmidt 2017: 202). Das Konzept wurde von Candace West und Don H. Zimmermann als dreigliedrige Unterscheidung mit dem Ziel erarbeitet, „den heimlichen Biologismus' der sex-gender-Unterscheidung zu überwinden" (Gildemeister 2010: 138). West und Zimmermann unterschieden die folgenden drei Kategorien:

- „sex': die Geburtsklassifikation des körperlichen Geschlechts aufgrund sozial vereinbarter biologischer Kriterien;
- ‚sex-category': die soziale Zuordnung zu einem Geschlecht im Alltag aufgrund der sozial geforderten Darstellung einer erkennbaren Zugehörigkeit zur einen oder anderen Kategorie. Diese muss der Geburtsklassifikation nicht entsprechen;

- ‚gender': die intersubjektive Validierung in Interaktionsprozessen durch ein situationsadäquates Verhalten und Handeln im Lichte normativer Vorgaben und unter Berücksichtigung der Tätigkeiten, welche der in Anspruch genommenen Geschlechtskategorie angemessen sind" (ebd.).

Durch die analytische Unterscheidung der Geburtsklassifikation (sex), der sozialen Zuordnung (sex-category) und dem sozialen Geschlecht (gender) wird es möglich, reflexiv Bezüge zwischen den jeweiligen Kategorien herzustellen und dadurch „Natur als kulturell gedeutete in die soziale Konstruktion von Geschlecht hineinzuholen" (ebd.: 138).

III.3. Geschlecht als Konfliktkategorie

Dieser theoretische Fokus von Geschlecht stellt eine subjekttheoretische Perspektive ins Zentrum, die davon ausgeht, dass jene kulturellen Deutungsmuster, denen Weiblichkeit und Männlichkeit zugrunde liegen, nicht einfach übernommen, sondern inter- und intrasubjektiv angeeignet werden (vgl. Bereswill/Ehlert 2010: 147). Geschlecht stellt einen Aspekt der Identität dar, der Ausdruck „eines lebenslangen, spannungsreichen und mit fortlaufenden Konflikten verbundenen Aneignungsprozesses" ist, „in dessen Verlauf der Eigensinn des Subjekts und gesellschaftliche Erwartungshorizonte in Spannung zueinander stehen" (ebd.). Die Geschlechtsidentität ist ein steter Balanceakt „zwischen den sozialen Erwartungen an das Subjekt und seinen eigenen Wünschen, aber auch im Subjekt selbst, in dessen innerer Realität ebenfalls widerstreitende Strebungen" (ebd.) bewältigt werden müssen.

IV. Darf's noch etwas mehr sein? Umgang mit komplexen Geschlechterlagen

Das Vertrackte beim kritischen Reflektieren von Geschlecht und bei der Notwendigkeit zu handeln in einer Welt, in der Geschlechterdimensionen auf mehreren Ebenen gleichzeitig wirksam sind, ist die daraus erwachsende Notwendigkeit, Komplexität zu reduzieren. Während im Gender-Seminar über Geschlechterdiversität und geschlechtliche Positionierungen diskutiert wird, funktionieren geschlechterbezogene Ungleichheitsverhältnisse weiter in intersektional verstärkter Weise. Zugleich können identitätsbezogene Entscheidungen strukturelle Ungleichheiten nicht auflösen; sie sind gleichwohl legitim und bedeutsam, da marginalisierte Positionen zumeist auch auf strukturelle Ungleichheiten verweisen.

Angesichts der zunehmenden antifeministischen, queerfeindlichen, antisemitischen, rassistischen und antidemokratischen Entwicklungen kommt der geschlechterkritischen Sozialen Arbeit eine zentrale Rolle dabei zu, den Normalisierungen solcher Positionen entgegenzuwirken (vgl. Ehlert et al. 2020). Ihre Aufgabe besteht darin, die sozialen Konstruktionen von Geschlecht kritisch zu hinterfragen und die damit verbundenen Machtstrukturen zu analysieren, die zu Ungleichheiten und Diskriminierungen führen.

Dies beinhaltet die Sensibilisierung von Individuen und Gemeinschaften für die Verführbarkeit durch die Idee scheinbar einfacher, ‚natürlicher‘ Geschlechterordnungen, die zulasten von Frauen und ihren Rechten gehen. Dadurch würden alle Geschlechter in ihrem Geschlechtsausdruck und in ihren vielfältigen Begehrensstrukturen begrenzt. Somit besteht die Aufgabe einer gendersensiblen Sozialen Arbeit auch darin, einen kritischen Dialog zu fördern, der auf Inklusivität und Gleichberechtigung abzielt, der einen Austausch über Geschlechterfragen ermöglicht und solidarische Allianzen fördert, die sich gegen antifeministische und antigenderistische Tendenzen stellen.

V. Gebrauchsanleitung und Überblick über den Band

Das hier vorliegende Lehrbuch ist für Interessierte gedacht, die sich in die Zusammenhänge von Geschlechterfragen im Kontext Sozialer Arbeit einlesen wollen. Es kann als Seminarlektüre in einschlägigen Seminaren und Modulen des Studiums Sozialer Arbeit dienen. Die Lektüre kann an jeder Stelle des Bandes beginnen: Das Lehrbuch ist weniger dazu gedacht, alle Kapitel der Reihe nach durchzuarbeiten, auch wenn die Ordnung der Kapitel nicht zufällig ist. Es wird vielmehr dazu eingeladen, sich zunächst jene Kapitel auszuwählen, die spontan das größte Interesse wecken. Jeder Text ist für sich allein lesbar und in sich abgeschlossen. Es gibt keine Wissensvoraussetzungen durch andere Texte des Buches. Sie starten alle mit einer Praxissituation und enden mit Reflexionsfragen. Das Lehrbuch eignet sich daher ebenso für das Selbststudium wie für Seminardiskussionen. Es soll zur eigenen thematischen Recherche und eigenem Weiterdenken verführen.

Die Auswahl der Themen ist eng an die Forschungs- und Lehrschwerpunkte der Herausgeberinnen geknüpft. Es erhebt damit weder Anspruch auf Vollständigkeit noch werden besonders bedeutsame Themen reklamiert. Vielmehr wünschen sich die Autorinnen, diesem Lehrbuch weitere folgen zu lassen mit anderen Autor:innen, die andere Schwerpunkte setzen. Im Einzelnen finden sich folgende Beiträge:

Lotte Rose startet mit einem Blick auf „Entwicklungen geschlechtertheoretischer Konzepte. Geschlechterdifferenz(ierung)en als gesellschaftliches Artefakt". Darin zeichnet sie nach, wie zu welcher Zeit das so ‚augenscheinliche' Phänomen der binären Geschlechterdifferenz von Mann und Frau als einzig möglichen geschlechtlichen Seinsweisen, das als eherne kulturanthropologische Konstante erscheint, gedacht und wie seine Existenz erklärt wurde und welche Folgen dies hatte. Im Zentrum stehen hierbei die Konzepte der Differenztheorie, des Doing Gender und des (De)Konstruktivismus.

Es folgt ein weiterer Beitrag von Lotte Rose zur „Biologie der Körper und das menschliche Geschlecht", in dem sie sich eingehend einer besonderen Theoriefigur im Kontext von Geschlecht widmet – der Idee der Natürlichkeit der Kategorien Frau und Mann. Diese Idee scheint auf der einen Seite zwar längst überholt zu sein durch das feministische Wissen um die ‚gesellschaftliche Gemachtheit' von Geschlecht, das seit den 1970ern entwickelt wurde. Auf der anderen Seite ist sie aber noch höchst lebendig, ob verdeckt oder offen. Teilweise erhält sie auch neue Schübe in konservativen oder reaktionären Denkströmungen.

Margrit Brückner schließt daran an mit einem Kapitel zu „Liebe – Erotik – Sünde und ihre Rahmungen in der Sozialen Arbeit", dessen Ausgangspunkt die doppelte Rolle dieser Thematik in der Sozialen Arbeit ist. Einerseits beschäftigt sich Soziale Arbeit traditionell mit kulturellen sowie physischen sexuellen Grenzüberschreitungen, andererseits kommt Sozialer Arbeit nicht nur in der Kinder- und Jugendarbeit die Aufgabe sexueller Bildung zu. Ausgehend von einer Skizzierung von Kontinuitäten und Wandel in Liebesbeziehungen werden verschiedene Geschlechterbilder in erotischer Liebe skizziert, um anschließend alte und neue Verständnisse von Erotik und Sexualität darzustellen.

Aus Liebe und Erotik kann, muss aber nicht notwendigerweise, eine neue Generation entstehen. Daher ist das nächste Kapitel dem Zusammenhang von Geschlecht und familialen Lebenslagen gewidmet. Barbara Thiessen erläutert die bedeutende Bezugnahme Sozialer Arbeit auf Familie und stellt das praxistheoretische Konzept des ‚Doing Family' vor, mit dessen Hilfe die alltägliche Herstellung von Familie aus Perspektive der je unterschiedlich Beteiligten geschieht. Daraus entwickelt sie das ‚making Family' mit Blick auf Fachkräfte, deren Interventionen und alltagsweltliche Begleitung von Familien(mitgliedern) an eigensinnige Praktiken von Familien anschließen oder Neuanfänge vor dem Hintergrund misslingender und schädigender Familienerfahrungen unterstützen können.

Margrit Brückner fokussiert in ihrem Beitrag zu „Care, Fürsorgerationalität und die Folgen für die Soziale Arbeit" care-theoretische Perspektiven und rahmt Soziale Arbeit als eine Variante professioneller Care-Arbeit. Ausgehend vom Begriff Care (Sorgen) und von der internationalen Entwicklung der theoretischen und politischen Auseinandersetzung mit gesellschaftlichen Formen des Sorgens wird die heutige Bedeutung von Care als Herzstück des Wohlfahrtsstaates und von Fürsorgerationalität als Basis beziehungsorientierten Sorgetragens dargelegt. Abschließend geht es um die Bedeutung von Care für die Soziale Arbeit.

Im Kapitel „Gewalt in den Geschlechterverhältnissen. Ausmaß, Hintergründe und Bedeutung für Soziale Arbeit" verweist Margrit Brückner auf das ebenso alltägliche wie erschreckende Ausmaß von Gewaltvorkommnissen in privaten Lebensverhältnissen, bei denen in drei von vier Fällen Frauen die Opfer sind und die gegenwärtig besorgniserregend zunehmen. Zunächst skizziert sie, wie das Gewaltproblem zu einem zentralen Thema der Auseinandersetzung mit den Geschlechterverhältnissen wurde und wie sich die internationale Debatte dazu entwickelte. Diese von der Frauenbewegung ausgehende Auseinandersetzung führte zu – für die Soziale Arbeit – wichtigen Unterstützungsnetzwerken, insbesondere hinsichtlich Partnerschaftsgewalt. Hierbei werden zunehmend auch Gewaltformen von Frauen gegenüber Männern als auch in queeren Partnerschaften berücksichtigt. Am Schluss stehen Überlegungen, wie Gewalt in den Geschlechterverhältnissen in dem derzeitigen hohen Ausmaß beendet werden kann, wobei der Hierarchisierung der Geschlechter eine zentrale Bedeutung zugemessen wird.

In ihrem Beitrag „Sozialraum und Geschlecht. Geschlechtersensible und sozialräumlich organisierte Soziale Arbeit" schlägt Yvonne Rubin ein neues Kapitel auf, nämlich die Weitung des Fokus auf den Sozialraum und dessen Konstitutionsprozesse, auf die sich sozialräumlich informierte Soziale Arbeit bezieht. In diesem Kapitel wird zum einen aufgezeigt, wie Sozialräume hergestellt und wie sie analysiert werden können. Darüber hinaus wird aufgezeigt, wie Sozialräume durch diesen analytischen Ansatz verstehbar werden und wie welche Handlungsmöglichkeiten sich daraus für eine geschlechterreflexive Praxis Sozialer Arbeit ergeben.

Michaela Köttig schließt die thematische Reihung der Beiträge mit einem Fokus auf „Geschlecht, extrem rechte Erscheinungsformen und Rassismus im

Kontext von Sozialer Arbeit". Es wird problematisiert, dass die Aktivitäten von weiblichen Aktivistinnen der extremen Rechten häufig entpolitisiert werden, mit der Folge, dass es ihnen gelingt, extrem rechte Ideologiefragmente in unterschiedlichen sozialen Kontexten zu platzieren und zu normalisieren. Abschließend wird auf zwei ‚Arenen' genauer eingegangen, in denen die Diskurse und Aktivitäten der extremen Rechten im Hinblick auf Geschlecht konkrete Auswirkungen auf Soziale Arbeit haben: Anhand der ideologischen Zuspitzung der Ablehnung feministischer Errungenschaften (‚Antifeminismus') wird aufgezeigt, wie es der extremen Rechten gelingt, breite politische Bündnisse herzustellen, die feministische Projekte infrage stellen. Zudem wird auf die Dynamiken in Frauenhäusern eingegangen, die sich beim Zusammentreffen von Frauen mit unterschiedlichen Herkünften und politischen – auch extrem rechten – Verortungen ergeben und die Fachkräfte mit besonderen Herausforderungen konfrontieren.

Der letzte Beitrag „Von ‚Frauenseminaren' zum ‚Gendermodul'" ist ein Gespräch der Herausgeberinnen und Autorinnen Margrit Brückner, Michaela Köttig, Lotte Rose, Yvonne Rubin und Barbara Thiessen, in dem sie die je individuell erlebte Entwicklung geschlechterkritischer Debatten in Studium und Lehre Sozialer Arbeit nachzeichnen. Im Austausch der fünf Wissenschaftlerinnen zeigen sich unterschiedliche generationale Erfahrungen und darauf bezogene Grundverständnisse geschlechterkritischer Lehre und Forschung. Deutlich werden aber auch Übereinstimmungen mit Blick auf gendersensible Ansätze in Sozialer Arbeit.

Die Herausgeberinnen und Autorinnen haben sich darauf geeinigt, die geschlechterneutrale Schreibweise mit Doppelpunkt zu wählen, wissend, dass diese Regelung nicht die letzte sein wird, die dieses Ziel anvisiert, aber zum gegenwärtigen Zeitpunkt die geeignetste erscheint, um alle Geschlechter benennen zu können. Wenn kein Doppelpunkt verwendet wird, handelt es sich um Personen, die sich selbst als Frauen positionieren.

Dank

Die Entstehungsgeschichte dieses Lehrbuches war länger, als die Herausgeberinnen es jemals für möglich gehalten haben. Wie das Leben so spielt, sind Erkrankungen, Care-Aufgaben, Stellenwechsel, Umzüge und weitere Kontingenzen zu verarbeiten und zu jonglieren. Wir danken daher dem Nomos-Verlag für Langmut und Vertrauen in die Abgabe des Manuskriptes. Hannah Kalläne und Meltem Cakmak ist großer Dank auszusprechen für sorgfältiges Lektorat, wichtige inhaltliche Hinweise und die Übernahme langweiliger Aufgaben wie die Systematisierung geschlechtergerechter Schreibweise und Vereinheitlichung des Literaturverzeichnisses.

Literatur

Alischer, Béatrice (2018): Das Geschlechterverhältnis in der Care-Debatte. Modernisierung oder Persistenz? In: Krüger, Maik (Hrsg.): Fürsorge-Relationen. Theoretische und empirische Sichtweisen auf Care. Soziologiemagazin. Sonderheft, Bd. 3, München: Soziologiemagazin e.V., S. 17–37. DOI: https://doi.org/10.5282/ubm/epub.42287.

Bereswill, Mechthild (2016): Hat Soziale Arbeit ein Geschlecht? Antworten von Mechthild Bereswill. Reihe Soziale Arbeit Kontrovers (herausgegeben vom Deutschen Verein für öffentliche Fürsorge e.V.), Freiburg im Breisgau: Lambertus Verlag.

Bereswill, Mechthild (2019): Geschlecht als sensibilisierendes Konzept, Weinheim/Basel: Beltz Juventa.

Bereswill, Mechthild/Ehlert, Gudrun (2010): Geschlecht. In: Bock, Karin/Miethe, Ingrid (Hrsg.): Handbuch Qualitativer Methoden in der Sozialen Arbeit, Opladen: Budrich, S. 143–151.

Braches-Chyrek, Rita (2013): Jane Addams, Mary Richmond und Alice Salomon. Professionalisierung und Disziplinbildung Sozialer Arbeit, Opladen: Budrich.

Crenshaw, Kimberlé W. (1989): Demarginalizing the Intersection of Race and Sex: A Black Feminist Critique of Antidiscrimination Doctrine, Feminist Theory and Antiracist Politics. In: The University of Chicago Legal Forum 1989 H. 1, S. 139–167. http://chicagounbound.uchicago.ed u/uclf/vol1989/iss1/8, 28.5.2024

Ehlert, Gudrun/Radvan, Heike/Schäuble, Barbara/Thiessen, Barbara (2020): Verunsicherungen und Herausforderungen. Strategien im Umgang mit Rechtsextremismus und Antifeminismus in Hochschule und Profession. In: Sozial extra 44, H. 2, S. 102–106. DOI: https://doi.org/10. 1007/s12054-020-00266-7.

Engelfried, Constance/Ostrowski, Maya (2022): Geschlechterforschung. Socialnet Lexikon. https://www.socialnet.de/lexikon/499, 7.8.2025.

Fraser, Nancy (2003): „Soziale Gerechtigkeit im Zeitalter der Identitätspolitik. Umverteilung, Anerkennung und Beteiligung." In: Fraser, Nancy/Honneth, Axel (2003): Umverteilung oder Anerkennung? Eine politisch-philosophische Kontroverse. Frankfurt a.M.: Suhrkamp, S. 13–128.

Gebhart, Hella (2015): Über das Verhältnis von Genderforschung, Lehre und psychosozialer Praxis – Impulse für einen neuen Dialog. In: Gebhart, Hella/Kosuch, Renate (Hrsg.): Genderwissen – Gendernutzen für die Praxis der Sozialen Arbeit. Tagungsdokumentation, Studien Netzwerk Frauen- und Geschlechterforschung NRW Nr. 21. https://www.n etzwerk-fgf.nrw.de/fileadmin/media/media-fgf/download/publika tionen/Studie-21_Netzwerk-FGF_GenderNutzen_GenderWissen.pdf, 11.8.2025.

Gildemeister, Regine (2008): Soziale Konstruktion von Geschlecht: „Doing gender". In: Wilz, Sylvia M. (Hrsg.): Geschlechterdifferenzen – Geschlechterdifferenzierungen. Wiesbaden: VS Verlag für Sozialwissenschaften, S. 171–204.

Gildemeister, Regine (2010): Doing Gender. Soziale Praktiken der Geschlechterunterscheidung. In: Becker, Ruth/Kortendiek, Beate (Hrsg.): Handbuch Frauen- und Geschlechterforschung. Theorie, Methoden, Empirie, Wiesbaden: VS Verlag für Sozialwissenschaften, S. 132–141.

Hark, Sabine (2023): Geschlecht, das nicht zwei ist. In: Hackmann, Nina/Shirchinbal, Dulguun/Wolff, Christina (Hrsg.): Geschlechter in Un-Ordnung: Zur Irritation von Zweigeschlechtlichkeit im Wissenschaftsdiskurs, Opladen: Budrich, S. 5–8.

Hirschauer, Stefan (1989): Die interaktive Konstruktion von Geschlechtszugehörigkeit, In: Zeitschrift für Soziologie: ZfS 18, H. 2, S. 100–118. DOI: https://doi.org/10.25595/150.

Lengersdorf, Diana/Meuser, Michael (2022): Männlichkeiten zwischen Neujustierung und Wandel? Persistenzen hegemonialer Männlichkeit, GENDER, H. 1, S. 102–118.

Maihofer, Andrea (2002): „Gender Studies: von der Frauen- zur Geschlechterforschung", Zeitschrift für Schweizerische Archäologie und Kunstgeschichte 59, H. 2, S. 83–88.

Maurer, Susanne (2021): Gendersensible Soziale Arbeit. In: Amthor, Ralph-Christian/Goldberg, Brigitta/Hansbauer, Peter/Landes, Benjamin/Wintergerst, Theresia (Hrsg.): Wörterbuch Soziale Arbeit, 9. Aufl., Wiesbaden: Beltz Juventa, S. 347–351.

Ritter, Monique (2024): Intersektionalität. In: socialnet Lexikon. Bonn: socialnet. https://www.socialnet.de/lexikon/585, 25.8.2025

Rose, Lotte (2007): Gender und Soziale Arbeit. Annäherungen jenseits des Mainstreams der Genderdebatte, Baltmannsweiler: Schneider.

Sachße, Christoph (2001): Geschichte der Sozialarbeit. In: Otto, Hans-Uwe/Thiersch, Hans (Hrsg.): Handbuch Sozialarbeit, Sozialpädagogik, Neuwied: Luchterhand, S. 670–681.

Thiessen, Barbara (2019): Geschlechterverhältnisse im sozialen Wandel. Die Bedeutung von Care-Theorien für Soziale Arbeit. In: Barbara Thiessen, Clemens Dannenbeck, Mechthild Wolff (Hg.), Sozialer Wandel und Kohäsion. Ambivalente Veränderungsdynamiken, Reihe Sozialer Wandel und Kohäsionsforschung, Wiesbaden: VS-Verlag, 79–97.

West, Candace/Zimmerman, Don H. (1987): Doing Gender. In: Gender & Society 1, H. 1, S. 124–151.

Wetterer, Angelika (2009): Gleichstellungspolitik im Spannungsfeld unterschiedlicher Spielarten von Geschlechterwissen: eine wissenssoziologische Rekonstruktion. In: GENDER – Zeitschrift für Geschlecht, Kultur und Gesellschaft 1, H. 2, S. 45–60.

Entwicklungen geschlechtertheoretischer Konzepte. Geschlechterdifferenz(ierung)en als gesellschaftliches Artefakt

Lotte Rose

„Plötzlich ist Unruhe, irgendjemand hat geklingelt und an die Fensterscheiben geklopft, ich bekomme nur mit, dass hektisch darüber gesprochen wird, und verstehe nur, dass Kinder auf dem Gehweg und auf der Straße seien. Ich [...] sehe, dass die Sicherheitstür des Fluchtweges geöffnet ist, die drei Erzieherinnen draußen stehen und aufgebracht sind. [...] Frau Marbing (Fachkraft, L.R.) berichtet, emotional sehr aufgewühlt, dass die batteriebetriebene Alarmsicherung der Tür nicht funktioniert, da die Batterien alle seien, und sie nicht hören konnten, dass einige der Kinder wieder mal die Tür aufgemacht hatten [...] Sie führt aus, was alles hätte passieren können [...] Dann beklagt sie, dass ‚kein Mann im Haus‘ sei, der diese Batterien auswechseln könne, von ihnen kann das keine, sie haben da ‚kein Talent‘ dafür.“ (Schulz 2014: 285).

Diese Protokollsequenz stammt aus einem Forschungsprojekt in Kitas, in dem von einem männlichen Forscher teilnehmende Beobachtungen im Praxisalltag durchgeführt wurden. Ausgelöst durch einen Defekt der Alarmtechnik der Außentür kommt es zu einer brisanten Situation in der Kita: Kinder haben die Kita verlassen, ohne dass das Personal dieses mitbekommen hat. Die Ursache des Defekts wird zurückgeführt auf das Fehlen von männlichem Personal. Das weibliche Personal kann die Batterie in der Alarmanlage nicht auswechseln. Dies kann – so die Erläuterung der Erzieherin dem Ethnografen gegenüber – nur ein Mann. Damit wird eine spezifische Kompetenz ‚vermännlicht‘.

Dies wirft die Frage auf, wie es zu dieser Vorstellung kommt, dass das Batteriewechseln eine geschlechtsspezifische Kompetenz ist. Stimmt das eigentlich und wenn ja, wieso? Sollte jetzt mit Erzieherinnen das Batteriewechseln gezielt geübt werden, oder müssen männliche Erzieher eingestellt werden, damit so etwas nicht wieder passiert? Oder stimmt es gar nicht, dass Männer mit Batterien geschickter umgehen? Aber warum wird es dann in der Situation behauptet? Viele Fragen, die allesamt auf Schlüsselfragen der Geschlechterforschung verweisen: Was sind Männer und Frauen, was unterscheidet sie und wie kommt es dazu?

I. Zwei Geschlechter?!

Dass Menschen Frauen und Männer, Mädchen und Jungen sind, scheint im ersten Moment trivial. Schließlich ist die Geschlechterdifferenz von Beginn des Lebens an stark präsent. Menschen, die ein Kind bekommen, werden als Mutter oder Vater, nicht geschlechtsneutral als ‚Eltern' bezeichnet. ‚Eltern' gibt es nur im Plural. Die meisten von ihnen wollen bereits vor der Geburt wissen, ob sie einen Sohn oder eine Tochter bekommen. Früher meinte man, dies an der Form des schwangeren Bauches ablesen zu können. Heute wird dazu Ultraschalldiagnostik genutzt. Wenn das Kind auf der Welt ist, erhält es einen geschlechtsspezifischen Namen und geschlechtsspezifische Kleidung. Es wird vor allem von Frauen versorgt, genährt, erzogen und unterrichtet. Für Mädchen und Jungen gibt es bei den Bundesjugendspielen verschiedene Bewertungsmaßstäbe, in der Tanzschule verschiedene Tanzschritte. Junge Männer gehen zum Militär, lernen technische Berufe, junge Frauen eher soziale und dienstleistungsbezogene. Frauen sind es, die Kinder auf die Welt bringen und nicht Papst werden können. Männer verdienen mehr Geld, sind häufiger in Führungspositionen, Rettungsdiensten, Schlachthöfen, bei der Müllabfuhr, in Gefängnissen und bei Prostituierten zu finden. Gewalttäter sind überwiegend männlich, wie auch die Mordopfer. Frauen erleben eher sexuelle Gewalt in häuslichen Räumen. Sie leisten mehr unbezahlte Fürsorgearbeit und Hausarbeit, verzichten häufiger auf Fleisch, engagieren sich mehr ehrenamtlich in Kirchen, bei Fridays for Future und im Tierschutz. Selbst am Ende des Lebens spielen Geschlechterdifferenzen eine Rolle: Männer sterben früher, Frauen sind im Alter ärmer. Todesanzeigen und Grabsteine machen das Geschlecht der Verstorbenen ersichtlich.

Es gibt also viele Indizien dafür, dass ‚weiblich' oder ‚männlich' bedeutungsvolle binäre Differenzierungsmerkmale sind. Zahlreiche Geschlechterstudien zu diversen Praxisfeldern legen immer wieder empirische Belege dafür vor, dass Menschen je nach Geschlechtszugehörigkeit unterschiedlich *sind*. Allerdings gibt es ebenso viele Hinweise darauf, dass solche binären Geschlechterdiagnosen fragwürdig sind, weil sie zu simpel sind. Schon zu Beginn der 1980er-Jahre stellte die Geschlechterforscherin Carol Hagemann-White in ihrem Überblicksbeitrag zur Geschlechtersozialisation fest, „daß die empirische Forschung insgesamt keine Belege für eindeutige, klar ausgeprägte Unterschiede zwischen den Geschlechtern liefert" (Hagemann-White 1984: 42) und dass Differenzen *innerhalb* der beiden Geschlechtergruppen oftmals ausgeprägter sind als *zwischen* ihnen. Angesichts dessen plädierte Hagemann-White (1988:

230) für die „Null-Hypothese" – also die Annahme, dass es keine Differenz gibt – als Ausgangspunkt der Geschlechterforschung.

Hildegard Mogge-Grotjahn (2004) sprach später von den Paradoxien der Befunde zu Geschlechterunterschieden: „Einerseits lassen sich kaum (noch) genuin geschlechtsspezifische Fähigkeiten, Eigenschaften und Verhaltensweisen wirklich nachweisen. Mädchen und Jungen, Frauen und Männer entsprechen immer weniger den historisch überkommenen Geschlechterstereotypen und prägen eine große Bandbreite von Fähigkeiten und Verhaltensmustern sowie Persönlichkeitsmerkmalen aus. Andererseits werden Geschlechterstereotypen von weiblichen und männlichen Jugendlichen und Erwachsenen in ihren Selbst- und Fremdwahrnehmungen, in ihrem Alltag und in ihren Lebensentscheidungen immer wieder ‚in die Tat' umgesetzt und ‚verkörpert'" (Mogge-Grotjahn 2004: 98). So erweist sich das Wissen zur Geschlechtersozialisation letztlich schwebender, als es oftmals erscheint.

II. Viele Geschlechter?!

Immer nachdrücklicher werden mittlerweile die Hinweise dazu, dass es nicht nur zwei, sondern viele Geschlechter gibt, dass sich die Geschlechtszugehörigkeit über den Lebenslauf verändern kann bis hin zu ihrer gänzlichen Löschung. Diese neue Idee wird mit dem Begriff ‚Queerness' bezeichnet. Er steht für sexuelle Orientierungen, die nicht heterosexuell sind, und für Geschlechtsidentitäten, die nicht-binär und nicht cis-gender sind. Mit cis-gender wird jene Geschlechtsidentität bezeichnet, die dem entspricht, wie es herkömmlicherweise anhand der geschlechtlichen Körpermerkmale definiert wird. Männlich ist danach die Person, deren Körper männliche Geschlechtsmerkmale aufweist, weiblich ist jene, deren Körper weibliche Geschlechtsmerkmale aufweist. Das Kürzel LSBTQI* bringt diesen neu entstandenen Raum von geschlechtlichen Daseinsformen sprachlich zum Ausdruck. Das Akronym bezeichnet die Vielfalt geschlechtlicher Identität und sexueller Orientierung von Menschen jenseits der heteronormativen Binarität. L steht für lesbisch, S für schwul, B für bisexuell, T für trans, Q für queer, I für intergeschlechtlich und das Sternchen für den offenen Raum weiterer Vielfaltsformen.

Wie weit diese Öffnungen der Geschlechterkategorie sich gesellschaftlich etabliert haben, spiegelt sich in der Rechtsprechung wider. Bereits 2012 hatte der Ethikrat empfohlen, die Geschlechtskategorien ‚weiblich' und ‚männlich' um ‚anderes' zu erweitern. Damit wurde Geschlechtervielfalt als sozialer Realität

Legitimität verliehen. 2017 hat das Bundesverfassungsgericht dann formuliert: „Das allgemeine Persönlichkeitsrecht (Art. 2 Abs. 1 i.V.m. Art. 1 Abs. 1 GG) schützt die geschlechtliche Identität auch jener Personen, die weder dem männlichen noch dem weiblichen Geschlecht zuzuordnen sind" (BVerfG, Beschluss vom 10.10.2017 – 1 BvR 2019/16 – Rn. 367). Es entschied, dass die explizite rechtliche Anerkennung von mehr als zwei Geschlechtern nicht nur aus dem Allgemeinen Persönlichkeitsrecht, sondern auch durch das Verbot der Geschlechtsdiskriminierung in Art. 3 Abs. 3 S. 1 GG geboten ist. Seitdem ist als Geschlechtseintrag im Personenstandsregister auch ,divers' oder auch gar keine Angabe möglich.

Die Existenz eines ,dritten Geschlechts' als Container für viele weitere Varianten normalisiert sich allmählich: Stellenanzeigen markieren mit dem Code ,m/w/d' hinter der Berufsbezeichnung, dass die Stelle für männliche, weibliche und geschlechtsdiverse Bewerber:innen offen ist. In öffentlichen Gebäuden entstehen ,diverse' Toiletten. In den Medien erscheinen Menschen, die die herkömmliche binäre Geschlechterkategorie sabotieren, wie Conchita Wurst, die 2014 den Eurovision Song Contest gewann, oder das Transgender-Model Alex Mariah Peter, Siegerin bei 'Germany's Next Topmodel' 2021.

Nichtsdestotrotz bleibt die gewohnte Geschlechterbinarität weiterhin die dominante soziale Unterscheidungskategorie von Menschen. Viele gesellschaftliche Vorgänge basieren – wie oben skizziert – auf diesem Ordnungs- und Identifizierungssystem. Aber die Binarität schwächt sich im Generationenvergleich tendenziell ab. Während sich in der Gruppe der 1946 bis 1964 Geborenen 97 Prozent als heterosexuell bezeichnen, tun dies in der Gruppe der 1995 bis 2012 Geborenen nur noch 88 Prozent, 12 Prozent bezeichnen sich mit queeren geschlechtlichen Kategorien (vgl. Zandt 2023). Es lässt sich also von einer gewissen Normalisierung geschlechtsdiverser Selbstkonzepte sprechen. Je toleranter eine Gesellschaft gegenüber Geschlechtervielfalt ist, je vorstellbarer es wird, dass Menschen nicht nur weiblich oder männlich sein können, desto eher beanspruchen Menschen auch diese Non-Binarität sichtbar für sich.

Vergleichbares lässt sich übrigens beim Phänomen menschlicher Händigkeit erkennen. Im letzten Jahrhundert nahm in vielen westlichen Ländern die Linkshändigkeit sprunghaft zu. Dieser Anstieg wird mit den gesellschaftlichen Liberalisierungen in Bezug auf Linkshändigkeit erklärt. Während sie lange Zeit stigmatisiert war und entsprechende Neigungen bei Kindern aberzogen wurden, setzte sich in den letzten Jahrzehnten des 20. Jahrhunderts das Wissen durch, dass die Unterdrückung von Linkshändigkeit für die betreffenden

Menschen eine Qual und zudem wenig funktional ist. Heute zeigen 10 bis 12 Prozent der Kinder diese Neigung – aus dem simplen sozialen Grund, weil es ihnen erlaubt wird, ihre Hände so zu benutzen, wie sie es wollen (vgl. Serano 2017).

Gleichwohl bleiben die Neudefinitionen von Geschlecht gesellschaftlich nicht ohne Widerspruch. Am heftigsten zeigt sich dies wohl beim nicht enden wollenden Streit um geschlechteroffene Schreib- und Sprechweisen. Während einerseits Praktiken des ‚Gendergaps' (z. B. der Unterstrich oder das Sternchen) in statusbezogenen Substantiven zunehmen (Sportler_innen oder Sportler*innen) oder es auch alltäglicher wird, hinter Frau und Mann ein Sternchen zu setzen (Frau* und Mann*), wird dies andererseits empört zu einer Unsinnigkeit und Zumutung erklärt bis dahin, dass Regierungen solche Schreibweisen in staatlichen Institutionen untersagen und bei Missachtung mit Konsequenzen drohen.

Angesichts der sich vollziehenden Öffnungen der binären Klassifizierung von ‚weiblich-männlich' stellt sich einmal mehr die Frage, wie Menschen zu Mädchen* und Frauen*, zu Jungen* und Männern* werden? Zu dieser Frage gibt es eine jahrzehntelange wissenschaftliche Debatte. Im Nachfolgenden werden ihre Entwicklungslinien nachgezeichnet.

III. Alles gesellschaftliche Prägung?

Mit der neuen Frauenbewegung in den 1970er-Jahren kam verstärkt die theoretische Debatte zu Geschlecht in Gang. Angesichts der Kritik an den herrschenden Geschlechterverhältnissen drängte sich die Frage auf, warum Menschen je nach Geschlechtszugehörigkeit so unterschiedlich scheinen und ob und wie man das ändern kann. Hat es mit der Biologie der Geschlechtskörper zu tun oder mit der Gesellschaft? Und wenn es mit der Gesellschaft zu tun hat, wie sieht das dann genau aus?

Der entscheidende innovative Umbruch in dieser Zeit war, die vorfindbaren Geschlechterunterschiede als *gesellschaftlich* geschaffene zu begreifen. Aus der heutigen Perspektive mag dies nicht sonderlich spektakulär erscheinen. Damals war es das jedoch, denn bis dahin wurde die Ungleichheit der Geschlechter völlig ‚ungesellschaftlich' gefasst. Es erschien über viele Jahrhunderte als göttliche Vorsehung und Bestimmung der Menschen, mit der Geistesströmung der Aufklärung im 18. Jahrhundert dann als Gesetz der Natur. Danach war es die Natur, die spezifische männliche und weibliche Geschlechtscharaktere mit spezifischen Fähigkeiten hervorbringt, die sich in idealer Weise in der ehelichen Verbindung wechselseitig ergänzen.[1]

Karin Hausen arbeitete dieses Modell der Geschlechterkomplementarität historisch heraus: „Mann und Frau sind nach Natur und Bestimmung auf Ergänzung angelegt und demgemäß ist es einem einzelnen Menschen unmöglich, sich zur harmonischen Persönlichkeit zu entwickeln. Diese in der Literatur der Klassik und Romantik hochstilisierte Idee der Ergänzung verallgemeinert und steigert den in der Sexualität angelegten Gattungszweck zur psychischen Verschmelzung in der Seelengemeinschaft" (Hausen 1976: 377).

Ob göttlich oder natürlich – die entsprechenden Denkmodelle boten nicht allein eine Erklärung für die bestehenden Geschlechterunterschiede, sondern sie legitimierten sie auch als funktional für Menschheit und Gesellschaft. Mit dem Konzept der Geschlechterkomplementarität konnte die in dieser Zeit sich etablierende bürgerliche Geschlechterordnung gut begründet, durchgesetzt und unhintergehbar gemacht werden: Der Mann ist qua Natur zuständig für das öffentliche Leben und den Schutz der Familie, die Frau für das Private, Haus und Kinder; der Mann ist rational, stark und damit überlegen, die Frau emotional, schwach und damit das schutzbedürftige ‚schwache Geschlecht‘. Auch wenn die Entstehung dieser Bilder Jahrhunderte zurückliegt und sich beim Blick auf die Geschlechter viel geändert hat, so wirken sie bis heute nach. Wie sehr sie klassengebunden waren – nämlich ein Konzept des aufstrebenden Bürgertums – wird dabei in der Regel vergessen. Für bäuerliche und proletarische Familien sahen die Geschlechterbilder anders aus, und auch die Praxis war eine andere.

Vor diesem ideellen Hintergrund war es sehr ‚revolutionär‘, die Vorstellung von der Natürlichkeit der unterschiedlichen Geschlechtscharaktere von Seiten der feministisch inspirierten Forschung kritisch in Frage zu stellen. Es wurde jetzt erstmalig den kulturell tief verwurzelten Vorstellungen einer durch die Biologie bestimmten Geschlechtlichkeit eine radikale Absage erteilt. Ein Bestseller dieser Zeit hatte den Titel „Wir werden nicht als Mädchen geboren, sondern dazu gemacht" (Scheu 1977), der das neue Denken in Abgrenzung zum alten auf den Punkt brachte. Im Buch heißt es:

> „Die heute bestehenden Unterschiede zwischen Frauen und Männern – psychisch
> und physiologisch – sind rein gesellschaftlich bedingt (ausgenommen einzig die

---

1 Mehr dazu in meinem Beitrag in diesem Band „Biologie der Körper und das menschliche Geschlecht".

direkt mit der Gebär- und Zeugungsfunktion verbundenen biologischen Unterschiede, d.h. der anatomische Unterschied in den Geschlechtsorganen, sowie hormonaler und chromosomaler Unterschied). Alles, was daraus abgeleitet wurde, ist Resultat der geschlechtsspezifischen Arbeitsteilung, der Herrschaft der Männer über die Frauen in unserer Gesellschaft. Diese geschlechtsspezifischen gesellschaftlichen Verhältnisse werden im Prozeß der geschlechtsspezifischen Sozialisation reproduziert" (Scheu 1977: 13).

Im Zuge dessen wurden die Begriffe Sex und Gender differenziert: Sex als Bezeichnung des biologischen Geschlechts, Gender als Bezeichnung des sozialen Geschlechts. Damit sollte klargestellt werden, dass es zwar ein biologisches Geschlecht der Körper gibt, dass aber daraus nicht der Geschlechtscharakter resultiert, wie er in Erscheinung tritt. „Gender' however is a matter of culture" (Oakley 1972: 21f.) propagierte Anne Oakley vor mehr als fünfzig Jahren und markierte damit den Umbruch in der Theorieentwicklung zu Geschlechtlichkeit. Das Begriffspaar Sex-Gender ermöglichte es, zum einen weiterhin eine körperliche Geschlechterdifferenz als ungesellschaftliche und unveränderliche Faktizität aufrechtzuerhalten, zum anderen aber auch die gesellschaftliche Bedingtheit der Geschlechterdifferenz zu begreifen als etwas, das veränderbar ist, weil es gesellschaftlich ist. So innovativ das Konzept war, so stellte es doch nicht die Realität eines binär und heterosexuell angelegten biologischen Geschlechts in Frage. Bis dahin war es noch ein weiter Weg.

In der Folge konzentrierten sich die nun einsetzenden Forschungen darauf, zu klären, welche Faktoren zur Entstehung der Geschlechterunterschiede beitragen. Dahinter stand das Interesse, Anhaltspunkte dazu zu gewinnen, wie man die tradierten Geschlechtscharaktere überwinden und Menschen mehr Spielräume zur Entfaltung eines weiblichen oder männlichen Lebens eröffnen kann – mehr noch: wie man auch die bestehenden Machtverhältnisse auflösen kann. Die Vision war: Wenn man mehr dazu wusste, wie Männer stark und überlegen und Frauen schwach und unterlegen gemacht wurden, dann besteht die Möglichkeit, dies zu ändern und Ungleichheiten aufzuheben.

Besonders im Forschungsfokus war das Erziehungsverhalten Erwachsener. So wurde in Studien gezeigt, dass Mütter ihren Söhnen mehr Zeit beim Stillen lassen als ihren Töchtern (vgl. Scheu 1977), dass Eltern ihre Söhne mehr zu leistungsorientiertem Verhalten animieren und von ihnen mehr Affektkontrolle und Unabhängigkeit erwarten, sie aber auch häufiger bestrafen und ihnen seltener Hilfe gewähren. Töchter werden mehr zu Sauberkeit, Ordnung und Angepasstheit angehalten, Eltern verhalten sich ihnen gegenüber zärtlicher, gefühlsbetonter und unterstützender, aber auch kontrollierender (vgl. Fagot 1978).

Ein weiterer Forschungsschwerpunkt waren pädagogische Institutionen, vor allem die Schule (Brehmer 1982). Nachgewiesen wurde, dass Lehrkräfte sich gegenüber Jungen anders verhalten als gegenüber Mädchen, dass Mädchen beispielsweise im Unterricht weniger Aufmerksamkeit erhalten und ihre Interessen weniger beachtet werden (vgl. Frasch/Wagner 1982). Kritisch in den Blick genommen wurden auch die in den Schulbüchern vermittelten Geschlechterrollen (vgl. Rauch 1977) und das koedukative Bildungskonzept. Letzteres hatte sich als Zeichen fortschrittlicher Bildungspolitik erst kurz zuvor durchgesetzt. Nun stand es wieder auf dem Prüfstand, weil es Indizien dafür gab, dass in koedukativen Settings Schülerinnen weniger gute Förderung erhielten, vor allem in den naturwissenschaftlich-technischen Fächern (vgl. Frohnert et al. 1988).

Des Weiteren wurde das materielle Equipment der Kinderwelten als ‚Agent‘ der Geschlechtersozialisation kritisch in den Blick genommen, angefangen bei Kleidung über Spielzeug, Sport- und Bewegungsgeräte (vgl. Pomerleau et al. 1990) bis hin zu Märchen, Bilderbüchern, Büchern zum Selbstlesen und Filmen (zusammenfassend zu Medien: vgl. Keuneke 2000).

Ergebnis all dieser – sogenannten differenztheoretischen – Forschungen war die Erkenntnis, „dass die persönliche Entwicklung im Wesentlichen von der Erziehung in Familie, Schule und Freundeskreis sowie von allgemein gängigen gesellschaftlichen Vorstellungen beeinflusst wird. An Mädchen und Jungen werden von den jeweiligen Sozialisationsinstanzen ganz unterschiedliche gesellschaftliche Erwartungen herangetragen. Durch Erziehung und Nachahmung erlernen Kinder die dem jeweils zugewiesenen Geschlecht adäquaten Verhaltensweisen" (Krause 2013: 40f.). Diese Sozialisationseffekte reproduzieren Geschlechterdifferenzen. Es sind die vielen gesellschaftlichen – personellen, materiellen, medialen und sprachlichen – Einflüsse im Prozess des Aufwachsens von Kindern, die ihnen vermitteln, was Weiblichkeit und Männlichkeit ist, und so dafür sorgen, dass sie sich mit ihrem eigenen Verhalten daran ausrichten. Diese Erkenntnis rechtfertigte, „Geschlecht nicht mehr als ‚Naturtatsache‘ zu behandeln, die pädagogisch allenfalls geformt und verfeinert werden kann (wie Geschlecht in der Pädagogik lange Zeit konzipiert war), sondern als ‚soziale Tatsache‘" (Dausien 1999: 225 ff.) zu begreifen.

Diese Studien hatten jedoch relativ stark sozialdeterministische Züge, d.h. Menschen wurden hier als bloßes ‚Produkt‘ gesellschaftlicher Einflüsse gedacht, die gar nicht anders können, als sich gemäß der herrschenden Geschlechterstandards zu entwickeln. Die sozialisationstheoretische Prämisse von menschlicher Entwicklung als einem *Wechselwirkungszusammenhang zwischen Individuum* und Gesellschaft, wonach der Mensch nicht schlicht Objekt von formierenden Zugriffen ist, sondern er sich in aktiv-gestaltender, auch widerständiger Auseinandersetzung mit der Welt entwickelt (vgl. Abels/König: 2010), war eher schwach ausgebildet.

Eine weitere Kritik machte sich an der Frage fest, „inwieweit das Geschlecht zu unterschiedlichen Verläufen etwa von Sozialisationsprozessen führt, [...] im Ansatz falsch gestellt" ist (Gildemeister 1992: 234). Denn die entsprechenden Forschungen setzen die binär zugewiesene Differenz als kategoriale Grundlage immer voraus, und so können sie nicht anders, als immer wieder genau diese binären Differenzen zu reifizieren. Es wird nach signifikanten Geschlechterdifferenzen bei den entsprechend etikettierten Personengruppen gesucht, die dann auch gefunden werden, was wiederum als Beleg für die bekannten geschlechtlichen Genussgruppen mit den nachgewiesenen typischen Merkmalen gilt. Regine Gildemeister und Angelika Wetterer (1992: 207) sprachen deshalb von einem „latenten Biologismus der Gesamtkonstruktion", denn es werden Gruppen untersucht, die letztlich durch biologische Merkmale definiert sind. Die Forderung ging deshalb dahin, dass eine geschlechterkritische Forschung dies durchbrechen und stärker danach fragen muss, wie sich die Geschlechterkategorie selbst herstellt.

IV. Exkurs: Die Folgen der mütterlichen Fürsorge für die Geschlechtersozialisation

Im Kontext der differenztheoretischen Geschlechterforschung sorgte ein psychoanalytisch inspiriertes Theoriemodell für viel Aufmerksamkeit (u.a. Dinnerstein 1979; Chodorow 1985). Sein Ausgangspunkt war die Annahme, dass die Identitätsentwicklung von Mädchen und Jungen unterschiedlich verläuft, weil Kinder vor allem von Müttern – und später in den pädagogischen Einrichtungen von Frauen – umsorgt werden. Für Töchter ist damit das erste Liebesobjekt weiblich und damit gleichgeschlechtlich, für Söhne andersgeschlechtlich; für die Mutter ist die Tochter ähnlich, der Sohn nicht. Nancy Chodorow (1985) erläutert die damit verbundenen psychodynamischen Folgen:

„Weil sie (die Mütter, L.R.) dasselbe Geschlecht wie ihre Töchter haben und selbst einmal Mädchen waren, neigen Mütter von Töchtern dazu, diese nicht in gleicher Weise als verschieden von sich selbst zu betrachten wie Mütter von Söhnen. In beiden Fällen empfindet die Mutter ein Gefühl der Einheit und Kontinuität mit ihrem Kind. Dieses Gefühl ist jedoch Töchtern gegenüber auf jeden Fall stärker und anhaltender. Die primäre Identifikation und die Symbiose mit Töchtern ist im Allgemeinen stärker, und die Besetzung der Töchter behält eher narzißtische Elemente bei" (ebd.: 143). Dies hat zur Folge, dass Mädchen im Vergleich zu Jungen sich „weniger als separate Wesen" erleben und „durchlässigere Ich-Grenzen" (ebd.: 123) entwickeln. Zudem ist die präödipale Liebe zur Mutter bei Mädchen verlängert, beim Jungen kürzer (ebd.: 143). Der Junge muss zudem diese Liebe vollständiger verdrängen (ebd.: 171).

Gleichzeitig fehlt ihm jedoch in dieser Situation der Vater als männliches Identifikationsobjekt, das in die entstehende Lücke treten könnte. Als Lösung bleibt eine eher formalistische Identifikation über ‚Umwege': Männlichkeit ist danach alles, was nicht weiblich ist. Die männliche Identifikation ist in der Folge rigider in der Abgrenzung zum Weiblichen. Hagemann-White (1984) sprach von der „doppelten Negation", in der sich der Junge geschlechtlich verorten muss. Die Mutter verkörpert all das, „was er nicht sein darf, um ein Mann zu werden. So wird sein Geschlecht als Nicht-nicht-Mann bestimmt" (ebd.: 92). Dies macht seine Identitätsentwicklung besonders riskant und anfällig für problematische Männlichkeitsmodelle. „Je weniger ihm einfällt, sich gegen die Mutter zu behaupten, und je weniger Möglichkeiten er weiß, um sich in seiner Geschlechtlichkeit zu empfinden, umso eher wird er auf die Idee kommen, seine Mutter und das Weibliche überhaupt abzuwerten" (Schnack/ Neutzling 1990: 17). Die Attraktivität dieses Theoriemodells war, männliches Verhalten, das mit der feministischen Frauenbewegung stark in die Kritik geraten war, einfach und überzeugend plausibilisieren zu können. Gerade in der kritischen Jungen- und Männerforschung (vgl. Böhnisch/Winter 1993; Hollstein 1988) wurde es zu einem wichtigen Bezugspunkt.

Dieses geschlechtertheoretische Modell spielt bis heute eine große Rolle, wenn es darum geht, die Ursachen toxischer Männlichkeit zu erklären und die Beteiligung von Männern an der familialen und institutionellen Erziehung zu stärken (vgl. Rose 2020). Gleichwohl wohnt ihm auch eine versteckte frauenabwertende Botschaft inne: Es diffamiert das, was Frauen für Kinder tun, weil es zu viel und übermäßig sein soll. Die Erfüllung einer gesellschaftlichen Verhaltensnorm an Frauen wird verkehrt in Fehlverhalten. Damit entsteht eine typische Double-bind-Situation für Frauen: Wenn sie sich nicht kümmern, sind sie keine guten ‚Mütter'; wenn sie sich kümmern, tun sie auch nicht das Richtige, weil ihre Söhne eigentlich die väterliche Zuwendung bräuchten.

V. Konstruktivistische Wende: Wie werden Geschlechterunterscheidungen gemacht?

Vor dem Hintergrund der Kritik an einer differenztheoretischen Geschlechterforschung verschob sich die geschlechtertheoretische Entwicklung in den 1990er-Jahren zu konstruktivistisch orientierten Konzepten. Der Grundgedanke des Konstruktivismus ist: Soziale Wirklichkeiten werden durch gesellschaftliche Praktiken erst als solche erzeugt – *konstruiert*. Angewandt auf die Geschlechterfrage heißt dies: Geschlecht gibt es nicht an sich als Differenzmarkierung, sondern es wird durch spezifische gesellschaftliche Vorgänge erst relevant gemacht. Oder radikaler formuliert: Es gibt kein Geschlecht per se, qua Gott oder qua Natur, sondern nur als Artefakt gesellschaftlicher ‚Schöpfungstätigkeiten'.

Entsprechende Beiträge fokussierten von daher auf diese ‚Schöpfungstätigkeiten' und lösten so erstmalig konsequent die schon länger virulente Forderung ein, Geschlecht als wissenschaftlichen Forschungsgegenstand zu entnaturalisieren. Es ging jetzt darum, „Geschlecht bzw. Geschlechtszugehörigkeit nicht als Eigenschaft oder Merkmal von Individuen zu betrachten, sondern jene sozialen Prozesse in den Blick zu nehmen, in denen ‚Geschlecht' als sozial folgenreiche Unterscheidung hervorgebracht und reproduziert wird" (Gildemeister 2008: 137). Dies führte zu einer „Abkehr der Geschlechterforschung vom Sozialisationsparadigma" (Dausien/Walgenbach 2015: 24). Zwei Theoriemodelle wurden im Zuge dessen besonders prominent: Das Konzept des Doing Gender und das des Dekonstruktivismus.

V.1 Doing Gender

Das Konzept des ‚Doing Gender' geht zurück auf die kulturvergleichenden Studien von Candace West und Don Zimmermann (1987). Danach stellen Individuen Geschlecht performativ in ihren Interaktionen als Distinktionslinie her und verleihen ihr damit sozial strukturierende Relevanz. Als performativ werden Praktiken bezeichnet, mit denen symbolische Bedeutungen erzeugt und kommuniziert werden, also Wirklichkeiten ‚gemacht' werden. Schon in den 1970er-Jahren verdeutlichte der französische Ideologietheoretiker Louis

Althusser die soziale Wirkmächtigkeit von symbolischen Akten am Beispiel der Religiosität: „Knie nieder, bewege die Lippen zum Gebet, und Du wirst glauben" (1977: 138). Es ist also eine ritualisierte Praxis, die Menschen zu Gläubigen macht und sich selbst als solche erleben lässt. Übertragen auf die Geschlechterforschung heißt dies: Auch Geschlechtlichkeit muss in entsprechenden Akten von Menschen ‚wirklich' gemacht werden.

Von daher stand jetzt die Frage im Zentrum: „Was tun wir, um Geschlecht zu sein" (Villa 2011: 89). Dies setzt den Gedanken voraus, dass vorhandene körperliche Differenzen nicht schon als solche automatisch als soziale Ordnungskategorie bedeutungsvoll sind, sondern erst dann, wenn sie durch konkrete Praxen in irgendeiner Weise als Unterscheidung prominent gemacht und mit entsprechenden Bedeutungen aufgeladen werden. Diese Symbolisierungen sind jedoch keine individuellen, sozial freischwebenden Akte, sondern Ergebnis wechselseitiger Kommunikationsprozesse mit Zeichensetzungen auf der einen Seite und Dechiffrierungen auf der anderen Seite. So heißt es zum Doing Gender: „once people decide what you are, they interpret everything you do in light of that" (Kessler/McKenna 1978: 6). Ist die Attribution ‚männlich' oder ‚weiblich' erst vorgenommen, wird alles weitere Verhalten als Ausdruck des Geschlechts wahrgenommen, erklärt und bewertet. Doing Gender ist also nicht allein eine Frage der individuellen Inszenierung von Geschlecht, sondern ebenso eine der Zuschreibung durch Interaktionspartner:innen.

Praktiken des Doing Gender bedienen sich aus dem Fundus kulturell vorliegender Zeichen der Geschlechtlichkeit. Praktiken und Dinge sind als männlich oder weiblich codiert, institutionelle Normalisierungsarrangements präjustieren Geschlecht durch mehr oder weniger stark konturierte Handlungserwartungen und Vorgaben (vgl. Gildemeister/Wetterer 1992) und halten somit Muster vor, auf die sich das Individuum zu beziehen hat. Doing Gender findet also niemals voraussetzungslos als ein ‚alles-ist-möglich' statt. Gleichwohl gibt es immer auch die Chance zu neuen symbolischen Kreationen. Zeichen können ausgewählt, isoliert, umgeschrieben, neu kombiniert werden. Die Geschlechtergeschichte ist voll von solchen Veränderungen von Codes. War die Hose lange das Zeichen für Männer, ist sie das heute längst nicht mehr.

Doing Gender ist zudem immer kontextgebunden. Je nach Anlass, Sozialraum und Statusposition, auch je nach historischer Epoche, fallen die Genderskripte und die Variationen des Doing Gender verschieden aus. Praktiken des Doing Gender sehen bei Kindern anders aus als bei ihren Eltern und Großeltern. Es sieht bei Reichen anders aus als bei Armen, bei Makler:innen anders als bei Frisör:innen oder Pflegekräften, bei Menschen aus dem globalen Norden anders als aus dem globalen Süden. Prozesse des Doing Gender werden also durch Prozesse des Doing anderweitiger Diversity-Dimensionen verworfen. Sie hängen auch von den spezifischen sozialen Konstellationen, Ereignissen und Orten ab. Das Doing Gender auf der heterosexuellen Hochzeit ist anders als auf der homosexuellen oder der Beerdigung, es ist im Bewerbungsgespräch anders als auf der Kirmes oder im Seminar. Gender ist damit keine Standardfigur, die, einmal erzeugt, nun überall gilt, sondern sie zeigt sich situativ veränderlich und hybrid.

Darüber hinaus muss das Doing Gender im jeweiligen Kontext ‚Sinn machen'. Konstruktivistisch gesprochen: Die Praxis muss einem situativen Pragmatismus folgen, d.h. für den weiteren Interaktionsverlauf eine Funktion haben. Dies ist nicht gemeint als intentionale Steuerung von Seiten der Akteur:innen, sondern stellt sich i.d.R. ungeplant intuitiv her. Vor diesem Hintergrund relativiert sich die verbreitete Vorstellung von der dramatischen Omnirelevanz der Genderkategorie. Vielmehr wird in sozialen Räumen und Situationen immer wieder neu geklärt, welche Rolle Gender hier überhaupt spielen soll, darf oder muss. Das Ergebnis kann auch sein, dass Gender keine Rolle spielt, wenn nämlich nicht gewollt wird, dass ein latenter Unterschied zu einer demonstrativ trennenden Unterscheidung wird. In diesem Fall spricht man vom „Undoing Gender" (Hirschauer 1994).

Diese geschlechtertheoretische Entwicklung brachte eine intensive ethnografische Forschung zu den Praktiken der Geschlechterunterscheidung in verschiedensten Feldern des Alltags in Gang. So entstanden – um nur einige zu nennen – Beiträge zum Doing Gender in Jugendkulturen (vgl. Engler/Friebertshäuser 1988; Tertilt 1996), zur Schule (vgl. Kelle/Breidenstein 1998; Woods/ Hammersley 1993), zum Kinderspiel (vgl. Tervooren 2006), zur Erlebnispädagogik (vgl. Schneider 2023), zu vorschulischen Einrichtungen (vgl. Kubandt 2016; Schaich 2023), zum Krankenhaus (vgl. Sander 2002), zum Fußball (vgl. Müller 2009), zu Jugendhäusern (vgl. Rose/Schulz 2007), zur Schwangerschaftsvorsorge (vgl. Sänger 2020), Geburtsvorbereitung (vgl. Seehaus 2015) und zur Säuglingsernährung (vgl. Seehaus/Tolasch 2017).

So aufschlussreich diese Forschungen waren und sind, so haben sie jedoch ein methodisches Problem. Die knifflige Frage ist, auf welcher Grundlage soziale Praktiken überhaupt als Doing Gender entschlüsselt werden können (vgl. Kelle 2001). Wenn Geschlecht anhand von beobachteten Inszenierungen rekonstruiert werden soll und genau nicht anhand bereits vorausgesetzter geschlechtlicher Zuschreibungen der Akteur:innen, woran lässt es sich dann erkennen? Wird dabei nicht notwendigerweise vorhandenes symbolisches Wissen angezapft und zuschreibend über die Beobachtungen gelegt? Was ist, wenn den Forschenden die Zeichen, die in den Situationen von den Handelnden genutzt werden, gar nicht bekannt sind, weil ihr sozialer Hintergrund ein anderer ist? Kommt es dann nicht zu Fehldeutungen?

V.2 Dekonstruktivismus

Zeitlich parallel belebte das dekonstruktivistische Theoriekonzept die Geschlechterforschung. Dekonstruktivismus bezeichnet Denkströmungen, in denen es im Kern um eine umfassende Rationalitäts-, Vernunfts- und Herrschaftskritik geht. Anliegen ist, vermeintlich unhintergehbare Systeme von ‚Wahrheiten‘ zu ‚dekonstruieren‘, indem man ihre Herstellungsbedingungen seziert. Solche Strömungen entstanden in Kunst, Architektur, Philosophie, Linguistik und Sozialwissenschaften. Vor allem dort, wo es um Ungleichheitsverhältnisse geht, spielen sie eine große Rolle, z.B. in den Human Animal Studies, Fat Studies, Disability Studies, Postcolonial Studies.

In den Gender Studies profilierte die US-amerikanische Philosophin Judith Butler (1991, 1997) in den 1990er-Jahren den Dekonstruktivismus. Im Mittelpunkt ihrer kritischen Reflexionen stand das Sprechen zu Geschlecht, mit dem Geschlechterdifferenz erzeugt und plausibel gemacht wird. Von besonderem Interesse war für sie die Psychoanalyse als eine wirkmächtige Akteurin der Etablierung von ‚Wahrheiten‘ zu Weiblichkeit. Butler wies nach, dass die begriffliche Unterscheidung von sex und gender, die die feministische Frauenforschung in den 1970er-Jahren durchsetzte, um der konservativen Vorstellung von der ‚Natur des Geschlechts‘ ein Ende zu bereiten, der Natur dann doch verhaftet blieb. Die binäre Kategorie des Geschlechtskörpers blieb insofern unverändert erhalten, als man davon ausging, dass sich die kulturell konstruierte Geschlechtsidentität in einen natürlich-anatomisch vorhandenen Geschlechtskörper einschreibt. Damit wird verschleiert, dass diese Natur der Geschlechtskörper selbst ein soziales Konstrukt ist, das seinen wichtigen Anteil hat am Fortbestehen der Geschlechterordnungen, die doch aufgehoben werden sollen (vgl. Butler 1991: 24).

Im besonderen Fokus war für sie auch das Überdauern der heterosexuellen Matrix von Geschlechtlichkeit (vgl. Butler 1991: 21), die dafür sorgt, dass eine Konsistenz zwischen dem Geschlechtskörper und dem sexuellen Begehren des jeweils anderen Geschlechts angenommen wird. Sie propagiert deshalb die

Entkopplung von sex und gender. „Selbst wenn die anatomischen Geschlechter (sexes) in ihrer Morphologie und biologischen Konstitution unproblematisch als binär erscheinen [...], gibt es keinen Grund zu der Annahme, dass es ebenfalls bei zwei Geschlechtsidentitäten bleiben muss" (Butler 1991: 23). Dass solche Aussagen im Alltagsverständnis bis heute absurd erscheinen, belegt wiederum, dass diskursive Regelsysteme eine deckungsgleiche Beziehung zwischen Körper und Geschlechtsidentität permanent erfolgreich herbeiführen.

In der Geschlechterforschung haben Butlers Überlegungen zu intensiven Kontroversen geführt, weil sie das bis dahin dominierende differenztheoretische Konzept zu Geschlecht radikal infrage stellten. Der Vorwurf war, Butler reduziere Geschlecht auf Sprache und ignoriere die Faktizität des Körperlichen. „Im Kern wurde Butler dafür kritisiert, die unhintergehbare haptische Dimension des Geschlechts zu negieren, also zu ignorieren, was es bedeutet, körperlich ein Mann oder eine Frau zu sein" (Villa 2003: 78). Letztlich ist dies als Indiz für das zu lesen, was der Dekonstruktivismus offenzulegen und zu dekonstruieren sucht: das System der Zweigeschlechtlichkeit. Im Alltagswissen ist es so stabil verankert und plausibel, dass es nicht anders vorstellbar zu sein scheint. „Etwas anderes zu behaupten ist so kontrafaktisch, dass es an Spinnerei grenzt" (Villa 2003: 79).

Butlers Denkprovokation bestand darin anzuerkennen, dass es „niemals einen direkten Zugang zu einer Welt jenseits des Diskursiven geben" (Villa 2003: 89) kann. Damit wird nicht behauptet, „dass es ohne einen bestimmten Diskurs die Phänomene, die sie bezeichnen, nicht gäbe. [...] Aber, und das ist die Pointe der Diskurstheorie, die Phänomene, um die es geht [...] sind immer in einer bestimmten Weise durch das diskursive Feld, in dem sie gedeutet werden, geformt" (Villa 2003: 23). In einer dekonstruktivistisch inspirierten Genderforschung geht es von daher nicht mehr darum herauszufinden, wie Geschlecht im Kern seines Wesens ‚wirklich‘ ist, sondern vielmehr darum, wie es als binäre Kategorie sprachlich, praktisch und ideell konstruiert, welche Ausschlüsse von Lebenspraxen und -konzepten damit unter der Hand einhergehen, aber auch wie es dekonstruiert wird. Dies ist auch mit dem Anliegen verbunden, dem Ausgeschlossenen Anerkennung zu verschaffen, indem die geschlechtliche Binarität zur geschlechtlichen Diversität geöffnet wird.

Die dekonstruktivistischen Impulse waren Bezugspunkt für die bereits erwähnten ethnografischen Geschlechterforschungen, sie lösten aber auch einen starken Schub an diskurstheoretischen Forschungen aus. Hier wurden gezielt Texte – Dokumente oder auch gesprochene Texte – daraufhin untersucht, wie hier Geschlecht markiert, normiert, unhintergehbar gemacht, aber auch dekonstruiert wird. So wurden – auch dies nur eine Auswahl – beispielsweise diskursanalytische Forschungen zur Herstellung von Geschlecht in der Schule (vgl. Jäckle 2009), in der pädagogischen Professionalität in Kitas (vgl. Fegter et al. 2019; Thon 2018), in Gerichtsverhandlungen zu Kindstötungen (vgl. Tolasch 2016), von Männlichkeiten in migrantischen Lebenswelten (vgl. Spies 2010) und in Kindergärten (vgl. Diewald 2018) sowie zum Krisendiskurs zu Jungen (vgl. Fegter 2012) vorgelegt.

Die dekonstruktivistisch inspirierte Geschlechterforschung findet eine Fortführung in den Queer Studies, die seit der Jahrtausendwende wichtige Impulse für eine geschlechtertheoretische Weiterentwicklung liefern. Im Zentrum ihrer Forschungsagenda stehen die Bedingungen, Vorgänge und Möglichkeiten der Dekonstruktion der Geschlechterkategorie (vgl. Kraß 2003). Die Radikalisierung des dekonstruktivistischen Konzeptes spiegelt sich bereits im Namen wider. Statt von Gender Studies von Queer Studies zu sprechen, verdeutlicht das Anliegen der konsequenten Infragestellung einer binären Geschlechterordnung. Es wird nicht nur methodisch danach gefragt, wie queere Forschungsmethoden aussehen können, sondern auch empirisch untersucht, wie die gewohnten binären Geschlechteridentitäten unterlaufen und das System der Zweigeschlechtlichkeit und Heterosexualität und die darauf basierenden Machtverhältnisse aufgelöst werden können. Dabei spielt gerade die Sprache eine exponierte Rolle als Praxis der Verhinderung oder auch Normalisierung von Geschlechtervielfalt.

VI. Zurück zum Beginn des Textes

Die Ausgangsfrage dieses Textes war, wie Menschen ein Geschlecht erhalten. Die ideengeschichtliche Rekonstruktion zeigt, dass sich die theoretischen Vorstellungen dazu im Laufe der Zeit verändert haben. Eine erste radikale Zäsur war in den 1970er-Jahren die Annahme, dass nicht die Natur der Körper den Menschen ein Geschlecht gibt, sondern dass die Gesellschaft dies tut. Gleichwohl lebt bis heute die Idee der Naturhaftigkeit von Geschlecht weiter, nicht nur in konservativen politischen und religiösen Kontexten, sondern auch in den Wissenschaften. Immer wieder erscheinen neurobiologische Studien mit Nachweisen für physiologisch begründete Geschlechterdifferenzen. Dies zeigt an, dass das Konzept von der Gesellschaftlichkeit des Geschlechts weiterhin umstritten ist.

Nichtsdestotrotz hat das differenztheoretische Modell der gesellschaftlichen Gemachtheit der Geschlechterdifferenzen längst Eingang in Alltagstheorien gefunden. Wenn Eltern sich sorgen, dass sie ihre Kinder zu geschlechtsspezifisch erziehen, wenn Bilderbücher gesucht werden, in denen Mädchen- und Jungenfiguren vorkommen, die nicht typisch sind, wenn Männer in Kitas arbeiten sollen und Förderprogramme Mädchen den Zugang zu Mathematik und Naturwissenschaften erleichtern sollen, dann spiegelt sich in alledem die Vorstellung wider, dass der Geschlechtscharakter sozial beeinflusst ist und von daher auch verändert werden kann durch veränderte Geschlechternormen. Der Schwachpunkt dieses Denkens ist jedoch zum einen die darin eingelagerte Reproduktion traditioneller binärer Geschlechtervorstellungen, zum anderen die Ausblendung der aktiven Selbstgestaltungstätigkeiten des Individuums. Zudem besteht die Neigung, hochkomplexe Gemengelagen von Einflüssen, die auf das Individuum wirken, zu reduzieren. Ob Kinder sich zu Mädchen oder Jungen entwickeln, hängt schließlich nicht allein davon ab, welche Botschaften sie bei ihren Eltern gehört haben, mit welchen Bilderbüchern sie aufgewachsen sind, ob sie in der Kita Männer und was sie in Unterrichtsfächern erlebt haben.

Mit den konstruktivistischen Theorieimpulsen war es dann möglich, das Konzept der Gesellschaftlichkeit von Geschlecht noch einmal ganz anders zu denken – nicht mehr als individuelles Merkmal, das zwar sozial erzeugt, aber eben ein Merkmal ist, sondern als eine performative Differenzierungs- und Markierungspraxis von Individuen und Institutionen, die weder einheitlich noch fixiert ist, sondern permanent in Bewegung und vielgestaltig. Sie schlägt sich nieder in Sprache, Bildern, Strukturen, Dingen und Räumen, Regelungen und Normen und Selbstinszenierungen und Interaktionen der Individuen und wird gleichzeitig darin immer wieder – auch neu – erzeugt. Geschlecht ist damit nicht mehr eine essentialistische Frage von menschlichen Identitäten, sondern vor allem eine sozialer Ordnungsverhältnisse – die wiederum Folgen für Identitätskonstrukte haben.

Diese Konzepte zur Entstehung von Geschlechterdifferenzen sind nicht als lineare Ablösungsfolge zu verstehen. Sowohl in der Geschlechterforschung wie auch im Alltagswissen existieren sie alle nebeneinander. Je nach Erkenntnis- oder Handlungsinteresse macht dieses Nebeneinander auch Sinn, denn sie ermöglichen alle etwas Bestimmtes, anderes verhindern sie jedoch. Um Ungleichheiten und gleichstellungspolitische Handlungsbedarfe sehen zu können, machen binär angelegte Forschungen zu empirischen Differenzen durchaus Sinn. Um jedoch erfassen zu können, wie weit Geschlechtervielfalt entwickelt ist, sind solche differenztheoretischen Forschungszugänge kontraproduktiv. Wenn es darum geht, zu erhellen, wie Geschlecht in sozialen Situationen und Sprache relevant, normiert und entnormiert wird, sind wiederum konstruktivistisch inspirierte Zugänge naheliegend.

Was heißt dies alles für die Eingangsszene des Textes? Sie spiegelt erstens das differenztheoretische Konzept zu Geschlecht wider. Wenn darauf verwiesen wird, dass Batteriewechseln eine exklusiv männliche Kompetenz ist, aktualisiert dies die Idee binärer Geschlechtscharaktere mit spezifischer Merkmalstypik. Dass dies in der Krisensituation getan wird, verweist auf das hohe Maß an Akzeptanz und Plausibilität dieser Idee nicht allein für die Sprecherin, sondern ebenso für ihr Publikum. Dass die Aussage so gemacht wird, unterstellt dem adressierten Ethnografen, dass erwartet wird, dass er dies auch so sieht.

Zweitens erschließt sich diese Äußerung aber auch als Praxis des Doing Gender. Indem der Mangel an männlicher Technikkompetenz in der Kita ins Feld geführt wird, um die ‚Betriebsstörung' zu erklären, wird Geschlecht als binäre Differenzierungspraxis aufgerufen und gleichzeitig reproduziert. Der argumentative Bezug der Kita-Fachkraft darauf bestätigt die ‚Richtigkeit' der aktualisierten Geschlechterfigur. Es ist also eine konkrete menschliche Praxis, die dem ideellen Fortbestand binärer Geschlechtscharaktere Vorschub leistet.

Die Szene offenbart schließlich auch den situativen Pragmatismus des Doing Gender. Schließlich bemüht die Fachkraft das Bild der männlichen Technikkompetenz nicht ‚einfach so', sondern sie gibt der Interaktion in einer Krisensituation damit eine bestimmte Richtung, wenn auch intuitiv, ungeplant: In der Kita ist etwas passiert, das Kinder gefährdet, also nicht sein darf. Der Verweis auf die männliche Technikkompetenz stellt eine kommunikative Taktik der Schuldentlastung dar. Weder die Fachkraft selbst noch die Institution ist für die Krise haftbar zu machen; denn Schuld ist der Männermangel in der Kita. Die Situation der ‚entlaufenen Kinder' mobilisiert offenbar Haftungsängste beim Personal, vielleicht auch gerade deshalb besonders, weil der Ethnograf Zeuge geworden ist. Dies wiederum löst verstärkte Bemühungen dazu aus, sich gegenüber dem Zeugen von Verantwortung freizusprechen. Gleichzeitig wird er selbst in die Verantwortung gezogen, schließlich gehört er jener Genussgruppe an, die – angeblich – Batterien wechseln kann.

Wir sehen an diesem Alltagsbeispiel aus der Kita: Die Frage, ob Männer tatsächlich Batterien besser wechseln können als Frauen, ist letztlich zweitrangig in dieser Situation. Entscheidender ist, dass es den Fundus symbolischen Wissens zu Geschlechterdifferenzen gibt, der in spezifischen Situationen –

und vielleicht spielt hier auch eine Rolle, dass es eine Krisensituation ist – zu spezifischen pragmatischen Zwecken angezapft und interaktiv ins Spiel gebracht wird. Dies wäre eine zutiefst konstruktivistische Lesart.

Reflexionsfragen

- Wie ‚denkt' die differenztheoretische Geschlechtertheorie die Entstehung von Geschlechterunterschieden und Veränderungsmöglichkeiten? Auf welche Probleme stößt sie? Suchen Sie nach Beispielen aus Ihrem bisherigen beruflichen Alltag, wo diese ‚Denke' zum Tragen kam oder kommt?
- Wie ‚denkt' das Konzept des Doing Gender die Entstehung von Geschlechterunterschieden und Veränderungsmöglichkeiten? Auf welche Probleme stößt es? Suchen Sie nach Beispielen aus Ihrem bisherigen beruflichen Alltag, wo diese ‚Denke' zum Tragen kam oder kommt?
- Wie ‚denkt' das Konzept des Dekonstruktivismus die Entstehung von Geschlechterunterschieden und Veränderungsmöglichkeiten? Auf welche Probleme stößt es? Suchen Sie nach Beispielen aus Ihrem bisherigen beruflichen Alltag, wo diese ‚Denke' zum Tragen kam oder kommt?
- Vor dem Hintergrund der theoretischen und praktischen Dekonstruktion der binären und heterosexuellen Geschlechterkategorie – haben Sie Ideen dazu, was aus der Geschlechterordnung perspektivisch werden könnte.

Literatur

Abels, Heinz/König, Alexandra (2010): Sozialisation. Soziologische Antworten auf die Frage, wie wir werden, was wir sind, wie gesellschaftliche Ordnung möglich ist und wie Theorien der Gesellschaft und der Identität ineinanderspielen, Wiesbaden: VS Verlag für Sozialwissenschaften.

Althusser, Louis (1977): Ideologie und ideologische Staatsapparate. Aufsätze zur marxistischen Theorie, Hamburg/Berlin: VSA Verlag Hamburg.

Böhnisch, Lothar/Winter, Reinhard (1993): Männliche Sozialisation. Bewältigungsprobleme männlicher Geschlechtsidentität im Lebenslauf, Weinheim/München: Juventa.

Brehmer, Ilse (Hrsg.) (1982): Sexismus in der Schule. Der heimliche Lehrplan der Frauendiskriminierung, Weinheim/Basel: Beltz.

Breidenstein, Georg/Kelle, Helga (1998): Geschlechteralltag in der Schulklasse. Ethnographische Studien zur Gleichaltrigenkultur, Weinheim: Juventa.

Butler, Judith (1991): Das Unbehagen der Geschlechter, Frankfurt/Main: Suhrkamp.

Butler, Judith (1997): Körper von Gewicht. Die diskursiven Grenzen des Geschlechts, Frankfurt/Main: Suhrkamp.

Chodorow, Nancy (1985): Das Erbe der Mutter: Psychoanalyse und Soziologie der Geschlechter, München: Frauenoffensive.

Dausien, Bettina (1999): „Geschlechtsspezifische Sozialisation" – konstruktiv(istisch)e Ideen zu Karriere und Kritik eines Konzepts. In: Dausien, Bettina/Herrmann, Martina/Oechsle, Mechthild/Schmerl, Christiane/Stein-Hilbers, Marlene (Hrsg.): Erkenntnisprojekt Geschlecht. Geschlecht und Gesellschaft 17, VS Verlag für Sozialwissenschaften.

Diewald, Irmgard (2018): Männlichkeiten im Wandel. Zur Regierung von Geschlecht in der deutschen und schwedischen Debatte um ‚Männer in Kitas', Bielefeld: transcript.

Dinnerstein, Dorothy (1979): Das Arrangement der Geschlechter, München: Dt. Verlags-Anstalt.

Engler, Stefanie/Friebertshäuser, Barbara (1988): Die vergessene Hälfte? Mädchen in einer gemischtgeschlechtlichen Jugendsubkultur. Deutsche Jugend 36, H. 5, S. 205–215.

Fagot, Beverly I. (1978): The influence of sex of child on parental reactions to toddler children. In: Child Development 49, H. 2, S. 459–465.

Fegter, Susann (2012): Die Krise der Jungen in Bildung und Erziehung. Diskursive Konstruktion von Geschlecht und Männlichkeit, Wiesbaden: Springer VS.

Fegter, Susann/Hontschik, Anna/Kadar, Eszter/Sabla, Kim-Patrick/Saborowski, Maxine (2019): Bezüge auf Familie als Moment der Vergeschlechtlichung pädagogischer Professionalität: Diskursanalytische Perspektiven auf Äußerungen in Gruppendiskussionen mit Kita-Teams. In: Baar, Robert/Hartmann, Jutta/Kampshoff, Marita (Hrsg.): Geschlechterreflektierte Professionalisierung – Geschlecht und Professionalität in pädagogischen Berufen, Opladen: Verlag Barbara Budrich, S. 135–149.

Frasch, Heidi/Wagner, Angelica C. (1982): „Auf Jungen achtet man einfach mehr…": Eine empirische Untersuchung zu geschlechtsspezifischen Unterschieden in Lehrer/innenverhalten gegenüber Jungen und Mädchen in der Grundschule. In: Brehmer, Ilse (Hrsg.): Sexismus in der Schule. Der heimliche Lehrplan der Frauendiskriminierung, Weinheim: Beltz, S. 260–278.

Frohnert, Sigrid/Hahn-Mausbach, Gabriele/Kauermann-Walter, Jacqueline/Metz-Göckel, Sigrid (1988): Geschlechtsspezifische Umgangsformen mit dem Computer. Forschungsbericht, Dortmund.

Gildemeister, Regine/Wetterer, Angelika (1992): Wie Geschlechter gemacht werden. Die soziale Konstruktion der Zweigeschlechtlichkeit und ihre Reifizierung in der Frauenforschung. na.

Hagemann-White, Carol (1984): Sind geschlechtsspezifisch unterschiedliche Charaktere empirisch nachweisbar? In: Sozialisation: Weiblich — männlich? Alltag und Biografie von Mädchen 1, Wiesbaden: VS Verlag für Sozialwissenschaften.

Hagemann-White, Carol (1988): Wir werden nicht zweigeschlechtlich geboren… In: Hagemann-White, Carol/Rerrich, Maria S. (Hrsg.): FrauenMännerBilder. Männer und Männlichkeit in der feministischen Perspektive, Bielefeld: AJZ-Verlag, S. 224–235.

Hausen, Karin (1976): Die Polarisierung der „Geschlechtscharaktere". Eine Spiegelung der Dissoziation von Erwerbs- und Familienleben, In: Sozialgeschichte der Familie in der Neuzeit Europas, hrsg. von Werner Conze, Stuttgart: Ernst Klett Verlag, S. 363–393.

Hirschauer, Stefan (1994): Die soziale Fortpflanzung der Zweigeschlechtlichkeit. In: Kölner Zeitschrift für Sozialpsychologie 46, H. 4, S. 668–691.

Hollstein, Walter (1988): Nicht Herrscher, aber kräftig. Die Zukunft der Männer, Hamburg: Hoffmann und Campe.

Jäckle, Monika (2009): Schule M(m)acht Geschlechter. Eine Auseinandersetzung mit Schule und Geschlecht unter diskurstheoretischer Perspektive, Wiesbaden: VS.

Kauermann-Walter, Jacqueline/Kreienbaum, Anna/Metz-Göckel, Sigrid (1988): Formale Gleichheit und diskrete Diskriminierung: Forschungsergebnisse zur Koedukation. In: Rolff, Hans-Günter/Klemm, Klaus/Pfeiffer, Hermann/Rösner, Ernst (Hrsg.): Jahrbuch der Schulentwicklung. Bd. 5, Weinheim: Juventa Verlag, S. 157–188.

Kelle, Helga (2001): » Ich bin der, die, das macht « Oder: Über die Schwierigkeit, „doing gender"-Prozesse zu erforschen. Feministische Studien, 19, H. 2, S. 39–56. DOI: https://doi.org/10.25595/616.

Kessler, Suzanne/McKenna, Wendy (1978): Gender: An Ethnomethodological Approach, Chicago, IL: University of Chicago Press.

Keuneke, Susanne (2000): Geschlechtserwerb und Medienrezeption. Zur Rolle von Bilderbüchern im Prozess der frühen Geschlechtssozialisation, Opladen: Leske + Budrich.

Kraß, Andreas (2003): Queer Denken. Gegen die Ordnung der Sexualität (Queer Studies), Frankfurt a.M.: Suhrkamp.

Krause, Ellen (2013): Einführung in die politikwissenschaftliche Geschlechterforschung 11, Berlin: Springer-Verlag.

Kubandt, Melanie (2016): Geschlechterdifferenzierung in der Kindertageseinrichtung. Eine qualitativ-rekonstruktive Studie, Opladen: Verlag Barbara Budrich.

Mogge-Grotjahn, Hildegard (2004): Geschlecht, Identität und Sozialisation. In: Mogge-Grotjahn, Hildegard (Hrsg.): Gender, Sex und Gender Studies. Eine Einführung, Freiburg/Breisgau: Lambertus-Verlag, S. 93–102.

Müller, Marion (2009): Fußball als Paradoxon der Moderne. Zur Bedeutung ethnischer, nationaler und geschlechtlicher Differenzen im Profifußball, Wiesbaden: VS Verlag für Sozialwissenschaften.

Oakley, Ann (1972): Sex, Gender and Society, San Francisco: Harper and Row.

Pomerleau, Andrée/Bolduc, Daniel/Malcuit, Gérard/Cossette, Louise (1990): Pink or blue: Environmental gender stereotypes in the first two years of life. In: Sex-Roles 22, H. 5–6, S. 359–367. DOI: http://dx.doi.org/10.1007/BF00288339.

Rauch, Renate (1977): Bollwerk des Patriarchats. Klischees in Schulbüchern. In: Betrifft: Erziehung 10, S. 70–74.

Rohrmann, Tim (2023): Sprechen Jungen anders als Mädchen? In: KiTa aktuell ND, H. 4, S. 4–7.

Rose, Lotte (2020): Mehr Männer für Kinder! Anmerkungen zum kritischen ‚Unterleben' einer populären Diskursfigur. In: Hammerschmidt, Peter/Sagebiel, Juliane/Stecklina, Gerd (Hrsg.): Männer und Männlichkeiten in der Sozialen Arbeit, Opladen: Beltz Juventa, S. 95–114.

Rose, Lotte/Schulz, Marc (2007): Gender-Inszenierungen. Jugendliche im pädagogischen Alltag, Sulzbach: Ulrike Helmer Verlag.

Sander, Kirsten (2002): Doing gender und/oder doing profession? Zur zweiseitigen Rahmung von Interaktionen im Krankenhaus. Vortrag auf der Jahrestagung der Sektion Biographieforschung in der DGS, Bamberg (unveröffentl. Manuskript).

Sänger, Eva (2020): Elternwerden zwischen „Babyfernsehen" und medizinischer Überwachung. Eine Ethnografie pränataler Ultraschalluntersuchungen, Bielefeld: transcript Verlag.

Schaich, Ute (2023): Gender in Kinderkrippen. Wie Geschlecht bedeutsam gemacht wird. Eine ethnographische Studie, Opladen/Berlin/Toronto: Barbara Budrich.

Scheu, Ursula (1977): Wir werden nicht als Mädchen geboren, wir werden dazu gemacht. Zur frühkindlichen Erziehung in unserer Gesellschaft, Frankfurt a.M.: Fischer.

Schnack, Dieter/Neutzling, Rainer (1990): Kleine Helden in Not. Jungen auf der Suche nach Männlichkeit, Reinbek bei Hamburg: Rowohlt.

Schneider, Ramona (2023): Erlebnispädagogik und Gender. Genderkonstruktionen beim Bouldern und Klettern in den Hilfen zur Erziehung, Opladen: Barbara Budrich.

Schulz, Marc (2014): Professionelle Männlichkeit für Kinder. Kritische Reflexionen eines Ethnografen im Feld des Kindergartens. In: Rose, Lotte/May, Michael (Hrsg.): Mehr Männer in die Soziale Arbeit!? Kontroversen, Konflikte und Konkurrenzen, Opladen: Budrich, S. 275–292.

Seehaus, Rhea (2015): Schwangerschaft und Geburt als individuelles Projekt. Zur institutionellen Anrufung schwangerer Frauen in Informations- und Bildungsveranstaltungen. Freiburger Zeitschrift für Geschlechterstudien 21, H. 2, S. 51–76. DOI: https://doi.org/10.3224/fzg.v2 1i2.20936.

Seehaus, Rhea/Tolasch, Eva (2017): Vom Eltern-Projekt zum Mutter-Projekt. Über Fürsorgeverantwortlichkeiten in der Stillberatung. In: Tolasch, Eva/Seehaus, Rhea (Hrsg.): Mutterschaften sichtbar machen. Sozial- und kulturwissenschaftliche Beiträge, Opladen/Berlin/Toronto: Barbara Budrich, S. 241–253.

Serano, Julia (2017): Transgender Agendas, Social Contagion, Peer Pressure, and Prevalence. https://juliaserano.medium.com/transgender-ag endas-social-contagion-peer-pressure-and-prevalence-c3694d11ed24, 27.11.2017.

Spies, Tina (2010): Migration und Männlichkeit. Biographien junger Straffälliger im Diskurs, Bielefeld: transcript.

Tertilt, Hermann (1996): Turkish Power Boys. Ethnographie einer Jugendbande, Frankfurt a.M.: Suhrkamp.

Tervooren, Anja (2006): Im Spielraum von Geschlecht und Begehren. Ethnographie der ausgehenden Kindheit, Weinheim: Juventa.

Thon, Christine (2018): Reflektieren über Differenzen? Migrations- und Geschlechterdiskurse im Sprechen pädagogischer Fachkräfte über Kinder und Eltern. In: Breitenbach, Eva/Rieske, Thomas Viola/Toppe, Sabine (Hrsg.): Migration, Religion und Geschlecht. Praktiken der Differenzierung, Opladen: Barbara Budrich, S. 77–90.

Tolasch, Eva (2016): Die protokollierte gute Mutter in Kindstötungsakten. Eine diskursanalytische Untersuchung, Wiesbaden: Springer Fachmedien.

Villa, Paula-Irene (2003): Judith Butler, Frankfurt a.M.: Campus.

Woods, Peter/Hammersley, Martyn (Hrsg.) (1993): Gender and Ethnicity in Schools. Ethnographic Accounts, London/New York: Routledge.

Zandt, Florian (2023): Wer sich in Deutschland als LGBTQA+ identifiziert. https://de.statista.com/infografik/27440/anteil-der-befragten-die-ihre-sexuelle-orientierung-wie-folgt-angeben-nach-geburtsjahr/, 16.05.2023.

Zimmerman, Don H./West, Candace (1987): Doing gender. Gender and Society 1, H. 2, S. 125–151. DOI: https://doi.org/10.1177/0891243287001002002.

Biologie der Körper und das menschliche Geschlecht

Lotte Rose

> Im Seminar zu sozialisationstheoretischen Grundlagen der Sozialen Arbeit geht
> es in einer Sitzung um Elternschaft. Viel Raum nimmt die Beschäftigung mit
> Daten zur geschlechtsspezifischen Arbeitsteilung und Kinderfürsorge in Familien
> ein und die Frage, warum die Arbeitsteilung so ist, wie sie ist. Eine Reihe von
> gesellschaftlichen Ursachen – normative Erwartungen an Mütter, fehlende öffent-
> liche Sorgeverantwortung, der Gender-Pay-Gap zwischen Frauen und Männern
> – werden von den Studierenden genannt, bis sich eine Studentin meldet und
> ausführt, dass Frauen eine engere Bindung an ihre Kinder hätten, weil diese in
> ihrem eigenen Körper herangewachsen und von ihnen geboren worden wären.
> Die lange körperliche Verbindung mit dem Kind mache sie auch fürsorglicher
> gegenüber dem Kind. Einem Vater fehle diese Erfahrung und deshalb wäre er auch
> nicht so prädestiniert dafür, sich um sein Kind zu kümmern. Einige Studierende
> bestätigen dieses Argument. Es gibt keine Infragestellungen. Eingewandt wird nur,
> dass der Vater sich trotzdem um Haushaltsaufgaben kümmern könnte und sollte
> und dass er, wenn das Kind älter ist, wichtig für das Kind wäre.

Die Szene aus einem Seminar dokumentiert, wie beobachtbare Geschlechterunterschiede mit der Biologie der Körper plausibilisiert werden. Auch
wenn es, wie die Szene auch zeigt, ein Bewusstsein zur Gesellschaftlichkeit
dieser Differenzen gibt, existieren parallel Vorstellungen von der Natur der
Geschlechter, die offenbar tief verankert sind.

Das, was im Seminar passiert ist, passiert auch an vielen anderen Stellen gesellschaftlichen Lebens, wenn es um Frauen und Männer geht. Immer wieder
werden biologische Argumente in Anschlag gebracht, um Unterschiede zwischen den Geschlechtern als ‚natürlich' zu begründen. Das betrifft nicht nur
die *körperlichen* Differenzen, sondern auch die *gesellschaftlichen*. Geschlechtsspezifische Verhaltensweisen, Kompetenzen, Vorlieben und Abneigungen, Arbeitsteilungen bis hin zu Gewalt- und Dominanzverhältnissen werden dann
in Zusammenhang gebracht mit biologischen Programmen (vgl. Birke 1999).
Besonders prominent sind die Naturalisierungen im Kontext des Kinderkriegens, wie die Eingangsszene demonstriert. Weil es Frauen sind, die Kinder
austragen, auf die Welt bringen und mit ihrer Milch nähren können, sind die
Vorstellungen zu einer einzigartigen Mutter-Kind-Bindung und mütterlichen
Fürsorgefähigkeit stark, die als Naturgesetz erscheinen.

Gerade angesichts der derzeit sich vollziehenden queeren Pluralisierungen
der Geschlechterwelten, die die gewohnten, über Jahrhunderte institutionali-

sierten binären Konzepte von Weiblichkeit und Männlichkeit auf den Kopf stellen, wird die Natur bemüht, um diese Entwicklungen zu diskreditieren. So kritisiert die AfD in ihrem Grundsatzprogramm, dass die neue „Gender-Ideologie" – gemeint sind die Prozesse der Normalisierung von Geschlechtervielfalt – „naturgegebene Unterschiede zwischen den Geschlechtern" marginalisiert und damit „traditionellen Wertvorstellungen und spezifischen Geschlechterrollen in den Familien" entgegenwirkt (AfD 2016: 109).

Wir sehen: Die Frage, wie natürlich Geschlechterdifferenzen sind und sein sollen, ist politisch umkämpft, und sie hat Folgen für das Leben von Frauen* und Männern*, weil sich daran entscheidet, welche Möglichkeiten ihnen zugestanden werden.

I. Geschlechtsspezifische Körperdifferenzen: Es gibt sie doch!?

Die Vorstellungen dazu, welches die entscheidenden Geschlechtsunterschiede der Körper sind, haben sich im Laufe der Zeit zwar gewandelt und Forschungen dazu beeinflusst. Mal waren es die Geschlechtsorgane, mal das Skelett, Körpergröße und Gewicht, Hormone oder das Gehirn (vgl. Ah-King 2014). Gleich geblieben ist jedoch die Frage, ob und wie Natur an den vorfindbaren Geschlechterunterschieden beteiligt ist.

Auf den ersten Blick scheint es so zu sein, dass es spezifische körperliche Merkmale gibt, nach denen Menschen ‚natürlicherweise' als weiblich oder männlich klassifiziert werden. Frauenkörper haben eine höhere Stimme, breitere Hüften, mehr Fettgewebe am Gesäß und den Oberschenkeln und ein lockeres Bindegewebe, Ursache der charakteristischen, ungeliebten ‚Orangenhaut'. Ihre Körper sind kleiner, ihr Gesicht ist unbehaart. Im Vergleich dazu haben Männerkörper Bartwuchs und sind auch ansonsten am gesamten Körper behaarter, wenn sie auch ihre Kopfhaare mit dem Alter häufiger wieder verlieren. Männer entwickeln in der Pubertät eine tiefe Stimme, haben mehr Muskeln, ihre Hüften sind schmaler. Sie werden auch größer, setzen ihr Fett vor allem am Bauch an. Der Männerkörper weist mehr Testosteron auf, der Frauenkörper mehr Östrogen und Progesteron.

Exponiert sind schließlich die unterschiedlichen Fortpflanzungsorgane, die seit jeher das entscheidende Diagnosekriterium für Weiblichkeit und Männlichkeit waren. Die Geschlechtsbestimmung nach der Geburt – und auch schon die intrauterine – entscheidet sich daran. Während der Frauenkörper mit Vagina, Gebärmutter, Eierstock und Brüsten biologisch über die Ausstattung verfügt, Eizellen auszubilden, schwanger zu werden, zu gebären und zu nähren, bringt der Männerkörper mit Penis und Hoden die Anlage zur Befruchtung der weiblichen Eizelle mit. Dies sichert gemeinsam die menschliche Reproduktion und damit den Fortbestand von Gesellschaften. Die Biologie der Geschlechtskörper ist also in erheblicher Weise gesellschaftsrelevant, weil sie die generationelle Kontinuität der Menschheit schafft.

Bedeutet der Tatbestand biologischer Körperdifferenzen nun, dass die gesellschaftliche Geschlechterordnung auch tatsächlich eine naturgegebene ist? An dieser Stelle wird es knifflig und strittig. Aus der Perspektive einer naturgegebenen Geschlechterdifferenz erscheinen die Daseinsweisen von Männern und Frauen – im doppelten Sinn – natürlich und nicht anders vorstellbar, denn Natur ist standhaft. Weil Frauen Kinder bekommen, kann es nicht anders sein, als dass sie sich auch um diese kümmern. Weil Männer keine Kinder bekommen, kann es ebenfalls nicht anders sein, als dass sie sich nicht um Kinder kümmern und stattdessen für andere Arbeiten zuständig sind. Auch die männliche Vormacht erklärt sich in dieser Denkmatrix aus der Natur der Sache heraus: Die tiefere Stimme, der größere und kräftigere Körper der Männer prädestiniert Männer für dominante Positionen, aggressive Tatkraft, Streitlust und Beschützeraufgaben.

Doch solche Vorstellungen werden schon lange – spätestens seit der neuen Frauenbewegung in den 1970er-Jahren – stark infrage gestellt. Ein Bestseller aus dieser Zeit hatte den Titel „Wir werden nicht als Mädchen geboren, sondern dazu gemacht" (Scheu 1977) und wies nach, wie geschlechtsspezifische Sozialisationsprozesse – also gesellschaftlich-kulturelle Vorgänge – Mädchen zu Mädchen und Jungen zu Jungen machen. Dass Geschlechterkörper verschieden sind, wurde damit nicht in Abrede gestellt, aber die so wirkmächtige Idee, dass die sozialen Geschlechterwelten ein Automatismus der Biologie sind, der Verhaltensunterschiede, Arbeitsteilungen und Beziehungsverhältnisse zwischen Frauen und Männern kanalisiert.

Vor diesem Hintergrund begibt sich der Text auf eine Spurensuche zu den Natürlichkeitsvorstellungen zu Geschlecht und zu der Frage, wie biologisch Geschlecht denn nun eigentlich ist. Hierzu werden ausgewählte ‚biologistische Narrative' zur Geschlechterdifferenz vorgestellt, wie sie in verschiedenen wissenschaftlichen Disziplinen kreiert wurden und werden, die alltagsweltlichen Vorstellungen zu Geschlecht bis heute prägen. Mit biologistischen Narrativen sind geschlossene Erzählmuster mit hoher Konsensfähigkeit gemeint, die Phänomenen der Welt – in unserem Fall der Geschlechterdifferenz – einen schlüssig-überzeugenden Sinn verleihen, indem sie Erklärungen aus der Biologie anbieten.

II. Kulturanthropologische Narrative: jagende Männer und häusliche Frauen

Wenn es um Geschlechterdifferenzen geht, sind Verweise auf die Jäger- und Sammlerkulturen der frühen Menschheitsgeschichte nicht weit. Prominent ist hier die Figur des jagenden Mannes, wie sie von Samuel Washburn u.a. (1968) in der ‚Man the Hunter'-Theorie in den 1960er-Jahren geschaffen wurde. Danach ist es zu Beginn der Menschheit der Mann gewesen, der durch seine Jagdaktivitäten nicht nur das *nutritive* Überleben der Gruppen gewährleistet, sondern auch den evolutionären Fortschritt angetrieben hat durch die Entwicklung von Fertigkeiten und Techniken zur Verbesserung des Überlebens.

Die Geschlechterforscherin Sigrid Schmitz (2003), die sich intensiv mit den naturwissenschaftlichen Konstrukten zu Geschlecht beschäftigt hat, fasst Washburns Theoriemodell wie folgt zusammen: „Die gemeinsame Jagd förderte die Entwicklung von Mut, Ausdauer, Aggressivität, Erfolgsstreben, Orientierungsfähigkeit und Entschlossenheit. Sie induzierte die Erfindung von Jagdwerkzeugen und sie erforderte Kooperation, soziales Verhalten und Sprachentwicklung unter den Jagdteilnehmern. Und all das induzierte und wurde unterstützt durch eine Evolution des Gehirns. Nur die erfolgreichsten und genetisch ‚besten' Männer (die aggressivsten, mutigsten etc.) kamen zur Fortpflanzung." (ebd.: 162) Frauen jagten nicht, denn dies war „zu anstrengend und gefährlich für Schwangere und stillende Mütter" (ebd.: 163). Und da die Nachkommen so lange so abhängig waren von erwachsener Versorgung, blieben die Frauen bei den Kindern ‚zu Hause' (ebd.: 163). In der Folge versuchten Frauen, nicht nur anhand körperlicher Merkmale den stärksten und damit ‚besten' Mann zur Paarung zu finden, sondern sie protegierten auch die Monogamie, damit sie sich und ihre Nachkommen von diesem Mann zeitlebens sicher versorgt wussten (ebd.: 163). Demgegenüber neigten die Männer zu Promiskuität, um ihr Erbgut möglichst weit zu streuen.

Washburn konstruiert die menschliche Evolution damit als eine des Mannes und des Patriarchats, die gleichzeitig naturalisiert ist. Es ist – so die gedankliche Konstruktion dieser Theorie – die biologische Faktizität des weiblichen Kinderkriegens, die Frauen an ‚Heim und Herd' bindet und Männer ‚tatkräftig in die Welt ziehen lässt', um den menschlichen Fortbestand zu gewährleisten. Maskulinisierung und Naturalisierung greifen ineinander und ebnen den Weg dafür, Geschlechterdifferenzen ungesellschaftlich zu denken.

Dass die ‚Man the Hunter'-Theorie so schlüssig erscheint, hat viel damit zu tun, dass sie Geschlechterbilder aufruft, die sich über lange Zeiträume als alltagstheoretisches ‚Mindset' in die menschlichen Vorstellungswelten eingegraben haben. In der feministischen Naturwissenschaftskritik ist deshalb von einer typischen „Zirkelschluss-Praxis" (Schmitz 2003: 164) die Rede. Gemeint ist damit: Weil es bereits eine spezifische Idee dazu gibt, wie Männer und Frauen sind und warum sie so sind, werden die archäologischen Zeugnisse der frühen Menschheit in diesem Muster gelesen und bezeichnet. Sie bringen dann das als anthropologische Erkenntnis hervor, was letztlich der Ausgangspunkt der Forschung war – die Idee einer naturbasierten Geschlechterordnung, in der Frauen zurückhaltend und sorgsam sind und Männer die Welt erobern und dominieren. Denn wenn Menschen bereits so früh in der Evolution die gesellschaftlichen Aufgaben des Überlebens in der Weise organisieren, wie es heute auch noch vorfindbar ist, wenn es eine solche Stabilität durch die Zeit gibt, kann es kaum anders sein, als dass es sich hierbei um ein biologisches Programm handelt.

Nachfolgend wurden viele Einwände zu diesem Theoriemodell formuliert. Nancy Tanner und Adrienne Zihlman (1976) konzipierten einen Gegenentwurf zur ‚Man the Hunter'-Theorie. In ihm ‚erzählten' sie eine Evolutionsgeschichte, in der die Mutter-Kind-Beziehung, die Sammelarbeit und das Teilen der Nahrung der Dreh- und Angelpunkt zur Entwicklung von Technologien und Sprache, Orientierungs- und Kommunikationsleistungen und konfliktminimierenden Sozialstrukturen ist.

> „Die Fähigkeiten der Frauen schufen (…) über die Vererbung die Grundlagen zu einer solchen Lernfähigkeit, die letztendlich die Evolution voranbrachte. Und diese Frauen wählten als Sexualpartner nicht unbedingt die stärksten Männer, sondern solche, die soziale Kompetenzen aufwiesen und mit in den Nachwuchs investierten. Somit wurden auch durch die Männer gerade solche Fähigkeiten vererbt, die eher aggressionsmindernd denn aggressionsfördernd waren. Auch hier spielt die Monogamie eine Rolle, denn Investitionen in den Nachwuchs waren nur dann sinnvoll, wenn die Männer sich dieses Nachwuchses als eigenen sicher waren." (Schmitz 2003: 165).

Auch in diesem theoretischen Konzept ist von geschlechtsspezifischen Arbeitsteilungen die Rede, die letztlich auf die Natur der Reproduktionsleistung des weiblichen Körpers zurückgehen. Aber anders als in der ‚Man the Hunter'-

Theorie wird hier nicht nur die Frau als zentrale Akteurin der Evolution positioniert, sondern die Evolution wird auch weit weniger als eine patriarchale Herrschaft typisiert.

Dass die Prominenz der männlichen Jagd und die damit unterschwellig assoziierte Gewalt als Charakteristikum der Jäger- und Sammlergesellschaften fragwürdig ist, dafür lieferten zudem Robert Blumenshine und John Cavallo (1992) in den 1990er-Jahren einen Beitrag. Sie lieferten archäologische Belege dafür, dass die ersten Menschen sich seltener von frischem, erjagtem Fleisch ernährt haben, wie die gängigen Narrative Glauben machen, sondern vor allem von Aas – also von Fleisch, das anders als bei der gefährlichen Jagd relativ gefahrlos ‚eingesammelt‘ wurde. Damit verschieben sich frühgeschichtliche Geschlechterbilder erheblich, denn in einer aaskonsumierenden Gesellschaft ist die körperlich überlegene, aggressive und risikobereite Männlichkeit weniger nötig und weniger stimmig.

Trotz solcher Infragestellungen hält sich das ‚Man the Hunter‘-Konstrukt als alltags- und geschlechtertheoretische Vorstellung relativ hartnäckig und liefert den Nährboden für naturalisierende Deutungen zeitgenössischer Geschlechterverhältnisse.

III. Narrative der sexuellen Reproduktionsmedizin

Spuren des ‚Man the Hunter‘-Konstrukts finden sich auch in Darstellungen des menschlichen Befruchtungsvorgangs. Die schwedische, international tätige Evolutionsbiologin Malin Ah-King (2014) widmet sich an einer Stelle ihres Bandes zur Einführung in Genderperspektiven in der Biologie einer Studie der Anthropologin Emily Martin (1991). Diese Studie gilt mittlerweile als klassischer Beleg dafür, wie das – wissenschaftliche – Sprechen über reproduktionsbiologische Vorgänge die Bilder zu den menschlichen Geschlechtern nicht nur zutiefst prägt, sondern sie auch unter der Hand nachdrücklich naturalisiert.

Martin untersuchte, wie in Lehrbüchern und wissenschaftlichen Artikeln der weibliche und der männliche Part der Befruchtung in Worte gefasst wird. Welche Bezeichnungen finden sich mit welchen Bedeutungshöfen, welche Metaphern werden benutzt, um den biologischen Sachverhalt mitzuteilen? Ihre Analyse förderte ein geschlechtlich polarisierendes Erzählmuster zutage, das Spermien als aktiv und die Eizelle als passiv charakterisiert: Danach müssen es die Spermien innerhalb weniger Stunden schaffen, die Eizelle zu erreichen und zu ‚penetrieren', ansonsten stirbt die Eizelle unbefruchtet ab. Hier wird den männlichen Zellen ein hohes Maß an Energie und Tatkraft – die Bilder der männlichen Jagd drängen sich auf – und eine ‚Errettungsfunktion' zugeschrieben. Ohne ihren Einsatz verlöscht die Eizelle nutzlos. Ihrer Aktivität wird sprachlich eine gewisse Dramatik verliehen. Demgegenüber wird die weibliche Zelle als etwas dargestellt, das keinerlei Tatkraft an den Tag legt, sondern ausschließlich wartet – nämlich auf die männliche Aktivität des Erreichens und Eindringens. Das Befruchtungsgeschehen erscheint so als männlich dominiert und existentiell abhängig vom männlichen ‚Akteur'.

Dieses Narrativ hat Folgen für die Wahrnehmung der gesellschaftlichen Geschlechter. Denn wenn bereits biologische Zellvorgänge in dieser Weise sprachlich vergeschlechtlicht stereotypisiert werden, können auch Männer und Frauen kaum anders als entlang dieser Binarität von männlicher Aktivität und weiblicher Passivität gedacht werden.

Martins Analyse veränderte die weitere Erforschung der Befruchtungsvorgänge und führte zu einem differenzierteren Verständnis (vgl. Keller 2004). Mit dem neu sensibilisierten geschlechterkritischen Blick war es erst möglich zu hinterfragen, wie tragfähig das Modell von aktiven Spermien und passiver Eizelle ist, und neue biologische Mechanismen aufzuspüren, die vorher undenkbar schienen. Tatsächlich zeigte sich, dass die Bewegung der Spermien hin zum Zellkern des Eis keineswegs eine ist, die allein vom ‚männlichen Zellakteur' ausgeht. Vielmehr konnte nachgewiesen werden, dass, wenn das Spermium auf die Eihülle trifft, sich Rezeptoren der Eihülle an das Spermium binden, wodurch das Spermium ein Enzym freisetzt, das wiederum die Hülle auflöst. Wenn das Spermium die Eihülle passiert hat, wandert der Zellkern des Eis dem eingetretenen Spermium in raschem Tempo entgegen. Nach diesen Erkenntnissen stellt sich die Befruchtung nicht mehr als Vorgang dar, der durch die einzigartige Vitalität des männlichen Spermiums ermöglicht wird, sondern als ein Ineinandergreifen von zwei Vitalitäten sowohl der männlichen als auch der weiblichen Zelle.

Diese Geschichte demonstriert exemplarisch, wie eng verkoppelt die Narrative zu den menschlichen Geschlechtern und geschlechtlichen Sachverhalten der Biologie sind. Weil es die symbolische Geschlechterordnung der passiven Weiblichkeit und aktiven Männlichkeit in der menschlichen Gesellschaft gibt, wird die Geschlechterbiologie in diesem Muster gedeutet und sprachlich gefasst. Mehr noch: Anderweitige Erkenntnisse werden regelrecht verhindert, wie Malin Ah-King formuliert. „Weil es keine Vorstellung von den aktiven Mechanismen des Eis gab, wurden diese Mechanismen auch nicht untersucht" (Ah-King 2014: 22). Zweitens gilt aber auch: Weil es das geschlechterbiologische Narrativ der passiven weiblichen und aktiven männlichen Zellen gibt, erfährt die symbolische Geschlechterordnung der menschlichen Gesellschaft ‚zwischen den Zeilen' wiederum Bestätigung – nach dem Motto, wenn Zellen schon so funktionieren, dann kann es bei Menschen nicht anders sein.

IV. Geschlechter-Narrative der Hirnforschung

Bei der Suche nach Ursachen der Geschlechterunterschiede sind momentan die Neurowissenschaften besonders gefragt. Bücher wie „Warum Männer nicht zuhören und Frauen schlecht einparken" (Pease/Pease 2000) sind Bestseller. In Science-Magazinen und im Internet sind Ergebnisse der Hirnforschung populär, um Menschliches, aber eben auch Geschlechterdifferenzen zu erklären – vermutlich auch deshalb, weil die kausalen Zusammenhänge so einfach sind.

Weiblichkeit und Männlichkeit mit unterschiedlichen Qualitäten der Gehirne zu erklären, ist historisch betrachtet ein sehr altes Unterfangen. Denkansätze, die die Unterlegenheit der Frau mit ihren geistigen Schwächen und verminderter Intelligenz in Verbindung bringen, reichen bis in die griechische Antike zurück (vgl. Daston 1988). Manches davon erscheint aus heutiger Perspektive abstrus wie die antike Samenlehre, die das Gehirn als Entstehungsort des männlichen Samens auffasste – ein Konzept, das nicht nur dem männlichen Gehirn eine extravagante Bedeutung verlieh, sondern auch männliche Sexualität lange Zeit massiv disziplinierte, weil vor diesem Hintergrund Onanie als Gefahr für den männlichen Geist erschien (vgl. Mehlmann 2006).

Im Übrigen basierten auch rassistische Ideologien ganz wesentlich auf Diagnosen zu rassespezifischen Hirntypologien und -defiziten, die die koloniale Weltordnung naturalisierten und so legitimierten. Neurobiologische Befunde sind also auch an anderen Stellen – gezielt oder auch nicht – insofern ‚Handlanger' von Herrschaftsverhältnissen, als sie soziale Hierarchien und Diskriminierungen argumentativ unterfüttern und so einsichtig machen. Umso wichtiger ist der ideologiekritisch-distanzierte Blick auf entsprechende Befunde, nicht nur im Fall der Gehirne der Geschlechter.

Wie Gesellschaften in unterschiedlichen Epochen die Zusammenhänge zwischen Geschlechterordnungen und den Gehirnen der Geschlechter gedacht haben, ist von der Genderforschung umfangreich untersucht und aufbereitet worden (vgl. Schmitz 2006; Voß 2010; Stahnisch 2005; Palm 2011). Anne Fausto-Sterling war hier eine Vorreiterin (1985). Ihre Arbeiten wie auch die anderer Autorinnen haben sichtbar gemacht, wie intensiv die europäische Hirnforschung des 19. und 20. Jahrhunderts mit der Frage beschäftigt war, nicht allein die evolutionäre Entwicklung, Anatomie und Funktionsweisen des menschlichen Gehirns zu ergründen, sondern auch die ‚Wurzel' der Geschlechterdifferenzen dabei zu entdecken. Es gelang ihr, geschlechterspezifische Eigenheiten der Gehirne zu identifizieren und eine weibliche und männliche Typik zu bestimmen. Zudem konnte für die weiblichen Gehirne ein evolutionär rückständiges Entwicklungsniveau diagnostiziert werden (vgl. Schmersahl 1998; Voß 2010).

Diese Befunde dienten wiederum dazu, in deterministischer Weise geschlechtsspezifische kognitive Leistungsfähigkeiten wie auch Verhaltensweisen abzuleiten – bis dahin, die bürgerliche Geschlechterordnung damit zu plausibilisieren und zu simplifizieren: Weil das weibliche Gehirn weniger leistungsfähig ist als das männliche, ist für Frauen und Mädchen der gesellschaftliche Platz richtig, an dem sie sich befinden. Die Befunde der Hirnforschung führten aber auch zu öffentlichen Kontroversen zu der Frage, wie bildungsfähig und -bedürftig Frauen und Mädchen sind (vgl. Honegger 1996; Schmersahl 1998).

Vor und nach der Jahrtausendwende verschärfte sich dann die feministische Kritik an den Neurowissenschaften. Getragen war sie von Genderforscher:innen aus Biologie, Medizin und Psychologie (vgl. Schmitz 2002; Jordan-Young 2010; Schmitz 2006), die sowohl Methodenkritik übten als auch Mängel bei der Formulierung von Erkenntnissen nachwiesen. Insbesondere das ‚Brain-Imaging', bei dem computertomografische Daten in Bilder umgesetzt werden, um Vorgänge im Gehirn zu visualisieren, wurde in ihrer Informationsqualität infrage gestellt. Was „zeigen solche Bilder wirklich? Was wollen sie uns vermitteln? Oder genereller gefragt: Wie beeinflusst die informationstechnische Bearbeitung unsere Vorstellungen über das Gehirn, seine Struktur, seine Funktionen, und deren Erklärungsgehalt für Verhaltensausprägungen" (Schmitz 2002: 109)?

Auch bei der Sichtung der vorliegenden neurowissenschaftlichen Studien zu Geschlechterdifferenzen stellten sich erhebliche Zweifel an den angeblichen Beweisen für angeborene Geschlechtsunterschiede ein. Erkennbar waren Vereindeutigungen von nicht eindeutigen Forschungsergebnissen oder auch Verstöße gegen die Regeln guten empirischen Arbeitens (vgl. Palm 2015). Resümiert wurde: „Die Befundlage zu Geschlecht und Gehirn ist in allen Feldern der neurowissenschaftlichen Analyse enorm widersprüchlich" (Schmitz 2002: 119) – also ganz anders, als der öffentliche Eindruck ist.

Darüber hinaus richtete sich die Kritik gegen die Dominanz deterministischer Theorien in den Neurowissenschaften, die geschlechtsspezifische Merkmale des Verhaltens, der Eigenschaften bis hin zu sexuellen Orientierungen monokausal durch biologische Unterschiede der Gehirne der Geschlechter zu erklären suchen. So haben z. B. ältere Studien eine Verbindung zwischen Gehirn und Sexualität beim Menschen in einem binären Muster hergestellt: auf der einen Seite die männliche, aktive, starke Libido mit polygamen Neigungen, auf der anderen Seite die passive, romantische und monogame weibliche Sexualität. In den 1980er-Jahren schrieb man der weiblichen Sexualität zwar mehr Aktivität zu, aber die entsprechenden Forschungen bewegten sich weiterhin in der festgefahrenen Zweiteilung ‚Frau oder Mann‘, ‚homosexuell oder heterosexuell‘, was es verunmöglichte, sexuelle Vielfältigkeiten als Facette des Normalen zu sehen (vgl. Jordan-Young 2010).

Die genderkritischen Beiträge zu den Neurowissenschaften propagierten für die zukünftige Entwicklung der Neurowissenschaften biopsychosoziale Theorieperspektiven (vgl. Halpern 2000), die in der Lage sind, die Begrenztheit der binär deterministischen Konzepte zu überwinden. Eingefordert wurde damit ein gravierender Paradigmenwechsel in der biologischen Forschung zu Geschlecht. Damit sollten nicht „anatomische oder funktionelle Ausprägungen von Geschlecht im Gehirn" negiert werden, sondern Anliegen war, „deren inter- und intraindividuelle Variabilität sowie ihre zeitabhängige Konstituierung vor dem Hintergrund der umweltoffenen und dynamischen Hirnplastizität verständlich zu machen. Ein Hirnbefund, sei es zu Aktivierungsmustern bei bestimmten Aufgaben oder sei es zur Größe bestimmter Hirnareale, der zu einem bestimmten Lebenszeitpunkt von einer Person erhoben wird (im Brain-Imaging werden vorwiegend Erwachsene untersucht), lässt keine direkten Rückschlüsse auf genetische Determination oder hormonelle Prädisposition zu" (Schmitz 2002: 119).

Zentral ist also der Gedanke, das Gehirn nicht als statische biologische Gegebenheit zu fassen, sondern als ein Organ, das sich dank Kontextsensibilität, Reaktivität und Plastizität den umgebenden Bedingungen dynamisch anpasst, also sozial lern- und entwicklungsfähig ist. Beispielsweise offenbarte eine Studie mit Taxifahrer:innen in London, dass diese im Vergleich mit anderen

Fahrer:innen einen größeren Hippocampus hatten – jenen Gehirnteil, der für Erinnerung spezialisiert ist (vgl. Maguire et al. 2006). Die Qualitäten der Gehirne sind demnach weniger qua Geburt und Genen festgelegt, sondern entwickeln sich durch die Art der praktischen Beanspruchungen. Sie verändern sich „ein Leben lang im ständigen Zusammenspiel mit der Umgebung" und sind „sowohl ein Ergebnis genetischer Anlagen als auch von Umweltfaktoren" (Ah-King 2014: 43). Sie sind damit sehr viel variabler, als neurowissenschaftliche Aussagen oftmals Glauben machen.

Für die Geschlechterfrage heißt dies: Die Unterschiede zwischen den Geschlechtern sind niemals alleiniges Ergebnis von genetisch angelegten neurologischen Faktoren, sondern von komplexen Interaktionen zwischen biologischen, psychologischen und sozialen Faktoren (vgl. Schmitz/Höppner 2014). Sie sind demnach niemals ungesellschaftlich zu verstehen.

V. Geschlechter-Narrative zur Tierwelt

Wenn über Geschlechterdifferenzen nachgedacht wird, sind auch Vergleiche mit der Tierwelt nah, die durchtränkt ist von Vorstellungen zu Weiblichkeit und Männlichkeit. Gleichzeitig lässt sich nachweisen, dass in der Zoologie sexistische Asymmetrien wirksam sind, wie sie aus den Forschungen zu Menschen bekannt sind. Die meisten Studien der Verhaltensforschung kaprizierten sich auf Tiermännchen (vgl. Fausto-Sterling et al. 1997), die als Norm gesetzt werden. Forschung zu Weibchen blieb randständig – ein Phänomen, das seit geraumer Zeit z. B. für die medizinische Forschung zum Menschen wiederum problematisiert wird, die Erkrankungen und Behandlungen bis vor Kurzem nur an Männern untersucht hat.

Tiere werden wie Menschen nicht nur je nach Geschlecht unterschiedlich zum wissenschaftlichen Gegenstand, sie werden auch in der gleichen binär-heterosexuellen Matrix klassifiziert. Tierbücher, Tierfilme, zoologische Gärten und Museen legen hierzu beredtes Zeugnis ab. Smillo Ebeling (2015), der sich im deutschsprachigen Raum intensiv mit den biologischen Vergeschlechtlichungen der Tierwelt beschäftigt hat, zeichnet anschaulich nach, wie in regionalen Heimat- und Freilichtmuseen die ästhetischen und sprachlichen Inszenierungen der Tiere stereotypisierend dem Muster der heterosexuellen Zwei- und Getrenntgeschlechtlichkeit folgen. So werden Männchen als rudelbesitzende und -bewachende Leittiere erzählt und Weibchen als die zentralen Akteurinnen der Fortpflanzung mit einer engen Beziehung zu den Jungen – und unbeteiligten Vätern. „Reproduktion und die bürgerliche Kleinfamilie sind feste Bestandteile heteronormativer Gesellschaften und werden in passender Weise in die Präsentationen eingefügt" (ebd.: 83), resümiert der Text.

Wenn es um die Beschreibung von Geschlechtsunterschieden bei der Paarbildung und Begattung, bei der Aufzucht der Nachkommen, der Nahrungssuche oder auch der Verteidigung des Territoriums geht, geschieht dies vornehmlich entlang der menschlichen Geschlechterstereotypisierungen. Was Frauen und Männer in der menschlichen Gesellschaft charakterisiert, findet man bei den Tieren wieder und umgekehrt, denn die Geschlechtermerkmale der Tierwelt sind letztlich deckungsgleich mit denen der Menschenwelt. Und wie in der Menschenwelt sorgt diese Klassifizierung dafür, dass andere Erscheinungen nur als Abweichung verstanden werden können, als Ausnahme, Absonderlichkeit jenseits des Normalen. Es ist nicht möglich, es als eine integrierte Variante des breiten und heterogenen Spektrums des Normalen zu begreifen.

Dabei steckt die Tierwelt voller geschlechtlicher Abweichungen, wie die Geschlechterforschung bereits ausführlich thematisiert hat. Ebeling stellt exemplarisch einige Tierarten vor, „die quer zu den bipolaren Konzeptionen der Geschlechter und der Fortpflanzungsweisen liegen" (Ebeling 2004: 183). So gibt es zahlreiche Varianten von Hermaphroditen im Tierreich. Es gibt simultane Hermaphroditen, die beide Geschlechtsorgane gleichzeitig besitzen, aber auch konsekutive Hermaphroditen, die ihre Geschlechtsorgane durch die Zeit wechseln. Zu Letzterem gehört beispielsweise der Blaukopf-Junker, ein Fisch des westlichen Atlantiks. Geboren als Weibchen, wird er zum Männchen, wenn eine gewisse Körpergröße erreicht ist. Neben diesen Wechseln von Weibchen zu Männchen gibt es auch die von Männchen zu Weibchen. Dies ist z. B. bei den Weißrücken-Anemonenfischen der Fall. Bei anderen Tieren findet sich der zwittrige – gynandromorphe – Hermaphroditismus, bei dem der Körper gleichzeitig weibliche und männliche Geschlechtsmerkmale aufweist. So haben die weiblichen Tüpfelhyänen einen Penis, aber keine Vagina und gebären ihre Nachkommen durch die Klitoris. Bei anderen Tieren ist die eine Körperhälfte männlich und die andere weiblich. Schließlich gibt es auch Tierarten, die ausschließlich aus weiblichen Tieren bestehen und sich durch Parthenogenese, d.h. durch Nachkommen aus unbefruchteten Eizellen, fortpflanzen (vgl. Keller 2015).

Feststellbar ist: Sexuelle Queerness im Tierreich ist verbreiteter, als gemeinhin angenommen. „Unter den 24 Tierstämmen sind nur acht Stämme (=33 %) getrenntgeschlechtlich, wobei allerdings ein Geschlechterwechsel vorkommen kann. In den restlichen 16 Stämmen macht der Hermaphroditismus einen großen Anteil unter den Tieren aus" (Ebeling 2004: 185).

Darüber hinaus gibt es auch das Phänomen, dass bei Tierarten, deren Mitglieder offensichtlich binär-heterosexuell leben, einzelne Individuen ‚abweichen‘, weil sie eine homosexuelle Praxis an den Tag legen. Ein Beispiel ist hier der Fall eines Bullen in Irland, der sexuell nur an anderen Bullen interessiert war, weshalb er geschlachtet werden sollte, was eine öffentliche Rettungskampagne auslöste (vgl. McLoughlin 2015).

Auch was die Aufzucht der Jungen betrifft, erfolgt diese in der Tierwelt weit weniger selbstverständlich unter weiblicher Ägide, als gemeinhin unterstellt wird. Malin Ah-King (2014) verweist in diesem Zusammenhang auf die Welt der Fische, bei denen, wenn überhaupt eine Betreuung des Laichs stattfindet, dies vorrangig die Männchen tun. Ebenso gibt es gleichgeschlechtliche Paare, die gemeinsam Nachwuchs aufziehen, wie beispielsweise die Trauerschwäne (vgl. Keller 2015).

Diese Einblicke machen ersichtlich, wie wenig die verbreiteten alltagstheoretischen Vorstellungen zu Männchen und Weibchen in die realen queeren Vielfältigkeiten der tierlichen sexuellen Reproduktion passen. Geschlecht ist offensichtlich auch in der Tierwelt weder immer ein über die Lebenszeit stabiles Merkmal noch eines, das Körper im ‚entweder-oder-Modus‘ kennzeichnet. Dennoch ist nicht zu übersehen, wie stark die geschlechtliche Klassifizierung der Tierwelt weiterhin durch binäre und klassisch heterosexuelle (Familien-)Konstrukte bestimmt ist, die sich aus den Geschlechterkonstrukten der Menschenwelt nähren und gleichzeitig in diese zurückstrahlen.

Dies verweist auf ein Phänomen, das Lorraine Daston und Gregg Mitman (2005) unter dem Motto ‚Thinking with Animals‘ herausgearbeitet haben. Es besagt, dass Menschen sich auf Tiere beziehen, um über sich selbst und Gesellschaftliches zu sprechen. Dazu gehört auch, an der Tierwelt Geschlechterfragen der Menschenwelt zu verhandeln, indem Ähnlichkeiten hergestellt werden, manchmal auch Unterschiede festgestellt, die dann einmal mehr Standards der Menschenwelt bestätigen.

Die soziobiologische Zirkelschlusspraxis, die schon für die Kulturanthropologie nachgewiesen wurde, zeigt sich auch in der Tierforschung wieder. Begriffe menschlichen Verhaltens werden benutzt, um tierliches Verhalten zu bezeichnen. Damit wird es unter der Hand naturalisiert als ein instinktives – und eben nicht sozial erlerntes – Merkmal von Tieren. Beim Rücktransport der

Bezeichnung in die Menschenwelt wird diese Naturalisierung quasi wieder mitgenommen, die dann dafür sorgt, hinter den Geschlechtscharakteren des Menschen (tier)biologische Ursachen zu vermuten – mit z.T. hochproblematischen Effekten. „Eklatantes Beispiel ist der Vergewaltigungsdiskurs, in dem der Begriff der Vergewaltigung (mit spezieller Bedeutung in der menschlichen Gesellschaft) unhinterfragt ins Tierreich übernommen wurde (am Beispiel von Enten und Kotfliegen) und rückwirkend als natürliche Fortpflanzungsstrategie definiert wurde" (Schmitz 2002: 112).

„Thinking with Animals" – das verweist auf die Notwendigkeit, die Prozesse der Wissensentwicklung zu Tieren und Menschen und ihren Verschränkungen kritisch zu reflektieren. Die feministische Biologin und Kulturtheoretikerin Donna Haraway (1989) hat dies in ihrer Forschung zu Primaten exemplarisch nachgezeichnet. Sie wies nach, wie die wissenschaftlichen Befunde zum Verhalten von Affen die jeweiligen gesellschaftlichen Ideologien widerspiegeln. Während in den ersten zwei Dritteln des 20. Jahrhunderts die Forschungen auf die Dominanz der Männchen kapriziert waren, begann man erst ab den 1970er-Jahren, den Affenweibchen mehr Aufmerksamkeit zu schenken und ihre aktive Rolle in der sozialen Gruppe in einer Weise zu verstehen, die mehr umfasste als ‚Partnerin und Mutter'. Für Haraway war dies nicht nur Ergebnis der feministischen Entwicklungen in dieser Zeit, sondern sie führte es auch darauf zurück, dass mehr Frauen sich dem Studium der Affen widmeten.

Vor diesem Hintergrund offenbart sich das zoologische Wissen zu den Geschlechtern der Tierwelt, das oft genug dazu verleitet, Unterschiede zwischen Frauen und Männern und die Norm der Heterosexualität unserer Gesellschaft mit Natur erklären zu wollen, als höchst problematisch. Weil es Weibchen und Männchen der Tierwelt so machen, machen es Menschen auch so, heißt es dann. Unterschlagen wird dabei aber, dass die Aussagen zu weiblichen und männlichen Tieren von dem mitbestimmt sind, wie weibliche und männliche Menschen gedacht – und erwünscht – werden. Das biologische Wissen zu den Tieren ist also weit weniger biologisch, als es sich als Naturwissenschaft den Anschein gibt, sondern hochgradig gesellschaftlich durchtränkt.

VI. Geschlecht zwischen Körpernatur und Kultur denken

Die Frage, wie viel Biologie in den Geschlechterunterschieden steckt, ‚gärt' gesellschaftlich bis heute und ist Anlass zu politisch-ideologischen Kämpfen. Aus gutem Grund hat sich die Geschlechterforschung in den letzten Jahren intensiv damit beschäftigt, wie Naturwissenschaften Geschlecht denken und untersuchen, welche Erkenntnisse sie produziert haben und warum dieses Wissen zu kritisieren ist. Das Antriebsmoment dafür war und ist eine tiefsitzende Skepsis der Genderforschung gegenüber Wissenschaften, die auf die Erforschung von Naturgesetzen spezialisiert sind. Schließlich wurde lange Zeit die soziale Unterlegenheit von Frauen mit ihrer Natur begründet. Naturwissenschaftliche Erkenntnisse dienten dazu, ein patriarchales Herrschaftsverhältnis wissenschaftlich zu legitimieren.

Gleichwohl geht es der Genderforschung zu den Naturwissenschaften nicht darum, die Bedeutung von Biologie für Phänomene der Geschlechterdifferenzen nun aus einem kritischen Reflex heraus abzustreiten. Vielmehr zeigen ihre Beiträge, dass solche Polarisierungen zwischen Natur und Gesellschaft bereits der entscheidende Fehler sind. Die Frage, wie natürlich oder gesellschaftlich Geschlecht ist, in einem ,entweder-oder-Muster‘ zu stellen, ist wenig produktiv, wenn es darum geht, verstehen zu wollen, wie Geschlecht entsteht.

Von daher richtet sich die feministische Kritik nicht gegen die Annahme, dass Geschlechter einen materiellen Körper haben, in dem etwas passiert, was mit der Erscheinung von Geschlechterdifferenzen zu tun hat. Aber sie richtet sich gegen den biologischen Determinismus, der geschlechtsspezifische Verhaltensweisen in einen monokausalen Zusammenhang bringt mit genetischen oder hormonellen Faktoren, Gehirnstrukturen oder sie zurückführt auf Sachverhalte der Tierwelt oder aus der Zeit, als die menschliche Evolution begann.

Problematisch sind diese Theoriekonzepte aufgrund ihrer Eindimensionalität, die der Komplexität menschlicher Entwicklung nicht gerecht werden kann. Diese ist ganz wesentlich durch soziale Einflussfaktoren, durch Sozialisierung, also das Lernen in den Interaktionen mit der personellen, dinglichen, ökologischen, sprachlichen, ideellen und normativen Umwelt bestimmt. Dies geht sogar so weit, dass diese menschlichen Sozialisierungsprozesse *biologische* Geschlechtsunterschiede erzeugen – eine Erkenntnis, die wir auch der kritischen Genderforschung zu den Naturwissenschaften zu verdanken haben. Die gesellschaftlichen Normierungen von Geschlecht hinterlassen Spuren in den Körpern der Geschlechterwesen.

Erwartungen an das, was Weibliches und Männliches ausmacht, beeinflussen das, was Menschen mit ihren Körpern tun, z. B. ob und wie viel und welchen Sport sie treiben, und dieses wirkt sich wiederum auf die Entwicklung ihrer Muskeln, Sehnen, Knochen und ihrer Formen aus. Aus Ausgrabungen früherer Zeiten weiß man, dass die Körpergröße sich bei Frauen und Männern nicht unterschied, vermutlich weil ihre Körper in gleicher Weise gefordert waren und die Ernährung für Frauen und Männer in gleicher Weise mangelhaft war. Auch die Gehirnstrukturen hängen – wie oben bereits Thema war – davon ab, wie kognitive Fähigkeiten genutzt werden. Die Beispiele lassen die Vorstellung fixer Naturgesetzlichkeiten obsolet werden. Auch der Körper ist letztlich ein soziales Produkt.

Biologistische Analysen zu Geschlecht sind von daher nicht nur wegen ihrer Monokausalität problematisch, sondern gerade auch wegen ihrer ‚Blindheit‘ gegenüber der Gesellschaftlichkeit der Gegenstände, die sie untersucht. Biologisches ist keineswegs ungesellschaftlich, sondern trägt die Spuren kultureller Prozesse. Dies macht dualistische Konzepte von Natur und Kultur höchst fragwürdig.

Und noch etwas hat die Geschlechterforschung zu den Naturwissenschaften zugänglich gemacht: das Wissen dazu, wie eng verflochten Denk- und Sprachkonstrukte zu Biologie und Gesellschaft sind. Die Art und Weise, wie biologische Geschlechterdifferenzen naturwissenschaftlich wahrgenommen, versprachlicht und gedeutet werden, ist tief durchdrungen von der Art und Weise, wie menschliche Geschlechterdifferenzen wahrgenommen, versprachlicht und gedeutet werden. Gleichzeitig wirkt es aber auch – im Sinne einer Besiegelung – zurück auf die Art und Weise, wie menschliche Geschlechterdifferenzen wahrgenommen, versprachlicht und gedeutet werden. Beides ist höchst problematisch für die wissenschaftliche Debatte zu Geschlecht, weil sie zu Fehlschlüssen führt.

Sehr offensichtlich wird dies an der derzeitigen Schwierigkeit, geschlechtliche Queerness empirisch und theoretisch zu fassen, wie viele Autor:innen thematisieren. Das binär-heterosexuelle Konzept zu Geschlecht prägt Wissen und Normen der menschlichen Geschlechterwelt. Dies bahnt – wie könnte es auch anders sein – die naturwissenschaftlichen Diskurse zu Geschlecht und Erkenntnisse, die dann wieder in das Wissen und die Normen der Menschenwelt zurückstrahlen. Wir haben es also mit einem perfekten Zirkelschluss zu tun. Die biologischen und die gesellschaftlichen Diskussionen zu Geschlecht sind damit gefangen in Denkmodellen und Begriffen, die nicht geeignet sind für die solide wissenschaftliche Ergründung queerer Geschlechterrealitäten, aber auch nicht für ihre politische Normalisierung.

Das biologische Wissen zu den Geschlechtern ist keineswegs zuverlässiger, wie wir naturwissenschaftlichen Befunden gerne unterstellen, sondern es unterliegt denselben Problemen wie gesellschaftliches Wissen zu Menschen. Es ist immer zu reflektieren, wie es entsteht, mit welchen Interessen und Vorannahmen und in welcher Sprache. Dies schließt auch ein, danach zu fragen, welche politische Rolle Naturalisierungen von Geschlechterunterschieden in den gesellschaftlichen Verhandlungen zu den Geschlechterverhältnissen spielen. Schließlich sind die Vorstellungen zu Geschlecht nicht allein eine wissenschaftliche Frage, sondern sie sind verkoppelt mit Interessen und Machtverhältnissen, die spezifische Denkmodelle stark machen oder auch nicht.

Reflexionsfragen

- Fallen Ihnen vor dem Hintergrund Ihrer bisherigen Praxis in der Sozialen Arbeit Beispiele ein, wo Geschlechterdifferenzen biologistisch begründet wurden? Was ist das Problem daran?
- Wie lässt sich mit Hilfe des Textes erklären, dass biologistisch naturalisierende Vorstellungen zu Geschlechterdifferenzen bis heute existieren? Welche Rolle spielen hierbei die kulturwissenschaftliche „Man the Hunter"-Theorie, Reproduktionsbiologie, Neurologie und Zoologie?
- Welche Argumente und Beispiele nennt der Text, um die Vorstellung einer naturgegebenen Geschlechterordnung zu hinterfragen? Wie beeinflussen diese Argumente Ihr Verständnis der Beziehung zwischen Biologie und Geschlecht?
- Der Text thematisiert die geschlechtsspezifische Sprache in wissenschaftlichen Kontexten der Kulturwissenschaften, Reproduktionsbiologie, Neurologie und Zoologie. Welche Auswirkungen hat diese Sprache auf das Verständnis von Geschlechterrollen, und wie könnten alternative Darstellungen aussehen?
- Der Text betont die Bedeutung eines biopsychosozialen Ansatzes zur Untersuchung von Geschlecht. Welche Vorteile hat dieser Ansatz im Vergleich zu biologistisch-deterministischen Modellen, und wie könnte er die Geschlechterforschung weiterentwickeln?

Literatur

AfD (2016): Programm für Deutschland. Das Grundsatzprogramm der Alternative für Deutschland, Berlin.

Ah-King, Malin (2014): Genderperspektiven in der Biologie, hrsg. von Philipps-Universität Marburg, Zentrum für Gender Studies und feministische Zukunftsforschung, Zentrum für Lehrerbildung, (Originalpublikation: Malin Ah-King (2012): Genusperspektiv på Biologi. Utgiven av Högskoleverket. Stockholm: Högskoleverket).

Birke, Lynda (1999): Feminism and the Biological Body, Edinburgh: Edinburgh University Press.

Blumenshine, Robert J./Cavallo, John A. (1992): Frühe Hominiden – Aasfresser. In: Spektrum der Wissenschaft 12, S. 88–95. DOI: https://doi.or g/10.1007/978-3-531-90091-9_9.

Daston, Lorraine J. (1988). Weibliche Intelligenz: Geschichte einer Idee. In: Lepenies, Wolf (Hrsg.): Jahrbuch des Wissenschaftskollegs zu Berlin, Berlin: Nicolaische Universitätsbuchhandlung, S. 213–229.

Daston, Lorraine/Mitman, Gregg (Hrsg.) (2005): Thinking with animals: New perspectives on anthropomorphism, Columbia: University Press.

Ebeling, Smilla (2004): Geschlechterbinarität und sexuelle Fortpflanzung in der Zoologie. In: Freiburger Frauen-Studien 10, H. 1, S. 183–203.

Ebeling, Smilla (2015): Tierisch bürgerlich: Musealisierung von Natur und Geschlecht in Regionalmuseen, In: FKW: Zeitschrift für Geschlechterforschung und visuelle Kultur, H. 58, S. 75–86. DOI: https://doi.org/10. 25595/2076.

Fausto-Sterling, Anne (1985): Myths of Gender: Biological Theories about Women and Men, New York: Basic Books.

Fausto-Sterling, Anne/Gowaty, Patricia A./Zuk, Marlene (1997): Evolutionary Psychology and Darwinian Feminism. Feminist Studies 23, H. 2, S. 403–417. DOI: https://doi.org/10.2307/3178406.

Halpern, Diane F. (2000): Sex differences in Cognitive Abilities, 3. Aufl., Mahwah, N.J.: L. Erlbaum Associates.

Haraway, Donna. J. (1989): Primate Visions. Gender, Race and Nature in the World of Modern Science, New York/London: Routledge.

Honegger, Claudia (1996): Die Ordnung der Geschlechter. Die Wissenschaften vom Menschen und das Weib, 1750–1850, Bd. 4684, München: Deutscher Taschenbuch Verlag.

Jordan-Young, Rebecca M. (2010): Brain storm. The flaws in the science of sex differences. Cambridge, Mass.: Harvard University Press.

Keller, Evelyn Fox (2004): What impact, if any, has feminism had on science? Journal of Bioscience 29, S. 7–13. DOI: https://doi.org/10.1007 /BF02702556.

Keller, Helen (2015): Queer. In: Ferrari, Arianna/Petrus, Klaus (Hrsg.): Lexikon der Mensch-Tier-Beziehungen, Bielefeld: transcript Verlag, S. 299–301.

Maguire, Eleanor A./Woollett, Katherine/Spears, Hugo J. (2006): London taxi drivers and bus drivers: a structural MRI and neuropsychological analysis. Hippocampus 16, S. 1091–1.101.

Martin, Emily (1991): The egg and the sperm: how science had constructed a romance based on male-female roles. In: Signs 16, H. 3, S. 485–501.

McLoughlin, Eimear (2015): #SaveBenjy: Sexuality, Queer Animals, and Ireland. In: Humanimalia: A Journal of Human-Animal Interface Studies 7, S. 109–122. DOI: http://dx.doi.org/10.52537/humanimalia.9984.

Mehlmann, Sabine (2006): Unzuverlässige Körper. Zur Diskursgeschichte des Konzepts geschlechtlicher Identität, Königstein/Taunus: Helmer.

Palm, Kerstin (2011): Mit dem Zauberstab der Analogie: Romantische Anthropologien der Verachtung. In: Eggers, Michael (Hrsg.): Von Ähnlichkeiten und Unterschieden. Vergleich, Analogie und Klassifikation in Wissenschaft und Literatur (18./19. Jahrhundert), Heidelberg: Universitätsverlag Winter, S. 57–77.

Palm, Kerstin (2015): Gehirnforschung. In: Gender Glossar/Gender Glossary. http://gender-glossar.de, 7.8.2025.

Pease, Allan/Pease, Barbara (2000): Warum Männer nicht zuhören und Frauen schlecht einparken. Ganz natürliche Erklärungen für eigentlich unerklärliche Schwächen, München: Ullstein.

Scheu, Ursula (1977). Wir werden nicht als Mädchen geboren, wir werden dazu gemacht. Zur frühkindlichen Erziehung in unserer Gesellschaft, Frankfurt/M.: Fischer.

Schmersahl, Katrin (1998): Medizin und Geschlecht. Zur Konstruktion der Kategorie Geschlecht im medizinischen Diskurs des 19. Jahrhunderts. Sozialwissenschaftliche Studien, H. 36, Opladen: Leske + Budrich.

Schmitz, Sigrid (2002): Hirnforschung und Geschlecht: Eine kritische Analyse im Rahmen der Genderforschung in den Naturwissenschaften. In: Bauer, Ingrid/Neissl, Julia (Hrsg.): Gender Studies – Denkachsen und Perspektiven der Geschlechterforschung, Innsbruck/Wien/München: StudienVerlag, S. 109–125.

Schmitz, Sigrid (2003): Man the Hunter/ Woman the Gatherer: Dimensionen der Gender-Forschung am Beispiel biologischer Theoriebildung, In: Freiburger FrauenStudien: Zeitschrift für interdisziplinäre Frauenforschung 9, H. 13, S. 151–174. DOI: http://dx.doi.org/10.25595/1676.

Schmitz, Sigrid (2006): Hirnbilder im Wandel?: Kritische Gedanken zum ‚sexed brain'. In: Mauss, Bärbel/Petersen, Barbara (Hrsg.): Das Geschlecht der Biologie. Schriftenreihe/NUT – Frauen in Naturwissenschaft und Technik e.V., Bd. 11, Mössingen-Talheim: Talheimer Verlag, S. 61–92.

Schmitz, Sigrid/Höppner, Grit (Hrsg.) (2014): Gendered neurocultures: Feminist and Queer Perspectives on Current Brain Discourses, In: Challenge gender 2, Wien: Zaglossus.

Stahnisch, Frank W. (2005): Über die neuronale Natur des Weiblichen – Szientismus und Geschlechterdifferenz in der anatomischen Hirnforschung (1760– 1850). In: Stahnisch, Frank/Steger, Florian (Hrsg.): Medizin, Geschichte und Geschlecht. Körperhistorische Rekonstruktionen von Identitäten und Differenzen, Stuttgart: Franz Steiner, S. 197–224.

Tanner, Nancy/Zihlman, Adrienne (1976): Women in evolution. Part I: Innovation and selection in human origins. In: Signs 1, H. 3, S. 585–608. DOI: http://dx.doi.org/10.1086/493245.

Voß, Heinz-Jürgen (2010): Making Sex Revisited. Dekonstruktion des Geschlechts aus biologisch-medizinischer Perspektive, Bielefeld: transcript.

Washburn, Sherwood L./Lancester, C. S. (1968): The Evolution of Hunting. In: B. Lee, Richard/Devore, Irene (Hrsg.): Man the Hunter. The first intensive survey of a single, crucial stage of human development – man's once universal hunting way of life, New York: Aldine de Gruyter.

Liebe – Erotik – Sünde und ihre Rahmungen in der Sozialen Arbeit

Margrit Brückner

Einst sang Zarah Leander das heute millionenfach bei YouTube aufgerufene Lied „Kann die Liebe Sünde sein?":

> Kann die Liebe Sünde sein? Darf es niemand wissen, wenn man sich küsst,
> wenn man einmal alles vergisst vor Glück?
>
> Kann das wirklich Sünde sein, wenn man immerzu an einen nur denkt,
> wenn man einmal alles ihm schenkt vor Glück?
>
> Niemals werde ich bereuen, was ich tat und was aus Liebe geschah,
> das musst du mir schon verzeihen, dazu ist sie ja da!
>
> Liebe kann nicht Sünde sein! Auch wenn sie es wär', wär's mir egal
> lieber will ich sündigen mal, als ohne Liebe sein!
>
> Jeder kleine Spießer macht das Leben mir zur Qual,
> denn er spricht nur immer von Moral und was er auch denkt und tut,
> man merkt ihm leider an, dass er niemand glücklich sehen kann...

Auch wenn Zarah Leanders Antwort auf die Frage, ob erotische Liebe Sünde sein kann, ein eindeutiges „Nein" ist, haben sich Gesellschaften immer schon, wenn auch in sehr unterschiedlicher Weise, Regeln gestatteter und nicht gestatteter erotischer Liebe gegeben, deren Übertretungen mehr oder weniger scharf sanktioniert wurden und werden. Liebe und Erotik sind menschliche Grundbedürfnisse, deren jeweiliger kultureller und geschlechtsspezifischer Zuschnitt häufig unbewusst bleibt und nicht mitgedacht wird (vgl. Benjamin 2020).

Soziale Arbeit beschäftigt sich traditionell und bis heute eher mit der Sünde in Form von „sexueller Verwahrlosung"[1] oder „Gefährdung" als mit der Liebe. Denn Soziale Arbeit hat die gesellschaftliche Aufgabe zugewiesen bekommen und auch übernommen, Sexualität und Erotik vor allem in den unteren Schichten einzudämmen und weniger die Aufgabe, der Lust zur Entfaltung

---

1   Alexandra Klein (2017) sieht in diesem bis in die 1960er Jahre verwandten Begriff eine sich seit Ende des 19./Anfang des 20. Jahrhunderts in der Sozialen Arbeit etablierende sozialpädagogische Kategorie, die insbesondere auf Mädchen und junge Frauen der Unterschicht angewandt wurde und bis Ende des 20. Jahrhunderts häufig zur Anordnung von „Fürsorgeerziehung" beitrug. Diese Klassifizierung taucht wellenweise immer wieder auf, zuletzt (Ende des ersten Jahrzehnts im 21. Jahrhundert) als Gefährdung der Jugend durch Pornografie.

zu verhelfen (vgl. Klein/Tuider 2017). Das zeigt sich in der eng mit der Geschichte der Professionalisierung Sozialer Arbeit verbundenen gesellschaftlichen Vorstellung einer besonderen sexuellen Gefährdung von Frauen und Mädchen mit Folgen wie früher außerehelicher Sexualität und/oder zahlreichen Schwangerschaften oder auch Armutsprostitution. Sexualitätskritische Äußerungen und moralische Rettungsgedanken finden sich der Zeit entsprechend (Anfang 20. Jahrhundert) z. B. bei Begründerinnen der Profession wie Berta Pappenheim (1992)[2], ohne damit deren Verdienste um die Soziale Arbeit und die Bedeutung ihres sozialen Engagements für Frauen und Mädchen schmälern zu wollen. Denn Pappenheim kritisierte die bürgerliche Doppelmoral heftig, die Frauen und Mädchen erst hilfebedürftig machte, indem sie Männern außereheliche Verhältnisse nachsah und Prostitution ermöglichte und nur die Frauen dafür verdammte. Diese gesellschaftlich geächteten jungen Frauen wollte sie auch praktisch unterstützen und gründete eine eigene Einrichtung für sie, um sie vor sexuellen Übergriffen zu schützen und ihnen andere Lebensmöglichkeiten zu eröffnen. Der darin enthaltene doppelte Ansatz von Hilfe und Kritik basiert auf einem gesellschaftlichen Spannungsverhältnis von kultureller Idealisierung der Liebe als höchstem Glück einerseits und geschlechtsspezifischer Verdammnis moralischer Übertretungen sowie gesetzlichen Normierungen andererseits (von der Definition „normaler" Sexualität, über Regelungen des Verhütens und Gebärens bis zu als Sünde bzw. Straftat klassifizierten Sexualformen) (vgl. Kontos 2016).

Heute bezieht sich die professionelle Auseinandersetzung mit Sexualität in der Sozialen Arbeit vor allem auf sexuelle Gewalt, und zwar weniger unter dem Aspekt individueller Sündhaftigkeit als der Frage gesellschaftlicher Ermöglichung von (zu ahndender) individueller Täterschaft – auch in kirchlichen und sozialen Institutionen (vgl. Fegert/Wolff 2015). Das Thema Liebe, Erotik, Sexualität und Grenzüberschreitung ist somit in verschärfter Weise in der Sozialen Arbeit gleichzeitig angekommen und ausgespart: Angekommen bezogen auf institutionalisierte Aufmerksamkeit hinsichtlich Grenzüber-

---

2 Bertha Pappenheim war eine Aktivistin für Menschen in sozialer Not und für die Durchsetzung von Frauenrechten im Kontext der Ersten Frauenbewegung und Vorreiterin sozialarbeiterischer Entwicklungen zu Beginn des 20. Jahrhunderts. Sie hat entgegen aller Tabus Prostitution und Frauenhandel aktiv bekämpft und verurteilt und Heime für Betroffene geschaffen. In der Ersten Frauenbewegung gab es eine scharfe Auseinandersetzung um freie Liebe zwischen dem radikalen Flügel, der sich mit einer nicht an die Ehe gebundenen, auf Gleichberechtigung beruhenden Sexualreform auseinandersetzte und dem gemäßigten Flügel mit traditionellen Liebesvorstellungen, dem Pappenheim angehörte, aus dem zentrale Impulse für die Soziale Arbeit mit dem Konzept der „geistigen Mütterlichkeit" hervorgingen. Die hier zitierten, 1992 publizierten, Aufsätze wurden Mitte der 1920er Jahre verfasst.

schreitungen, aber im Vergleich zu den 1970er/1980er-Jahren weiter entfernt von einer Auseinandersetzung mit Erotik und Liebe als Bildungsaufgabe und Handlungserfordernis in zahlreichen Arbeitsfeldern von der Kinder- und Jugendarbeit bis zur Altenarbeit. Da sich Soziale Arbeit vorwiegend mit Menschen in Problemlagen beschäftigt und sich weitgehend über soziale Probleme definiert, bleibt es schwierig, einerseits Prostitution, Frauenhandel, sexuellen Missbrauch, Teenagerschwangerschaften, sexuelle Übergriffe in Partnerschaften und digitale sexuelle Gewalt und andererseits eine Erotik und Sexualität bejahende sexuelle Bildung für alle Geschlechter in die Arbeit einzubeziehen, d.h. beides in der eigenen professionellen Haltung auszubalancieren. Möglicherweise liegt diese Schwierigkeit auch in der Erotik und Sexualität selbst begründet, insofern als Erotik und Sexualität mit Grenzüberschreitungen im Sinne von Besitzergreifen und Hingabe zu tun haben und immer Ich-Grenzen berühren, denen sowohl etwas Faszinierendes als auch etwas Ängstigendes innewohnt (vgl. Brückner 2023).

Um der Bedeutung von Liebe und Erotik im menschlichen Leben als wesentlichem Teil sozialarbeiterischer Professionalität nachzugehen, sollen folgende Punkte näher ausgeführt werden: Nach einem historischen Rückblick werden vorrangig derzeitige gesellschaftlich geprägte Geschlechterverhältnisse aufgezeigt, die zwar zunehmend unterschiedliche erotische Lebens- und Liebesformen ermöglichen, aber dennoch weiterhin auch geschlechtsspezifischen Zuschreibungen unterliegen. Im Mittelpunkt dieses Beitrags steht die zwischengeschlechtliche Sehnsucht nach Liebe und deren Gestaltungsweisen als häufigste Lebensform, ohne heteronormative Zwänge zu ignorieren und gleichgeschlechtliche oder diverse Lebensformen auszuschließen. Abschließend sollen geschlechterdemokratische Vorstellungen von Liebe und Erotik unter Einschluss der Frage nach heutigen Vorstellungen von Verfehlungen (Sünde) diskutiert werden.

I. Kontinuitäten und Wandel in Liebesbeziehungen und Erotik

Am häufigsten wird erotische Liebe heute weiterhin in Partnerschaften in Form „serieller Monogamie" gelebt, d.h. der Abfolge zumeist heterosexueller, weitgehend exklusiver Zweierbeziehungen innerhalb und außerhalb der Ehe, die in Patchwork-Familien münden, wenn Kinder aus verschiedenen

Beziehungen hervorgehen (vgl. Wutzler/Klesse 2021)[3]. Die Vorstellungen der meisten Menschen von Liebe in unserer Gesellschaft sind dabei weitgehend geprägt vom romantischen Liebesideal, das im 18. Jahrhundert im Bürgertum entstanden ist (vgl. Burkart 2019). Dieses Liebesideal bringt erstmals leidenschaftliche Liebe und Partnerschaft/Ehe zusammen. Der Fortschritt dieses Ideals als Teil der Aufklärung liegt in der Anerkennung der Individualität von Frau und Mann im Sinne von eigenen Wahlmöglichkeiten. Gleichzeitig wird die traditionelle hierarchische Differenz zwischen den Geschlechtern fortgeschrieben, denn es ist der Mann, welcher der Frau beschützende, ritterliche Aufmerksamkeit schenken und in ihr durch sein Begehren die Sexualität wecken soll. Dem stellt das neue partnerschaftliche Liebesideal die Idee der Gleichheit gegenüber, ohne das romantische Ideal, das auf Sehnsuchtserfüllung angelegt ist, bisher maßgeblich außer Kraft zu setzen. Neue Wünsche nach Gleichberechtigung in Liebesdingen verbinden sich nicht selten mit traditionellen Geschlechterbildern entlehnten Ideen hierarchisierter Rollenteilungen zwischen Frauen und Männern. Das heißt, trotz neuer Liebeswünsche von Gleichheit und geteilten Aufgaben sind bevölkerungsweit traditionelle Arrangements[4] in Paarbeziehungen sehr verbreitet, spätestens wenn Kinder geboren werden und die meisten Mütter teilzeit- und die meisten Väter vollerwerbstätig sind (vgl. Wimbauer/Motakef 2019). Seit einiger Zeit werden auch Traditionen wie große Hochzeitsarrangements mit weißem Brautkleid etc. wiederbelebt und z. B. um kostspielige professionelle Videos/Fotosessions an romantischen Orten auch in der Öffentlichkeit ergänzt. Vermehrt nehmen zudem junge Frauen wieder den Namen ihres Mannes an, nicht mehr, weil es standesamtlich so vorgesehen ist, sondern weil sie es wollen und als Zeichen der Liebe im Sinne vorhandener Geschlechterverhältnisse verstehen. So kommt traditionell anmutenden Liebes- und Lebensweisen – ohne den bisherigen Zwang, sondern mit viel Selbstinszenierung – eine breite Wirkung zu, die sich nicht auf eine gesellschaftliche Gruppe beschränkt. Doch auch in dieser partiellen Retraditionalisierung nehmen neue Variationen zu, z. B. wenn gleichgeschlechtliche Paare Hochzeitsrituale übernehmen und ihnen damit neue Bedeutungen zuschreiben.

---

3   Laut statistischem Bundesamt lebte 2019 etwa jede/r Zweite mit Partner oder Partnerin in einem gemeinsamen Haushalt, davon die große Mehrheit verheiratet und gemischtgeschlechtlich. Doch: „Ohne die Orientierung an kulturellen Idealen – wie bspw. die romantische Liebe – aufzugeben, zeigen sich Paarbeziehungen gegenwärtig als weniger linear verlaufend, in ihren Grenzen diffuser, räumlich flexibler und zunehmend als praktische Leistung der Partner:innen (Wutzler/Klesse 2021: 8).

4   Diese Dominanz ist keineswegs immer den Wünschen des Paares geschuldet, sondern ist auch Konsequenz der Arbeitsmarktorganisation und sozialstaatlicher Leistungen (z. B. Ehegattensplitting).

Doch wie lässt sich erotische Liebe – hier vor allem, aber nicht nur, zwischen den Geschlechtern – überhaupt fassen? Liebe meint eine zunächst nicht sichtbare intensive Gefühlsbeziehung mit erotisch-sexuellen Anteilen zwischen mindestens zwei geschlechtsunterschiedlichen oder geschlechtsgleichen Partnern. Erst kulturelle Vorstellungen angemessener Sichtbarwerdung und entsprechende soziale Praktiken setzen für die Mitwelt lesbare Zeichen wie Händchenhalten. Die soziale Akzeptanz der Liebesbeziehung zeigt sich dann in ihrer Adressierung als Paar und z. B. durch gemeinsame Einladungen (vgl. Burkart 2019). Die Entstehung von solchen gefühlsbasierten Liebesbeziehungen gilt als wenig steuerbar und schwer erklärbar, wie der gängige Ausdruck „wo die Liebe hinfällt" zeigt, und diese Liebe kann sich daher ebenso unvorhersehbar wieder verflüchtigen. Also braucht Liebe Bestätigung, nicht zuletzt durch Beweise: von der Liebeserklärung über Liebesgaben bis hin zum Liebesopfer.

Eine solche Liebe im Sinne individueller Anziehung ist seit dem Aufkommen des romantischen Liebesideals zentraler Bestandteil der Paarbildung, womit Beziehungen auf einen wenig zuverlässigen Boden gestellt werden (vgl. Weibel 2024). Vor dem Ideal der Liebesehe war die Zweckehe (basierend auf familialen und gesellschaftlichen Erwartungen, Versorgung, Zusammenlegung von oder Einheiraten in Besitz etc.) ein anerkannter Grund der Eheschließung mit entsprechender ökonomischer und sozialer Bindungskraft. Erst durch das Bürgertum und zunehmende Individualisierung – mit geschlechtsspezifisch sehr unterschiedlich gewichteten Entscheidungsfreiheiten – gewann Liebe für Eheschließungen an Bedeutung. Seither soll Paarbildung einem spezifischen, einzigartigen Menschen gelten: Liebe und Ehe, Sexualität und Liebe, Liebe und Elternschaft werden entsprechend als zusammengehörig gesehen. Ob es sich in real existierenden Partnerschaften um ‚Liebe' handelt, ist schwer nachprüfbar und abhängig davon, was beide Partner darunter verstehen. Nicht selten dürften Mischungen von gefühlsmäßigen, sozialen und ökonomischen Anteilen bei der Paarbildung und bei der Entscheidung, zusammenzubleiben, eine Rolle spielen, Letzteres z. B. wegen gemeinsamer Kinder, gemeinsamem Besitz oder der Angst vor Einsamkeit. Dass zwei Menschen vor allem zusammenkommen und zusammenbleiben, weil sie spezifisch an der Persönlichkeit des, respektive der Anderen, besonderen Gefallen gefunden haben und von diesem/dieser als Mensch fasziniert sind, ist sicher nicht immer der Fall. So ist ein Zusammenkommen möglich, weil die Person verfügbar war, weil ein Kind unterwegs war oder Alleinsein die schlechtere Alternative schien. Eine Partnerschaftswahl, orientiert an der Charakterstruktur des/der Auserwählten zu treffen, hätte zur Voraussetzung, die eigenen Gefühle zu prüfen, Vorstellungen über einen gemeinsamen Alltag abzuklären und gegenseitige Beziehungswünsche zu besprechen, was weniger romantisch denn rational anmutet.

Zur Liebe gehört nach heutigen Vorstellungen in unserer Gesellschaft die Phase der Verliebtheit, die einhergeht mit einer Idealisierung der anderen Person, einschließlich der damit verbundenen Selbstaufwertung, da geschlechtliche Liebe die eigene Person erhöht und das eigene Wohlbefinden steigert bis hin zu den sogenannten „Schmetterlingen im Bauch" (vgl. Kernberg 1998). Doch diesem Zustand der Verliebtheit haftet etwas Flüchtiges an, wenn die Phantasie über den geliebten Menschen – das Objekt des Begehrens – zunehmend auf Realität trifft. Sehr klug schließen Märchen daher (sobald sich ein Paar gefunden hat) immer mit: und sie lebten glücklich bis ans Ende ihrer Tage, ohne dieses weiter auszuführen. Denn was mit dem Abebben der Verliebtheit kommt, ist entweder Trennung aus Enttäuschung, wenn das gesellschaftlich möglich ist, oder Bewältigung der Ernüchterung und Entwicklung einer ausreichend tragfähigen Bindung auf der Basis von Zuneigung, Akzeptanz offen gebliebener Wünsche und gemeinsamen Lebensvorstellungen oder schlimmstenfalls eine zunehmend von Ablehnung bis hin zur Gewalt geprägte Beziehung. Auch wenn mit der Beziehungsdauer die erotische Komponente, das sinnliche Begehren, zumeist schwächer wird, gehört Sexualität doch für die meisten Paare zu ihrer Beziehung dazu und findet weiterhin vor allem in festen Partnerschaften statt (vgl. Schmidt/Matthiesen 2009).

II. Traditionelle und moderne Geschlechterbilder in Liebesbeziehungen und deren Bedeutung für die Soziale Arbeit

Das Spannungsverhältnis von Nähe und Distanz in Partnerschaften ist in traditionellen, binären Geschlechterbildern zwischen den beiden Geschlechtern mehr oder weniger klar aufgeteilt: Gestaltung des Beziehungsalltags wird von beiden Geschlechtern eher Frauen zugeschrieben, Männern eher ein Streben nach Unabhängigkeit und Wahrung außerhäuslicher Aktivitäten (vgl. Brückner 2013). Männlichkeitsbilder verknüpfen sich weniger mit andauernder Liebesfähigkeit als Weiblichkeitsbilder, sondern beziehen sich vornehmlich auf Eroberung. Und es sind vor allem Frauen, die Beziehung und Familie gefühlsmäßig zum Mittelpunkt ihres Lebens machen und somit als Eigenes in ihre Persönlichkeit integrieren.

Für beide Partner wirft das Eingehen einer Beziehung nicht nur in heterosexuellen Kontexten neben der Hoffnung auf Glück die Frage auf, wie viel von der eigenen Person und den eigenen Interessen zugunsten des jeweils Anderen und des Gemeinsamen zurückgestellt werden soll und wie viele Rechte und Eigenständigkeit beide sich wahren. Auch dafür macht das traditionelle Geschlechterarrangement geschlechtsspezifische Vorgaben, deren psychische Grundlagen die Psychoanalyse in Dynamiken sieht, die auf unbewussten Wünschen und Ängsten basieren. Diese sind sozial verankert und dienen in ihrer gesellschaftsspezifischen Aufteilung dem Erhalt des Geschlechterverhältnisses (vgl. Willi 2012). Wichtiger Bestandteil männlicher Identität sind Grenzziehungen aus Angst vor Verschmelzung; das Zentrum weiblicher Identität liegt in der Durchlässigkeit von Ich-Grenzen zugunsten des Eins-Seins mit Partner und Familie. Männer stehen für Verlangen nach Freiräumen und Frauen für das Bestreben nach Bindung. Damit werden die Geschlechter um die jeweiligen psychischen Fähigkeiten und sozialen Möglichkeiten des anderen Geschlechts gebracht. Doch durch die Phantasie des Eins-Seins als Paar ist Frauen über Identifikationsprozesse eine indirekte Teilhabe an männlicher Autonomie möglich, wenn Frauen sich Autonomie selbst nicht gestatten, was ihnen bis heute erschwert wird und sich in dem Spruch ausdrückt: Hinter jedem starken Mann steht eine starke Frau.

Diese gerade skizzierten traditionellen Geschlechterbilder wurden in der sogenannten sexuellen Revolution, ausgehend von der „Studentenbewegung"[5], in den späten 1960er-Jahren in Frage gestellt (vgl. Verlinden 2015). Populäre Slogans wie: „Eine Frau ohne Mann ist wie ein Fisch ohne Fahrrad" und „wer zweimal mit derselben pennt, gehört schon zum Establishment" stellten provokativ die abhängige Rolle der Frau und die Verbindung von Sexualität und Liebe infrage, auch wenn Letzterer an unreflektiert traditionellem Machismo kaum zu überbieten ist. Doch weiterhin stehen für die meisten Menschen Wünsche nach langfristigen Beziehungen diesseits oder jenseits traditioneller Geschlechterverhältnisse im Vordergrund, auch wenn die Zahl der Singles wächst.[6] Frauen „müssen" heute nicht mehr heiraten, um ihre Versorgung zu sichern, auch nicht mit Kindern, obwohl das Armutsrisiko als Alleinerziehende hoch ist, und auch Männer werden gesellschaftlich nicht mehr zur Ehe

---

5 So die damalige Bezeichnung.
6 Laut statistischem Bundesamt wohnten 2023 über 17 Millionen Menschen (20,3%) in Single-Haushalten (1991 waren es 11,4%), vor allem in Großstädten und vor allem ältere, aber auch viele 25–35jährige Menschen. Wobei Single-Haushalt nicht gleichbedeutend mit Single-Dasein sein muss. https://www.destatis.de/DE/Themen/Gesellschaft-Umwelt/Bevoelkerung/Haushalte-Familien/_in halt.html, 24.5.2024.

oder Partnerschaft gedrängt, außer in sehr traditionellen Gruppierungen. Historisch gesehen sind seit etwa der Jahrtausendwende Partnerschaften erstmals strukturell weitgehend von ökonomischen und sozialen Notwendigkeiten befreit, verlieren damit aber auch ihre bisherige Basis. In noch nie dagewesenem Ausmaß können junge Frauen und Männer ebenso wie queere Personen Art und Weise der Begegnungen und Formen des Zusammenlebens individuell entscheiden. Dazu bedarf es einer „Verhandlungsmoral" (vgl. Schmidt 1999). In diesen Verhandlungen können aber auch „Verrechnungsnotstände" (vgl. Stierlin 1997) darüber entstehen, wer gerechterweise was zu der Beziehung beitragen soll, einschließlich der Frage, was überhaupt miteinander vergleichbar ist. Die Vielfalt der Liebesmöglichkeiten schafft neue Freiheiten, aber auch neuen Entscheidungsdruck, und die Voraussetzung für beidseitige Zufriedenheit ist, dass beide Partner:innen oder manchmal auch mehr als zwei Partner:innen ihren jeweiligen Positionen etwa gleich viel Gewicht zumessen können.

Die Auseinandersetzung mit gesellschaftlich geprägten Liebesverhältnissen und den jeweils – je nach Lebensform und Gruppenzugehörigkeiten – unterschiedlichen Geschlechterbildern sowie Grenzen der Entscheidung und der Wunscherfüllung ist ein wichtiges Thema für die Soziale Arbeit, die professionell mit Beziehungsentwürfen und Beziehungsmustern von der Jugendarbeit über die Sozialpädagogische Familienhilfe bis zur Arbeit mit alten Menschen zu tun hat (vgl. Dörr 2019). Entwürfe und Muster erotischer Liebe von Adressat:innen Sozialer Arbeit können sich mit eigenen – oft der progressiven Mittelschicht entlehnten – Beziehungsvorstellungen von Gleichberechtigung und gegenseitiger Autonomiewahrung, von Argumentationsoffenheit in allen Beziehungsfragen und Abstimmung gegenseitiger sexueller Wünsche decken oder in unterschiedlichen Graden davon unterscheiden. Dann braucht es angemessenen Umgang mit diesen emotional besetzten Unterschieden, die zumeist Teil der eigenen Identität darstellen, und es braucht gegenseitige Akzeptanz, die zusammen in Teams ebenso wie mit Adressat:innen erarbeitet werden muss. Dabei ist es hilfreich, zwischen jeweiligen Ansprüchen und verbalen Äußerungen einerseits und deren Umsetzungen in Verhaltensweisen andererseits zu unterscheiden. So konnte in einer qualitativen Untersuchung gezeigt werden, dass Paare aus der Mittelschicht sich zwar verbal auf Gleichberechtigungsdiskurse beziehen, diese aber nicht eins zu eins verwirklichen, während Paare aus der Unterschicht aufgrund von Lebenserfordernissen Formen der Gleichberechtigung hinsichtlich der Aufgabenübernahme leben, ohne das so zu benennen oder als eigenen Lebensentwurf zu kennzeichnen (vgl.

72

Meuser/Behnke 2010). Gerade in der Arbeit mit jungen Frauen und Männern ist es erforderlich, auf gegenseitiger Anerkennung beruhende Vorstellungen von Liebe, Erotik und Sexualität zu vertreten, wenn Soziale Arbeit ihrem Anspruch einer Menschenrechtsprofession gerecht werden will – trotz des Wissens um eigene Brüche zwischen Anspruch und Umsetzung und daher mit einem (selbst)reflexiven und verständnisvollen Blick auf die Brüche Anderer.

Erotik bedarf der sexuellen Bildung im Sinne einer Selbstbefähigung zu Eigenschutz und zur Befähigung zu Respekt vor den Wünschen und Grenzen des/der Anderen (vgl. Sielert 2014). Gerade für den gesellschaftlich schwächeren und körperlich verwundbareren Partner – oft das Mädchen oder die Frau – sind die Achtung eigener und fremder Grenzziehungen[7] notwendig. Obgleich das Sexuelle erotische Momente des Besitzergreifens und der Hingabe enthält, macht es doch einen Unterschied, ob das Verhältnis der Partner:innen zueinander geprägt ist vom Wissen um die Unveräußerlichkeit der Menschenwürde und das Recht auf körperliche Unversehrtheit für alle Geschlechter oder nicht.

III. Alte und neue sexuelle Zeiten und deren Wirkungen auf die Soziale Arbeit

Es gibt ganz unterschiedliche sexuelle Zeiten im Sinne von gesellschaftlichen Umgangsformen mit Sexualität. So stand in der alten Bundesrepublik Mitte des 20. Jahrhunderts eine Verbotsorientierung (1950er-Jahre) im Vordergrund, an die sich eine Aufbruchsphase (Ende 1960er/Anfang 1970er-Jahre) anschloss mit neuen sexuellen Freiheiten – ermöglicht nicht zuletzt durch die Erfindung der Pille, gefolgt von einer Phase der Gewaltthematisierungen in der Sexualität (1980er-Jahre), die bis heute eine Rolle spielt, ebenso wie die Ausweitung von Freiheitsräumen bezogen auf Partner:innenwahl und Art der Sexualitätsausübung (vgl. Weller/Voß 2023). Sünde ist heute als Begriff veraltet, spielt aber in Moralvorstellungen in Form von Verboten bis hin zu Verdammnissen durchaus noch eine Rolle, so ist z. B. Scheidung in sozialen Institutionen der

---

7   Hier kommt der Zweiten Frauenbewegung besonders in den 1970er/1980er Jahren eine hohe Bedeutung zu, die für ein Recht der Frauen auf ihren eigenen Körper gekämpft hat, ein Kampf der immer noch notwendig ist, wie die #MeToo-Bewegung seit 2017 (gegen sexuelle Belästigung am Arbeitsplatz) zeigt, aber auch die nach langen Kämpfen erfolgreichen Aktionen gegen § 219a StGB (Verbot, Abtreibungsmöglichkeiten öffentlich zu machen), der 2022 vom Bundestag aufgehoben wurde.

Caritas[8] erst seit 2015 nur noch in besonderen Fällen ein Entlassungsgrund und Homosexualität in der katholischen Kirche weiterhin weitgehend verfemt. Auch für traditionell lebende Menschen verschiedenster Herkunftsgeschichten[9] sind viele Regeln wie die Auswahl des Ehepartners/der Ehepartnerin durch die Eltern und Verbote bezogen auf außereheliche Sexualität, insbesondere für Mädchen und Frauen, weiterhin gültig, trotz gesamtgesellschaftlich zunehmender Möglichkeiten der Selbstbestimmung in Fragen von Liebe und Sexualität.

Seit etwa der Jahrtausendwende sind für viele junge Menschen sehr unterschiedliche, empirisch nachgewiesene sexualitätsbezogene Entwicklungspfade möglich. Diese reichen z. B. für Mädchen und junge Frauen von einer engen Koppelung von Liebe, Partnerschaft und Sexualität bis hin zur Akzeptanz von Sexualkontakten auch außerhalb fester Bindungen und darüber hinaus zur Akzeptanz größerer sexueller Experimentierfreudigkeit (vgl. R.- B. Schmidt 2013). Sexualität wurde insgesamt entdramatisiert, da sie von den Medien in vielfältiger Weise öffentlich sichtbar gemacht wird, jederzeit im Internet abgerufen werden kann und Menschen immer weniger daran gehindert werden, Sexualität in welcher Form auch immer auszuüben,[10] solange sie von allen Beteiligten gewollt ist. Diese nicht zuletzt auf Legalisierungen (z. B. 2017 Ehe für alle) beruhende Ermöglichung von Vielfalt in Erotik und Sexualität ist jedoch weiterhin je nach Milieu und Lebenslage sehr unterschiedlich unangefochten lebbar. Interessant ist, dass Jugendliche heute sexuell später aktiv werden als vor 10 Jahren, sowohl Mädchen als auch Jungen (Jugendliche mit Migrationsgeschichte noch etwas später) (vgl. BZgA 2021). Die zentralen Argumente, die richtige Person noch nicht gefunden zu haben und sich zu jung zu fühlen, sprechen für eine engere Verknüpfung von Sexualität und Beziehungswünschen – der gestiegenen öffentlichen Sexualisierung und Pornografie-Zugänglichkeit über jedes Handy zum Trotz.

Die körperlichen, psychischen und sozialen Entwicklungen der Adoleszenz stellen nach der Kindheit eine weitere Möglichkeit der Persönlichkeitsentfaltung dar (vgl. Flaake 2020), die für die Soziale Arbeit eine große Chance

---

8   https://www.spiegel.de/karriere/kirchliches-arbeitsrecht-scheidung-ist-kein-kuendigungsgrund-a -1032263.html, 1.8.2024.

9   Wobei es gilt, Pauschalisierungen zu vermeiden, denn repräsentative Untersuchungen zeigen, dass für die Einstellungs- und Verhaltensebene soziale Milieus prägender sind als Zugenörigkeiten zu bestimmten Populationsgruppen (vgl. BZgA 2010).

10   Zudem gibt es auch an die Öffentlichkeit tretende Gruppen, die asexuell leben wollen oder sich dazu gezwungen sehen wie INCEL (involuntary celibates: eine Internetorganisation heterosexueller Männer, die Sexualität als ihr Recht sehen, aber keine Frau finden und Frauen dafür hassen).

bedeutet, im Kontext geschlechtsbewusster Jugendarbeit sexuelle Bildung zu betreiben. Aber auch unabhängig von der Lebensphase kommt sexueller Bildung eine wichtige Rolle zu, sei es in der Arbeit mit beeinträchtigten und behinderten Menschen oder in Alteneinrichtungen in jeweils gruppenangemessener Form, sei es als Handlungsgrundlage für Sozialarbeiter:innen (vgl. Höblich/Mantey 2023). Wichtige Voraussetzung für professionelles sozialarbeiterisches Handeln in diesem Feld ist die Auseinandersetzung mit eigenen sexualitätsbezogenen Gefühlslagen. Denn ohne eigene Wünsche, Bedürftigkeiten und Schambereiche zu kennen, ist ein Verständnis sowohl für vertraute als auch für fremd empfundene Sexualitätsäußerungen von Adressat:innen Sozialer Arbeit kaum möglich (vgl. Brückner 2017). Ethisch relevant ist dabei zum einen das Abwägen größtmöglicher Akzeptanz verbaler und handlungsbezogener Sexualitätsäußerungen der Adressat:innen, wenn alle Beteiligten sich eigenständig dafür oder dagegen entscheiden können und deren Menschenwürde sowie das Recht auf körperliche Unversehrtheit gewahrt sind. Zum anderen erfordert ethisch fundiertes professionelles Handeln aber auch Eingreifen, wenn die Gefahr besteht, dass Selbstverletzungen möglich sind und/oder schwächere Partner:innen ausgenutzt werden (vgl. Henningsen/Sielert 2023).

Ein wichtiges neueres Feld für Soziale Arbeit ist die Auseinandersetzung mit sexueller und geschlechtlicher Vielfalt (vgl. Timmermanns/Böhm 2020) und die entsprechende Entwicklung einer „Regenbogenkompetenz" (vgl. Schmauch 2023). Die wachsende Zahl von Menschen aller Altersgruppen, die sich geschlechtlich und sexuell jenseits zweigeschlechtlicher Heteronormativität orientieren (LGBTQIA+)[11] macht sowohl eigene Anlaufmöglichkeiten als auch den Einschluss in bestehende Einrichtungen erforderlich. So zeigen Untersuchungen, dass sich transgeschlechtliche Jugendliche häufig als im falschen Körper befindlich fühlen, darunter oft leiden und dass beraterische Begleitungen sehr hilfreich sind (vgl. Flaake 2022).

---

11   LGBTQIA+ steht für Lesbian, Gay, Bisexual, Transsexual/Transgender, Queer, Intersexual und Asexual sowie für weitere Formen geschlechtlicher Identität und sexueller Orientierung, die zukünftig aufgenommen werden sollten.

IV. Perspektive: Geschlechterdemokratie für Liebe und Erotik in der Sozialen Arbeit

Ob und inwieweit Liebe und Erotik demokratisierbar sind, ist eine offene Frage, aber der Gedanke der Geschlechterdemokratie kann eine Leitlinie für eine anzustrebende Liebesordnung – einschließlich Sexualität und ohne Vorstellungen von Sündhaftigkeit – darstellen. Die Frauenforschung, ebenso wie die kritische Männerforschung, sehen in der Geschlechterdemokratie für alle Geschlechter eine geeignete Form der Kritik an herkömmlichen, hierarchisierten Geschlechterverhältnissen im Sinne von Gleichwertigkeit und Flexibilisierung der Geschlechterrollen (vgl. bpb 2020). Auch wenn Liebe und Erotik trotz aller Machbarkeitsvorstellungen unserer Zeit von ihrer emotionalen Struktur her nicht regulierbar scheinen, können aber sehr wohl Verhinderungen von Liebesmöglichkeiten und erotischer Entfaltung abgebaut werden.

Die Menschen finden die jeweilige sexualitätsbezogene gesellschaftliche Geschlechterordnung vor, gleichzeitig wird diese Ordnung aber auch täglich in den sozialen Praxen aller Individuen immer wieder hergestellt und an die nächste Generation weitergegeben – auch in der professionellen Arbeit. Mit der Menschenwürde vereinbare Bandbreiten von Liebesvorstellungen, sexuellen Wünschen und erotischen Praxen auf der Basis gleichberechtigter gegenseitiger Anerkennung sollten daher immer wieder neu ausgelotet werden, da sich mit den jeweiligen gesellschaftlichen Rahmungen auch die Vorstellungen menschlicher Würde wandeln. Sie unterliegen Bildungsprozessen, die Soziale Arbeit mitgestalten kann und muss, um ihrem Anspruch, eine Menschenrechtsprofession zu sein, gerecht zu werden. Dazu gehören Auseinandersetzungen mit Verhältnissen von Liebe und Partnerschaft im Spannungsbogen von geschlechtsrollenkonformer Romantik einerseits und einer zunehmenden Orientierung an Vorstellungen von Gleichberechtigung andererseits. Ebenso dazu gehört die Herstellung von Rahmenbedingungen für und die Akzeptanz von unterschiedlichen sexuellen Lebensformen, solange sie keiner/keinem der Partner:innen schaden. Zudem gehört dazu die Beobachtung der Veränderung von Liebesverhältnissen durch das Internet mit seinen digitalen Möglichkeiten der Beziehungsanbahnung und -gestaltung und die Auseinandersetzung mit Fragen, inwieweit diese Möglichkeiten in geschlechterdemokratischem Sinne genutzt werden respektive nutzbar sind. (Junge) Menschen sollten lernen können, für sich in einer Weise zu sorgen, dass sie die in der zwischenmenschlichen Sexualität enthaltenen Verletzlichkeiten in eine Situation einbetten, die von ihnen selbst als hinreichend unterstützend angesehen wird. Das hat zur

Voraussetzung, den eigenen Körper als Quelle von Lust kennenlernen und erkunden zu können, woraus auch der Sozialen Arbeit Bildungsaufgaben erwachsen.

Neben dieser Bildungsaufgabe zu Fragen von Liebe, Erotik und Sexualität in alterskonformer und identitätssichernder Weise kommt Sozialer Arbeit die Aufgabe zu, sich in diesen Lebensbereichen orientiert an Menschenrechten zu positionieren. So sollte ein haltender Denk- und Handlungsrahmen für Professionelle in theoretischen Diskursen und praxisbezogen in Einrichtungen aufgebaut werden, auf den sich Sozialarbeitende in ihrer Arbeit mit Adressat:innen beziehen können.

Zusammenfassend bedeutet Geschlechterdemokratie bezogen auf Liebe und Erotik:

- auf der Ebene der Sozialstruktur: gleiche Lebens- und Liebenschancen für alle Geschlechter und alle sexuellen Lebensweisen,
- auf der Ebene kultureller Geschlechterbilder: das Ende geschlechtsbezogener Polarisierungen zugunsten von Vielfalt auch in Liebesdingen,
- auf der Ebene persönlicher Entwicklungen: geschlechtersensible Entfaltungsmöglichkeiten bezogen auf Liebe und Erotik und die Vermittlung des uneingeschränkten Rechts auf den eigenen Körper für alle Menschen jeglicher geschlechtlicher und sexueller Orientierungen.

Reflexionsfragen

- Welchen historischen Wechseln unterliegt das Spannungsverhältnis von Liebe – Sexualität – Sünde und welche Bedeutung hat das für Soziale Arbeit?
- In welcher Weise sind sexuelle Lebensformen und sexuelle Regulierungen eine Aufgabe für die Soziale Arbeit?
- Welche Möglichkeiten und Grenzen hat die Idee der Geschlechterdemokratie bezogen auf Sexualität und Liebe und was bedeutet das für sexuelle Bildung als Teil Sozialer Arbeit?

Literatur

Benjamin, Jessica (2020): Die Fesseln der Liebe. Psychoanalyse, Feminismus und das Problem der Macht, Nachdruck (5. Aufl.), Frankfurt a.M.: Klostermann.

Brückner, Margrit (2013): Amalgamierungen des Begehrens: Körperliche Lust, erotisches Wünschen, psychosoziale Einpassungen. In: Schmidt, Renate-Berenike/Sielert, Uwe (Hrsg.): Handbuch Sexualpädagogik und sexuelle Bildung, Weinheim/München: Juventa, S. 220–233.

Brückner, Margrit (2017): Brüche und Kontinuitäten: Verhältnisse zwischen Liebe/Sexualität und Sozialer Arbeit. In: Klein, Alexandra/Tuider, Elisabeth (Hrsg.): Sexualität und Soziale Arbeit, Baltmannsweiler: Schneider Verlag Hohengehren, S. 37–56.

Brückner, Margrit (2023): Die Bedeutung des Sexuellen für die Soziale Arbeit – eine psychoanalytisch-pädagogische Perspektive. www.beltz. de/fachmedien/erziehungswissenschaft/enzyklopaedie_erziehungsw issenschaft_online_eeo/artikel/51544-die-bedeutung-des-sexuellen-f uer-die-soziale-arbeit-eine-psychoanalytisch-paedagogische-perspekt ive.html, 14.7.2025.

Bundeszentrale für gesundheitliche Aufklärung (BZgA) (Hrsg.) (2010): Sexualität und Migration: Milieuspezifische Zugangswege für die Sexualaufklärung Jugendlicher. Ergebnisse einer repräsentativen Untersuchung der Lebenswelten von 14- bis 17-jährigen Jugendlichen mit Migrationshintergrund, Köln: Eigenverlag.

Bundeszentrale für gesundheitliche Aufklärung (BZgA) (2021): Jugendsexualität 9. Welle. www.shop.bzga.de/bzga-repraesentativstudie-jugen dsexualitaet-9-welle/, 25.5.2024.

Bundeszentrale für politische Bildung (bpb) (2020): Geschlechterdemokratie. In: Informationen zur politischen Bildung. Nr. 324, 1.

Burkart, Günter (2019): Liebe: historische Formen und theoretische Zugänge. In: Kortendiek, Beate/Riegraf, Birgit/Sabisch, Katja (Hrsg.): Handbuch interdisziplinäre Geschlechterforschung. Bd. 2, Wiesbaden: Springer, S. 1093–1.102.

Dörr, Margret (2019): Professioneller Umgang mit Sexualität als Gestaltung von Nähe und Distanz. In: Dörr, Margret (Hrsg.): Nähe und Distanz – Ein Spannungsfeld pädagogischer Professionalität, 4. aktual. und erw. Aufl., Weinheim Basel: Beltz Juventa, S. 130–143.

Fegert, Jörg/Wolff, Mechthild (Hrsg.) (2015): Kompendium „sexueller Missbrauch in Institutionen", Weinheim Basel: Beltz.

Flaake, Karin (2020): Körpergestaltungen, Körperpräsentationen und Körperinszenierungen junger Frauen und Männer – Suche nach eigenen Ausdrucksmöglichkeiten in der Adoleszenz. In: deutsche jugend 68, H. 12, S. 513–522. DOI: 10.3262/DJ2012513.

Flaake, Karin (2022): Transgender-Jugendliche – das Leiden am Körper und die Bedeutung einer empathischen Begleitung. Zunehmende Sichtbarkeit und gesellschaftliche Bedeutung (I + II). In: deutsche jugend 70, H. 11, S. 474–479 und H. 12, S. 515–520. DOI: 10.3262/DJ2211474 und 10.3262/DJ2212515.

Henningsen, Anja/Sielert, Uwe (Hrsg.) (2023): Praxishandbuch Sexuelle Bildung, Prävention sexualisierter Gewalt und Antidiskriminierungsarbeit, Weinheim Basel: Beltz Juventa.

Höblich, Davina/Mantey, Dominik (Hrsg.) (2023): Handbuch Sexualität und Soziale Arbeit. Weinheim Basel: Beltz Juventa.

Kernberg, Otto (1998): Liebesbeziehungen, Stuttgart: Klett-Cotta.

Klein, Alexandra (2017): Verwahrlosung und Pornografie. In: Klein, Alexandra/Tuider, Elisabeth (Hrsg.): Sexualität und Soziale Arbeit. Baltmannsweiler: Schneider Verlag Hohengehren, S. 83–100.

Klein, Alexandra/Tuider, Elisabeth (Hrsg.) (2017): Sexualität und Soziale Arbeit. Baltmannsweiler: Schneider Verlag Hohengehren.

Kontos, Silvia (2016): Alte und neue Polarisierungen. Zur aktuellen Kontroverse über die Prostitution. In: Feministische Studien 32, H. 2, S. 201–215. DOI: http://dx.doi.org/10.25595/756.

Meuser, Michael/Behnke, Cornelia (2010): Aktive Vaterschaft – Diskurse und alltägliche Praxis. Dokumentation der Tagung „Deutschland sucht den „Super-Papa". Impulse für eine moderne Väterpolitik." Gunda-Werner-Institut und Forum Männer, 23./24. April 2010, Fachhochschule Köln.

Pappenheim, Berta (1992): Sisyphus: Gegen den Mädchenhandel – Galizien. Hrsg. von Helga Heubach, Freiburg: Kore.

Schmauch, Ulrike (2023): Liebe, Sex und Regenbogen. Sexuelle Vielfalt in Gesellschaft und sozialer Arbeit, Weinheim Basel: Beltz Juventa.

Schmidt, Gunter (1999): Spätmoderne Sexualverhältnisse. Neue Kostüme der Erotik und Körperlichkeit. In: Diskurs 1, S. 10–17.

Schmidt, Gunter/Matthiesen, Silja (2009): Beziehungsdauer und Leidenschaft. In: Forum Sexualaufklärung und Familienplanung, Schriftenreihe der Bundeszentrale für gesundheitliche Aufklärung, H. 2, S. 15–18.

Schmidt, Renate-Berenike (2013): Sexualität als Lebensthema im Übergang vom Jugend- zum Erwachsenenalter bei Mädchen und jungen Frauen. In: Schmidt, Renate-Berenike/Sielert, Uwe (Hrsg.): Handbuch Sexualpädagogik und sexuelle Bildung, Weinheim/München: Juventa, S. 378–391.

Sielert, Uwe (2014): Sexualerziehung, sexuelle Bildung und Entwicklung von Sexualkultur als sozialpädagogische Herausforderung. In: Sozialmagazin 39, H. 1–2, S. 38–45.

Stierlin, Helm (1997): Verrechnungsnotstände: Über Gerechtigkeit in sich wandelnden Beziehungen. In: Familiendynamik 22, H. 2, S. 136–155.

Timmermans, Stefan/Böhm, Maika (Hrsg.) (2020): Sexuelle und geschlechtliche Vielfalt, Weinheim Basel: Beltz Juventa.

Verlinden, Karla (2015): Sexualität und Beziehungen bei den „68ern", Bielefeld: transcript.

Weibel, Fleur (2024): Die Praxis des Heiratens, Bielefeld: transcript.

Weller, Konrad/ Voß, Heinz-Jürgen (Hg.) (2023): Sexualität und Partnerschaft der Deutschen, Gießen: Psychosozial.

Willi, Jürg (2012): Die Zweierbeziehung. Das unbewusste Zusammenspiel von Partnern als Kollusion. Reinbek: rororo.

Wimbacher, Christine/Motakef, Mona (2019): Paarbeziehungen: Paare und Ungleichheiten als Gegenstand der Geschlechterforschung. In: Kortendiek, Beate/Riegraf, Birgit/Sabisch, Katja (Hrsg.): Handbuch interdisziplinäre Geschlechterforschung. Bd. 2, Wiesbaden: Springer, S. 1103–1.110.

Wutzler, Michael/Klesse, Jaqueline (Hrsg.) (2021): Paarbeziehungen heute: Kontinuität und Wandel, Weinheim: Beltz/Juventa.

Geschlecht im Familienleben

Barbara Thiessen

„Es beginnt im Mutterleib. Strampelt der Fötus besonders lebhaft, heißt es schon: „Das wird ein Junge. Weiter geht es mit dem Stillen; Mütter stillen weibliche Babys anders als männliche: Kleine Mädchen müssen schneller trinken und werden im Schnitt drei Monate früher entwöhnt. Schon hier akzeptiert die Mutter unbewusst die Autorität und Autonomie des kleinen Mannes, lässt ihm seinen natürlichen Trinkrhythmus – während sie diesen Rhythmus beim Mädchen unterbricht, weniger bereit ist, auf es einzugehen, es einem fremden Willen unterwirft" (Scheu 1985: 7).

Ursula Scheu geht in ihrer 1977 publizierten Analyse, „Wir werden nicht als Mädchen geboren, wir werden dazu gemacht", detailliert dem Alltagshandeln in Familie und Interaktionsgeschehen mit kleinen Kindern nach. Die Lektüre dieses Textes in einem Seminar zu Geschlechterfragen in der Sozialen Arbeit zeigte, wie wenig sich in den meist intuitiven und unbewussten Adressierungen von Kindern in Familien geändert hat. Auch heute heißt es noch: „Es ist ein Junge!" – „Es ist ein Mädchen!". Menschen erfahren die Zuweisung von Geschlecht am Beginn ihres Lebens und zwar ganz überwiegend im Kontext von Familie. Verknüpft mit dieser Anrufung ist ein Bündel an Erwartungen und Zuschreibungen, welches das Verhalten aller figuriert, die täglich mit dem Neugeborenen interagieren und auf welches das Neugeborene reagiert. Im Familienalltag geschieht die dynamische und soziale Konstruktion von Geschlechterrollen. Dabei werden Geschlechteridentitäten und -rollen innerhalb der Familie zumeist nicht bewusst verhandelt, zugewiesen und weitergegeben, denn Familien sind in soziale Normen, kulturelle Traditionen und sozioökonomische Machtverhältnisse eingebunden.

In der Geschlechterforschung ist vielfach untersucht worden, wie sich Geschlechterverhältnisse auf familiäre Interaktionen, Entscheidungsprozesse und die Aufteilung von Aufgaben und Verantwortlichkeiten auswirken, ebenso wie die intergenerationale Weitergabe von Geschlechtermustern und deren Einfluss auf die individuelle Identitätsbildung (vgl. de Beauvoir 1949; Bock/ Duden 1977; Beck-Gernsheim 1993; Helfferich 2017; Jurczyk/Thiessen 2020; Krüger-Kirn/Tichy 2021). Das Verhältnis von Familie und Geschlecht lautet aus interaktionistischer Perspektive auf den Punkt gebracht: „Doing gender while doing family" ebenso wie „Doing family while doing gender" (Helfferich 2017). Selbstverständlich können strukturelle Rahmungen und symbolische

Ordnungssysteme bei der Herstellung von Geschlecht nicht außer Acht gelassen werden, gleichwohl ist Familie „key agent" (Hofmeister 2009: 223) in der Hervorbringung binärer und ungleicher Geschlechterverhältnisse. Die Familie steht zugleich im zentralen Fokus von Interventionen Sozialer Arbeit. Es gilt daher, das Verhältnis von Familie, Geschlecht und Sozialer Arbeit auszuloten.

Im Folgenden wird zunächst der Begriff Familie erläutert und zugleich die Vielfalt familialer Lebensformen skizziert. Mithilfe des theoretischen Konzepts von Un/Doing Family können im zweiten Schritt Konsistenzen und Veränderungen in den Tiefenstrukturen familialer Lebenslagen und Geschlechterpraxen sichtbar gemacht werden. Im dritten Teil wird der Blick auf das Verhältnis zwischen Familie und Sozialer Arbeit gerichtet. Zu fragen ist, welche Bedeutung Sozialer Arbeit in der Gestaltung von Familienleben zukommt, wenn bedacht wird, dass deren Interventionen ganz überwiegend auf Familie gerichtet sind oder auch in der Einzelarbeit zumindest Familienleben tangieren. Zusammenfassend können Eckpunkte für eine gendersensible Soziale Arbeit mit Familien formuliert werden.

I. ‚Kernfamilie', ‚Normalfamilie' oder ‚Familiale Verantwortungsgemeinschaft' – Notwendige begriffliche Klärungen

Etymologisch ist der Begriff ‚Familie' sowohl auf die lateinische Wurzel ‚familia' (Hausgemeinschaft) als auch auf ‚famulus' (Haussklave) rückführbar. Noch bis zum Feudalismus wurde Familie eher als Familiengeschlecht, mithin genealogisch angelegtes Herrschafts- und Besitzverhältnis, verstanden. Wirksam war hier noch die antike Tradition, nach der Frauen und Kinder keine eigene Rechtsposition zusteht und die Verfügungsgewalt über den Hausstand dem Familienoberhaupt (pater familias) zusteht – inklusive Züchtigungsrechten. In der vormodernen, alteuropäischen Ökonomik wird daher statt Familie eher vom „Ganzen Haus" (oikos) gesprochen (vgl. Brunner 1968: 103), um die Wirtschafts- und hierarchische Dienstgemeinschaft zwischen Standesgruppen, Geschlechtern und Generationen zu bezeichnen. Mit der Aufwertung der Ehe im aufkommenden Protestantismus wird Frauen zwar der Status einer „Mitregentin im Haus" zugesprochen (vgl. Wunder 1991: 22); die binär angelegte Geschlechterhierarchie bleibt jedoch bestehen.

Die für das heutige Verständnis von Familie entscheidende Veränderung setzt jedoch erst mit der Neuzeit ab 1800 ein. Mit der beginnenden Industrialisierung wird der gesellschaftliche Raum neu strukturiert durch zwei voneinander getrennte Sphären: Öffentlichkeit und Privatheit. Als ‚Arbeit' gilt nunmehr ausschließlich Lohnarbeit, während die Arbeit im Haushalt in ihrer ökonomischen Bedeutung abgewertet wird und als unproduktiv gilt (vgl. Bock/Duden 1977). Gleichzeitig wird Familie als Ort intimer Beziehungen neu gesetzt (vgl. Krebs 2002). Eingelassen in die moderne Trennung von Familie und Beruf werden essentialisierte Vorstellungen von „Mutterliebe" (vgl. Badinter 1981) und als natürlich angenommene „Geschlechtscharaktere" (vgl. Hausen 1976). Die auf dem Ideal romantischer Liebe beruhende Gemeinschaft eines Ehepaares und ihrer Kinder wird bis heute zum zentralen Leitbild familialen Zusammenlebens (vgl. Lenz/Scholz 2014; vgl. auch dazu den Beitrag von Brückner in diesem Band), was sich in den Begriffen „Kernfamilie" oder „Normalfamilie" niederschlägt, mit denen zugleich jede andere familiale Konstellation abgewertet wird. Obwohl diese Vorstellungen von Familie erst rund 200 Jahre alt sind, werden sie als zeitlos gesetzt und nicht zuletzt auf die frühe Menschheitsgeschichte projiziert, wie die Archäologin Röder (2020) vielfach zeigen konnte.

Bereits Lenz und Böhnisch (1997) verweisen auf einen dreifachen Mythos von Familienvorstellungen, der den Blick auf je historisch belegte differenzierte familiale Sozialformen verstellt. Sie führen erstens den „Harmoniemythos" an, also die Vorstellung, dass das Familienleben in der Vergangenheit durch Harmonie und Eintracht gekennzeichnet gewesen sei und die heutige Familie dagegen mit ihren Konflikten und Problemen eine Art Verfallserscheinung darstelle. Zweitens verweisen sie auf den „Größenmythos", der die Vorstellung umfasst, dass die Familie „früher" aus drei und mehr Generationen bestanden habe, was tatsächlich aufgrund der geringen Lebenserwartung (zum Beispiel im 18. und 19. Jahrhundert) eher eine Ausnahmeerscheinung war. Der „Konstanzmythos" besagt schließlich, dass Familie als Gefühlsgemeinschaft eine Naturkonstante sei, die immer und überall vorhanden sei (vgl. Lenz/Böhnisch 1997: 11). Historisch bedeutsam ist eine verzögerte Anpassung kultureller Normen an veränderte Praxen, die auch als ‚cultural lag' (vgl. Ogburn 1969) bezeichnet werden kann. Diese asynchronen Prozesse sind historisch wie aktuell begleitet von Irritationen, Verlustängsten und emotionalisierten Debatten – im 18. Jahrhundert ebenso wie gegenwärtig (vgl. Toppe 1996).

Tatsächlich war das Familienleben auch in Deutschland noch bis in die Gegenwart sowohl im Kindes- als auch im Erwachsenenalter durch eine hohe Mortalität gekennzeichnet, mit der Folge höchst vielfältiger Familienformen wie Ein-Eltern- oder Stieffamilien. Zudem waren Zweiverdiener-Familien durch hohe Erwerbsarbeit von Müttern in bäuerlichen, Arbeiter- und unteren

Angestellten-Milieus selbstverständlich (vgl. Peuckert 2008: 19; Nave-Herz 2004). Erst Ende der 1950er- bis Mitte der 1970er-Jahre wurde – in den USA und Westeuropa – das ehebasierte heteronormative Familienmodell dominant („Golden Age of Marriage", ebd., 16). Die Mehrheit der Familien lebte damit im Modell der ‚bürgerlichen Kleinfamilie', das Heterosexualität, die Binarität von Geschlecht und die geschlechtliche Arbeitsteilung zwischen männlichem Familienernährer und weiblicher Hausfrau als Norm voraussetzt. Die Entwicklung dieser Familienform als Modell und ‚Normalfamilie' war in Westdeutschland (auch im europäischen Vergleich) statistisch und normativ besonders ausgeprägt. In Ostdeutschland ist demgegenüber bis in die Gegenwart die Müttererwerbstätigkeit sowohl in den Selbstbildern von Frauen als auch in deren Praxen selbstverständlicher und durch Kinderbetreuungseinrichtungen strukturell besser unterstützt (vgl. Dölling 2003). Seit den 1970er-Jahren lässt sich auch in Westdeutschland eine erneute kontinuierliche Zunahme heterogener Familienformen belegen (vgl. Peuckert 2013; Konietzka/Zimmermann 2020).

Parallel zu dieser Entwicklung konnten feministische und queerpolitische Bewegungen in mühsamen, kleinen Schritten die rechtliche Verbesserung von Alleinerziehenden und queeren Familien durchsetzen. So stehen erst seit 1997 nichtehelich geborene Kinder nicht mehr unter Amtspflegschaft (vgl. Berg/Sonnenfeld 2012). Lesbischen Müttern konnte bis in die 1990er-Jahre mit Verweis auf ihre Sexualität das Sorgerecht entzogen werden (vgl. Plötz 2021), und bis heute bekommt eine Co-Mutter in einer lesbischen Lebensgemeinschaft nur über ein Adoptionsverfahren elterliche Sorge zugesprochen. Vergewaltigung in der Ehe gilt erst seit 1997 als Straftatbestand und Offizialdelikt. Anzuführen sind jedoch auch Gegenbewegungen. So zeigen gegenwärtig aktive maskulinistische Bewegungen (vgl. Gesterkamp 2021), dass auch heute noch das Anknüpfen an ideologisch unterlegte Konzepte einer „Kernfamilie" politisch wirksam sein kann. Mit dem Begriff des ‚Parental Alienation Syndrome' (PAS), der auf den US-amerikanischen Psychologen Richard Gardner (1992) zurückgeht und eine durch ein Elternteil herbeigeführte Ablehnung des Kindes gegenüber dem anderen Elternteil als Störungsbild klassifiziert, ist auch bis in bundesdeutsche Fachkreise hinein eine erfolgreich lancierte Diskursstrategie rechtspopulistischer Bewegungen gelungen (vgl. Beck et al. 2021: 30). Sie wird hierzulande mittels des Begriffs der ‚Eltern-Kind-Entfremdung' transportiert und findet bis heute als Plädierformel vor Familiengerichten oder in gutachterlichen Stellungnahmen von Jugendämtern Anklang (vgl. Fegert 2013), auch wenn das Bundesverfassungsgericht 2023 entschieden hat, dass sie mangels Wissenschaftlichkeit nicht mehr zur Anwendung kommen soll (RN 34; Thiessen et al. 2024).

Diese knappen historischen Streiflichter zeigen, dass eine begrifflich präzise und nicht ideologisch aufgeladene Definition von ,Familie' bedeutsam für eine geschlechterreflektierte Soziale Arbeit mit Familien grundlegend ist. Dies erfordert daher eine kritische Reflexion bis heute wirksamer gesellschaftlicher Normalitätsannahmen über familiales Zusammenleben. Vorgeschlagen wird die Definition von Familie als einer „auf Verbindlichkeit angelegten Sorgebeziehung zwischen Generationen in privaten Kontexten" (Jurczyk/Thiessen 2020: 123). Diese Kurzformel bündelt alle Formen familialen Zusammenlebens, wenn die drei genannten Kriterien – auf Dauer angelegt, intergenerational, careorientiert – erfüllt sind. Es werden damit sowohl parentale und filiale als auch auf Partnerschaft gerichtete Care-Beziehungen angesprochen. Dagegen stellen weder das Zusammenleben in einem Haushalt noch romantische Liebesbeziehungen oder sexuelle sowie geschlechtliche Positionierungen ausschlaggebende Kriterien dar. Wie kann nun aber das Binnengeschehen und Machtgefüge in Familien angemessen wahrgenommen und reflektiert werden? Vorgeschlagen wird hierzu ein praxeologisch begründetes Rahmenkonzept vom Doing und Undoing Family (Jurczyk/Lange/Thiessen 2014; 2025).

II. Doing Family: Theoretische Konzeptualisierungen und methodische Hinweise zur Untersuchung von Familienleben und Geschlechterdynamiken

Das Doing-Family-Konzept zielt darauf, den Familienalltag in je unterschiedlichen Konstellationen in den Mittelpunkt der Untersuchungen zu stellen und induktiv alltägliche Praxen der Herstellung von Familie in ihrer diversen Binnenstruktur und in den komplexen Machtverhältnissen sowie vor dem Hintergrund der je unterschiedlichen Rahmenbedingungen und Ressourcen zu untersuchen. Es ist inspiriert worden von empirischen Studien wie Morgans „Family Practices" (2004) und dem Konzept des „Displaying Family" von Finch (2007). Ein systematischer Bezug besteht zu zwei soziologischen Theorien, nämlich der sozialkonstruktivistischen Theorie des „Doing Gender" (West/Zimmermann 1987) und dem modernisierungstheoretisch inspirierten Konzept der „Alltäglichen Lebensführung" (Jurczyk/Rerrich 1993; Voss 1991). Mithilfe dieses praxeologischen Blicks kann untersucht werden, wie Familien konkret entstehen und wie sie alltäglich ,gemacht' werden. Dabei werden zwei

Ebenen der Herstellung von Familie unterschieden: erstens die organisationale Ebene des „Balancemanagements" und zweitens die sinnhafte Ebene der Konstruktion von Gemeinsamkeit (Jurczyk 2020: 29).

Auf der *Ebene der organisatorischen Praktiken* werden Aktivitäten gebündelt, die als „Balancemanagement" zu beschreiben sind. Einige Beispiele sind die Verflechtung der Alltagsverläufe, Interessen und Bedürfnisse der Familienmitglieder durch die Koordinierung und Synchronisierung, um Co-Präsenz und Care zu ermöglichen. Mit einher geht die Verteilung von Rechten und die Übernahme oder Delegation von Pflichten. Dazu gehört auch die Schaffung von Grenzen zwischen Arbeitsplätzen, Bildungs- und/oder Betreuungseinrichtungen einerseits und dem Familienleben andererseits – aber auch deren Verknüpfung untereinander. Gerade die Erfahrungen während der Lockdowns in der Pandemie haben gezeigt, wie belastend das Familienleben wird, wenn diese Trennungen oder Verknüpfungen zeitweise jeweils nicht mehr möglich sind.

Auf der *sinnhaften Ebene der Konstruktion von Gemeinsamkeit und Identität* geht es um die symbolische Konstruktion von Zusammengehörigkeit und Kohärenz. Dies kann in dreifacher Weise geschehen. Erstens werden soziale Bindungen durch Prozesse der Festlegung von familialen Abgrenzungen geschaffen. Individuen werden in die Gruppe, die als Familie definiert wird, aufgenommen und – je nach familienbiografischer Entwicklung – auch aus ihr ausgeschlossen (vgl. Nelson 2006). Bedeutsam ist hier, dass aus der Kinderperspektive eine andere Konstellation vorhanden ist als aus einer Elternperspektive (etwa, wenn Haustiere als Familienangehörige gesehen werden oder getrennt lebende Väter im engeren Familienkreis weiter zugehörig sind, vgl. Lange 2007). Zweitens werden Intimität und Zugehörigkeit durch die Erzeugung eines ‚Wir-Gefühls' hergestellt (vgl. Galvin 2006). Hierbei spielen Familienrituale im Alltag, aber auch beim Feiern von Festen, eine bedeutende Rolle (vgl. Audehm 2021). Darin eingelagert sind bedeutsame Geschlechterdynamiken, etwa wer beim Familienfest welche Aufgabe übernimmt. Drittens gibt es äußere Inszenierungen und innere Prozesse, die den Zustand des Zusammenseins und der Zusammengehörigkeit als Familie bekräftigen. Dies ist als „Displaying Family" bekannt (Finch 2007). Vor allem Familien, die von gesellschaftlich üblichen Vorstellungen von ‚Normalfamilie' abweichen, fühlen sich unter Druck gesetzt, zu beweisen, dass sie als solche erfolgreich funktionieren. Beispiele hierfür sind Adoptivfamilien (vgl. Helming 2014), queere Familien (vgl. Nay 2017) oder Familien mit Co-Elternschaft (vgl. Wimbauer 2021), die das ‚richtige-Familie-sein' performativ betonen. So unterstreichen beispielsweise korrespondierende Kleidungsstücke ebenso wie selbst getöpferte Türschilder, die alle Familienangehörigen benennen, die familialen Beziehungen.

Wesentlich für das Doing Family ist es, die beiden Grundformen, also die organisatorische und die sinnhafte Ebene von Praktiken, als zusammengehörig zu verstehen: Balancemanagement ohne Identität als Familie würde einer betrieblichen Verwaltungseinheit gleichkommen, und ohne Abstimmungsleistungen entstünden weder Raum noch Zeit für identitätsstiftende Interaktionen (vgl. Jurczyk 2020: 30).

Auch wenn in der Rezeption des Begriffs Doing Family häufig nur scheinbar gelingende Momente des Familienlebens assoziiert werden, ist dies keineswegs zutreffend. Denn Familienleben ist immer und grundsätzlich von Ambivalenzen gekennzeichnet (vgl. Lüscher 2012), die Dynamiken zwischen Nähe und Distanz in Gang setzen. Care-Arbeit – sei es psychische Zuwendung oder physische Pflege oder Hausarbeit – kann mehr oder weniger erfolgreich sein und mehr oder weniger mit positiven Emotionen verbunden sein. Beziehungen können mehr oder weniger intensiv gelebt werden und sich im Laufe der Zeit verändern. Selbst gewaltvolle Beziehungen können eine destruktive, aber zugleich intensive Art der Herstellung von Familie sein, wenn sie auf den – hier pathologischen – Erhalt von Beziehungen ausgerichtet sind.

Um diese Vielgestaltigkeit in den Blick zu nehmen und zugleich schärfen zu können, wurde das Doing-Family-Konzept begrifflich erweitert (vgl. Jurczyk 2020: 33–36). Denn es lassen sich im Familienleben auch Gegenbewegungen zur Herstellung von Familie als Gemeinschaft rekonstruieren. Dazu zählt aktives Vergessen und Neutralisieren von Beziehungen, gezielte Distanzierung oder sogar Auflösung und Zerstörung von Beziehungen (vgl. Kindler/Eppinger 2020). Dies wird – in Anlehnung an das Konzept ‚Undoing Gender‘ – als Undoing Family bezeichnet. Jurczyk (2020: 34) macht darauf aufmerksam, dass dabei die Intentionalität der handelnden Familienmitglieder bedeutsam ist. Diese kann sich in zweierlei Hinsicht zeigen. Erstens können Handlungsweisen – ähnlich dem Undoing Gender – festgestellt werden, die darauf abzielen, die Familienzugehörigkeit (zeitweise) in den Hintergrund zu rücken, unbedeutsam zu machen. Bei jungen Erwachsenen ist dies zu beobachten, aber auch bei Eltern(teilen) im Zusammenhang mit Trennungsprozessen, bei denen sich latent oder zeitweise eine Abgrenzung zeigt. Zweitens kann beim Undoing Family eine aktive Distanzierung vorliegen, die Jurczyk als „Gegenbewegung zur Herstellung von Familie" charakterisiert (Jurczyk 2020: 34), etwa durch Trennungen, die mit Beziehungsabbruch einhergehen. Deutlich wird, dass sich das Familienleben biografisch typischerweise auf einem *Kontinuum von Doing und Undoing* abspielt und dass hierbei ‚Kipppunkte' empirisch rekonstruiert werden können. Um dieses Kontinuum ausdrücken zu können, ist der Begriff des *UnDoing Family* eingeführt worden (ebd.: 35). Aus der Lebensverlaufsperspektive erweist sich Familie als ein dynamisches Mehr oder Weniger an intensiven und zuverlässigen Sorge- und Liebesbeziehungen – nach wie vor jedoch mit erheblichen geschlechterbezogenen Differenzen.

Schließlich werden mit dem Begriff des *Not Doing Family* jene Alltagspraxen in Gruppen bezeichnet, bei denen es irrelevant ist, ob und wie jemand in ein Familienleben eingebunden ist oder nicht. Es kann sich dabei um verberuflichte Praxen in Teams handeln oder familienähnliche Formen des Zusammenlebens, die zeitlich begrenzt und ohne Referenz auf Familie stattfinden (ebd.: 36).

Mit der Weiterentwicklung des Konzepts des Doing Family zum Kontinuum des Doing, Undoing und Not Doing Family ist ein begriffliches Instrumentarium bereitgestellt, das komplexe Familiendynamiken in synchroner wie diachroner Perspektive untersuchen lässt und dabei auch die Bedeutung der Kontextstrukturen und wechselseitigen Bezüge, etwa zwischen Familie und Erwerbsarbeit, berücksichtigt. Die ‚black box' Familie kann damit v.a. auch im Hinblick auf geschlechterdifferente Praxen untersucht werden und bietet für die Reflexion sozialpädagogischer Intervention bedeutsames Anregungspotenzial.

III. Making Family: Eigensinniges Familienleben verstehen und Care-Praxen gendersensibel fördern

Karsten und Otto plädierten schon 1987 für eine kritische Reflexion der Indienstnahme des Modells einer „bürgerlichen Kleinfamilie" als hidden agenda sozialpädagogischer Bezugnahme auf Familie, die sie als „restaurativen Familialismus" kritisierten. Zugleich war für sie sozialpädagogisches Handeln nicht „ohne einen dezidierten oder verborgenen Familienbezug denkbar" (Karsten/ Otto 1987: S. X). Tatsächlich hat Soziale Arbeit im Kern die Aufgabe der Stabilisierung des Generationengefüges und steht Familie zugleich kritisch – zuweilen misstrauisch (vgl. Franzheld 2023: 184) – gegenüber. Die sich zu Beginn des 20. Jahrhunderts konstituierte Jugend- und Familienfürsorge adressierte v.a. die Erziehungsfähigkeit der Eltern (vgl. Bauer/Wiezorek 2017) und entwickelte dafür – insbesondere in der deutschen Sozialarbeit mit ihrer Provenienz zur gemäßigten bürgerlichen Frauenbewegung – das Konzept der „geistigen Mütterlichkeit" (Allen 1991). Auch wenn viele historische konzeptionelle Ansätze, etwa von Jane Addams (vgl. Braches-Chyrek 2013), Empowerment-orientierte Stärkung von Müttern und Förderung von care-entlastenden Gemeinwesenstrukturen beinhalten, lässt sich als Ideal gleichwohl die „erziehungskompetente Familie" orientiert am Leitbild der bürgerlichen Familie nach wie vor belegen (vgl. Bauer/Wiezorek 2017). Welche Bedeutung dabei die meist (groß-)bürgerliche Herkunft der Protagonistinnen der Sozialen Arbeit hat, ist bislang noch zu wenig untersucht worden. Die Erziehungsfähigkeit der zumeist proletarischen Familienstrukturen der Adressat:innen wurde und wird an Kriterien der Sauberkeit häuslicher Verhältnisse, Häuslichkeit der Mutter, sittlichem Verhalten der Familienmitglieder festgemacht (ebd.). Hier zeigen sich deutliche historische Parallelen zu heutigen Begutachtungsverfahren, etwa im Kontext von Kindeswohlsicherung (ebd.).

Am Beispiel Früher Hilfen im Kontext der sozialräumlich orientierten Familienbildung zeigt sich besonders eindrücklich, wie gegenwärtig neue Leitbilder von Elternschaft verhandelt werden (vgl. Thiessen/Sandner 2012). Zu Recht stellt dieser Bereich ein wichtiges Aufgabengebiet Sozialer Arbeit dar, bei dem es darum geht, Familien mit Säuglingen und Kleinkindern in den ersten Jahren zu unterstützen. Wurden Kinder vor Schuleintritt lange von der Jugendhilfe eher nachlässig behandelt, werden Frühe Hilfen in den letzten Jahren in westlichen Gesellschaften mit großer Dynamik entwickelt und ausgebaut (vgl. Sommer 2023). Hintergrund sind keineswegs steigende Zahlen von Kindstötungen, aber ein veränderter medialer und politischer Umgang mit Vernachlässigung und Gewalt bei Säuglingen und Kleinkindern. Diese erschreckenden und emotional aufwühlenden Ereignisse sind zu einem Zeitpunkt medial und politisch aufgegriffen worden, wo in den westlichen Gesellschaften durch neoliberale Austeritätspolitiken strukturelle Armutsfolgen sichtbar wurden. Auffallend ist jedoch, dass ein traditionelles Bild von Familie erneut zum zentralen Bezugspunkt staatlicher Familien- und Sozialpolitik erhoben wurde, ohne dass auch nur im Ansatz andere Lebensformen und ihre alternativen Existenzbedingungen bezogen auf Kinder, Partnerschaft oder Haushaltsführung einbezogen würden.

Neben den einzelnen Familienmitgliedern sind bei der Herstellung von Familie im Falle von Adressat:innen Sozialer Arbeit auch Fachkräfte beteiligt, die vor dem Hintergrund juristischer Rahmungen, professionsbezogener Zuständigkeiten und sozialpolitischer Systeme Interventionen vorhalten, die von

Familienberatung über begleiteten Umgang und Verfahrensbeistandschaft bis hin zu gerichtlichen Umgangs- und Sorgerechtsentscheidungen reichen – am prägnantesten sicherlich Sozialpädagogische Familienhilfe. Grundiert sind die fachlichen Interventionen von Vorstellungen guter Elternschaft, die in rechtlichen Regelungen kodifiziert, in sozialstaatliche Bestimmungen eingeflossen sowie in Konzeptionen von Angebotsstrukturen ablesbar sind. Auf der Handlungsebene sind es die Fachkräfte, die in ihren Interventionen, vermittelt über Interaktionen mit Familien, Anforderungen und Zwänge von Organisationen und normative Setzungen in die Praxis umsetzen. Als Koproduzent:innen des Sozialen und des Rechts agieren sie an der Schnittstelle zwischen der privaten Sphäre und je unterschiedlichen öffentlichen Sphären, wie etwa Beratungseinrichtungen, Jugendämtern, Gerichten (vgl. Jurczyk/Thiessen 2011). Allerdings handeln Fachkräfte nicht nur nach den Vorgaben ihrer Organisationen, sondern interpretieren und formen vor dem Hintergrund ihrer Professionalität individuell gesetzte Foki. Mit dieser strukturellen, professionsbezogenen und individuell-fachlichen Rahmung beeinflussen Fachkräfte Herstellungsprozesse von Familien. Um diese komplexen Prozesse und Dynamiken empirisch sichtbar und interpretierbar zu machen, ist der theoretische Kontext des Un-Doing-Family-Ansatzes hilfreich und bereits vielfach erprobt (vgl. Jurczyk et al. 2014). Im engeren Sinne handelt es sich bei den von den Fachkräften ausgeübten Praktiken jedoch nicht um ein ‚Doing‘, sondern um ein ‚Making‘. Jurczyk, Rerrich und Thiessen (2024) argumentieren in Bezug auf die Unterschiede zwischen dem Doing und dem Making-Family wie folgt: „Social and educational organisations ‚make‘ the family only on a meso level, they make it through cultural norms and hidden or outspoken values, given by legal regulations, by organisational rules, restrictions, and resources (e.g., for time and money)." (ebd.: 54). Gleichwohl ko-konstituieren Fachkräfte Familie, sie machen sie nicht alleine oder in der Hauptsache. Der Begriff des „Making Family" zielt daher auf den Aspekt, wonach Fachkräfte bestimmten (gesellschaftlich-kulturellen, rechtlichen, professionellen und individuellen) Normen folgen, wie eine Familie sein sollte, wenn sie Interventionen konzipieren und ausführen.

III.1. Zusammenhang von UnDoing und Making Family

Die fachlichen Interventionen des Making Family reagieren auf Praxen des Undoing Family, wenn also familiale Versorgung und Beziehungsgestaltung in Teilen oder gänzlich ausfällt. Professionelles Making Family bezieht sich zudem auf die vielfältigen Dimensionen und Modi des Doing Family. Zu nennen sind hier zunächst die beiden Grundformen des Doing Family, nämlich der organisationalen Ebene des Balancemanagements, also der Organisation von Ko-Präsenz, ebenso wie der sinnhaften Ebene der Konstruktion von Gemeinsamkeit, an denen Making Family anknüpfen kann.

Bezogen auf die *organisationale Ebene des Balancemanagements* kann ein Blick auf die ausdifferenzierten Angebote sozialer Dienste für Familien (vgl. Jurczyk/Thiessen 2011: 342) veranschaulichen, wie der Familienalltag, mithin familiale Ko-Präsenz – nicht nur durch Bildungs- und Erwerbsarbeitsstrukturen mit ihren je eigenen Zeitlogiken, sondern auch durch familienergänzende, -unterstützende oder gar -ersetzende Dienste gemeinsame Familienzeiten rahmen. Dabei organisieren Kitas, Familien- oder Seniorenservicezentren nicht nur je eigene Angebote für Kinder und (Groß-)Eltern, die Förderung, Individuierung, Entlastung oder spezifische Ko-Präsenz-Erfahrungen (etwa für Kinder und Väter) ermöglichen.

Die Angebote spiegeln auf der konzeptionellen Ebene zugleich das Familienleitbild einer Einrichtung, das auch die *zweite Dimension des Making Family berührt, nämlich die Konstruktion von Gemeinsamkeit* in ihren drei Ausprägungen. Das betrifft erstens die Herstellung sozialer Bindungen durch Grenzmanagement der In- und Exklusion familialer Zugehörigkeit, etwa durch die Einladungspolitik sozialer Dienste, wer aus fachlicher Sicht zur Familie dazugehört und wer nicht: Die Familienhebamme etwa empfiehlt der Wöchnerin eine Distanznahme vom Kindsvater, bei der Familienfreizeit irritiert die Anmeldung der neuen Lebensgefährtin des Vaters und zur Familienkonferenz werden ausschließlich Mitglieder der ‚Kernfamilie‘ geladen, gleichwohl der Bruder des derzeit inhaftierten Vaters schon länger Erziehungsaufgaben verbindlich übernommen hat. Ein positives Beispiel wäre die Erzieherin, die fraglos die Anwesenheit der Co-Mutter beim Kita-Fest unterstützt. Hier werden nicht nur Inklusionsdynamiken der Familie durch Fachkräfte konterkariert oder gefördert, sondern auch die zweite Ausprägung der sinnhaften Ebene des Doing Family (Konstruktion von Intimität und Zusammengehörigkeit) durch Praxen des Making Family tangiert: Welche familialen Lebensweisen sind in Einrichtungen repräsentiert und werden bestätigt, welche Familienformen bleiben unsichtbar? Schließlich ist die dritte Ausprägung zu nennen, bei der es darum geht, die Praxen der Familieninszenierungen („displaying family"), wahrzunehmen und im fachlichen Handeln zu berücksichtigen. Hierzu zählt etwa Respekt vor und Repräsentation von heterogenen religiösen sowie säkularen Traditionen in Familien.

III.2. Geschlechteraspekte im UnDoing und Making Family

In all den Dimensionen des UnDoing und Making Family sind zugleich mehr oder weniger sichtbare Geschlechterbezüge zu entdecken. Hier ist ein systematischer Blick auf die Unterstützung von Care in Familien, also Fürsorglichkeit und Zuwendung (vgl. Brückner 2011, vgl. auch den Beitrag von Brückner zu ‚Care' in diesem Band), bedeutsam. Denn Familienleben differiert zwar in seinen Formen, kulturellen Mustern und bezogen auf Ressourcenzugänge erheblich, gleichwohl kann konstatiert werden, dass Care ein wesentliches „Kernelement von Familie" darstellt (Jurczyk/Thiessen 2020: 125). Zugleich begründen vor allem Care-Aufgaben immer noch Geschlechterverhältnisse. Die zu Beginn zitierte Formel muss daher erweitert lauten: Doing family while doing care while doing gender. Familie beruht wesentlich auf fürsorglichen Praxen, die wiederum in Geschlechterkonstruktionen wurzeln. Diese scheinbar in Beton gegossene Trias Familie – Care – Geschlecht, die auch trotz pluraler Familienverhältnisse konstant bleibt und selbst in Co-Parenting-Familien rekonstruierbar ist (vgl. Wimbauer 2021), unterliegt im geringsten Teil individuellem Verhalten. Vielmehr wird sie gerahmt und stabilisiert durch einen geschlechtersegregierten Erwerbsarbeitsmarkt, ein – vor allem für Deutschland bedeutsames – konservatives Wohlfahrtsregime samt widersprüchlicher Regelungen im Ehe-, Familien-, Steuer- und Sozialrecht.

Fachkräfte Sozialer Arbeit können als Mitgestalter:innen von Familie im Kontext sozialpädagogischer Interventionen ihr eigenes Agieren daraufhin überprüfen, inwieweit sie geschlechtergerechter Gestaltung von Familienalltag förderlich oder hinderlich sind. Dafür eignet sich das theoretische Rahmenkonzept des UnDoing und Making Family-Ansatzes. Für Interventionen Sozialer Arbeit ist der Fokus auf Care grundlegend, denn diese ist als dauerhafte und generationale Verantwortungsübernahme konstitutives Merkmal von Familie. Neben Versorgung, Erziehung, Pflege und Betreuung betrifft dies auch emotionale Aspekte des Zusammenlebens. Das Making Family Sozialer Arbeit zielt zentral auf ‚gelingende Care' in Familie: ‚gesundes' Aufwachsen, gewaltfreie Beziehungen oder verlässliche familiale Pflege. Wer wird nun für welche Aspekte von Care in Familien adressiert und verantwortlich gemacht? An welcher Stelle werden etwa im Kita-Alltag Mütter und wo Väter angesprochen? An wen wendet sich die Sozialpädagogische Familienhilfe beim Umgang mit Läusen in Kinderhaaren? Wie werden Väter in Frühen Hilfen angesprochen? Kaum eine Intervention Sozialer Arbeit ist ohne kritische Reflexion von Geschlechterbezügen fachlich angemessen zu gestalten. Auch wenn bei gendersensibler Sozialer Arbeit heute vielfach – und zu Recht – an die Unterstützung queerer Familienkonstellationen gedacht wird, gilt es nach wie vor, traditionelle Geschlechterzuschreibungen im Familienalltag kontinuierlich zu durchkreuzen.

IV. Fazit und Ausblick

Das UnDoing und Making Family, also die je konkrete Herstellung und Co-Konstruktion von Familie, ist historisch keineswegs neu, sie geschehen gegenwärtig jedoch weniger traditionsgeleitet und deutlich reflektierter. Um dem Anspruch an individuelle Entfaltung von Familienmitgliedern gerecht zu werden, potenziert sich das Balancemanagement und erfordern Situationen gemeinschaftlicher Erfahrungen komplexere Vorbereitungen und seien es inszenierte Situationen von ‚Beiläufigkeit'. Jede Familie ist zudem herausgefordert, auf wechselnde Binnenkonstellationen und sich ändernde Rahmenbedingungen immer wieder neu zu reagieren, was die Komplexität von innerfamilialen Aushandlungsprozessen deutlich erhöht hat. Diese Dynamiken finden zudem nicht nur innerhalb von Familien statt, sondern auch zwischen Familien und Fachkräften. Das theoretische Rahmenkonzept des UnDoing und Making Family eröffnet eine differenzierte Folie, um diese Dynamiken zu entschlüsseln und geschlechtergerecht weiterzuentwickeln.

Reflexionsfragen
- Was sind Ihre Assoziationen, wenn Sie den Begriff ‚Familie' hören? Wie lassen sich Ihre Vorstellungen und Annahmen über Familie in einen historischen Kontext zur Genese familialen Zusammenlebens einordnen?
- Welche wesentlichen Aspekte bestimmen das praxeologische Konzept des ‚Doing Family' und welche Bedeutung haben diese Aspekte im Kontext sozialpädagogischer Interventionen ins Familienleben, also dem Making Family?
- Wie hängen Familie, Geschlecht und Soziale Arbeit zusammen und welche Anhaltspunkte für gendersensible Arbeit mit Familien sind Ihnen nach der Textlektüre bedeutsam geworden?

Literatur

Allen, Ann Taylor (1991): Feminism and motherhood in Germany. 1800–1914. New Brunswick: Rutgers Univ. Press.

Audehm, Kathrin (2021): Familienrituale. In: Ecarius, Jutta/Schierbaum, Anja (Hrsg.): Handbuch Familie. Gesellschaft, Familienbeziehungen und differentielle Felder, Wiesbaden: Springer VS.

Badinter, Elisabeth/Griese, Friedrich (1984): Die Mutterliebe: Geschichte eines Gefühls vom 17. Jahrhundert bis heute, München: Deutscher Taschenbuch Verlag.

Bauer, Petra/Wiezorek, Christine (Hrsg.) (2017): Familienbilder zwischen Kontinuität und Wandel. Analysen zur (sozial-)pädagogischen Bezugnahme auf Familie, Weinheim: Beltz Juventa.

Beck, Dorthee/Gesterkamp, Thomas/Kemper, Andreas/Stiegler, Barbara/von Bargen, Henning (2021): Antifeminismus auf dem Weg durch die Institutionen. Strategien und maskulistische Netzwerke. Heinrich Böll Stiftung.

Beck-Gernsheim, Elisabeth (1993): Mutterwerden – der Sprung in ein anderes Leben, Fischer: Frankfurt.

Berg, Tatjana/Sonnenfeld, Susanne (2012): Die Entwicklung des Sorgerechts der Mütter nichtehelicher Kinder in Deutschland vom Inkrafttreten des BGB bis heute. Beiträge aus dem Fachbereich Rechtspflege Nr. 02/2012. Hochschule für Wirtschaft und Recht Berlin. www.hwr-be rlin.de/fileadmin/portal/Dokumente/Fachbereiche-Institute/FB4/For schung/FB-4-Heft-2012-02.pdf, 20.06.2025.

Bock, Gisela/Duden, Barbara (1977): Arbeit aus Liebe – Liebe als Arbeit: zur Entstehung der Hausarbeit im Kapitalismus. In: Frauen und Wissenschaft: Beiträge zur Berliner Sommeruniversität für Frauen, Juli 1976, Berlin: Courage-Verlag, S. 118–199.

Brückner, Margrit (2011): Zwischenmenschliche Interdependenz – Sich Sorgen als familiale, soziale und staatliche Aufgabe. In: Böllert, Karin/Heide, Catrin (Hrsg.): Sozialpolitik als Geschlechterpolitik, Wiesbaden: Springer VS, S. 105–122.

Brunner, Otto (1968): Das „Ganze Haus" und die alteuropäische „Ökonomik". In: Brunner, Otto (Hrsg.): Neue Wege der Verfassungs- und Sozialgeschichte, Göttingen: Vandenhoeck & Ruprecht, S. 103–127.

Bundesverfassungsgericht, Beschluss der 2. Kammer des Ersten Senats vom 17. November 2023 – 1 BvR 1076/23 –, Rn. 1–37. www.bverfg.de/e/ rk20231117_1bvr107623, 20.06.2025.

De Beauvoir, Simone (1977/1949): Das andere Geschlecht. Sitte und Sexus der Frau. Reinbek: Rowohlt.

Dölling, Irene (2003): Zwei Wege gesellschaftlicher Modernisierung: Geschlechtervertrag und Geschlechterarrangements in Ostdeutschland in gesellschafts-/modernisierungstheoretischer Perspektive. In: Knapp, Gudrun-Axeli/Wetterer, Angelika (Hrsg.): Achsen der Differenz. Gesellschaftstheorie und feministische Kritik II, Münster: Westfälisches Dampfboot, S. 73–100.

Fegert, Jörg M. (2013): Endgültiges Aus für das Parental Alienation Syndrom (PAS) im amerikanischen Klassifikationssystem DSM-5. Zeitschrift für Kindschaftsrecht und Jugendhilfe 5, 190–191.

Finch, Janet (2007): Displaying Families. In: Sociology 41, H. 1, S. 65–81.

Franzheld, Tobias (2023): Kosmisierungsleistungen von Familien im Kontext von Kinderschutzinterventionen. In: Schierbaum, Anja/Ecarius, Jutta/Krinninger, Dominik/Uhlendorff, Uwe (Hrsg.): Familie, wozu?, Wiesbaden: Springer VS, S. 179–200.

Galvin, Kathleen M. (2006): Diversity's impact on defining the family: Discourse-dependence and identity. In: Turner, Lynn H./West, Richard L. (Hrsg.): The Family Communication Sourcebook, Thousand Oaks: Sage, S. 3–20.

Gardner, Richard (1992): The Parental Alienation Syndrome. A Guide for Mental Health and Legal Professionals, New Jersey: Creskill

Gesterkamp, Thomas (2021): Männerrechte oder rechte Männer. Wie die Maskulinisten um Einfluss kämpfen. In: Blätter für deutsche und internationale Politik 66, H. 10, S. 98–104.

Hausen, Karin (1976): Die Polarisierung der ‚Geschlechtscharaktere'. Eine Spiegelung der Dissoziation von Erwerbs- und Familienleben. In: Conze, Werner (Hrsg.): Sozialgeschichte der Familie in der Neuzeit Europas. Neue Forschungen, Stuttgart: Klett, S. 363–393.

Helfferich, Cornelia (2017): Familie und Geschlecht. Eine neue Grundlegung der Familiensoziologie, Opladen: Budrich.

Helming, Elisabeth (2014): Alltagspraxis von Pflegefamilien: Vulkane, Eisberge und der sanfte Sog der Beiläufigkeit. In: Jurczyk, Karin/Lange, Andreas/Thiessen, Barbara (Hrsg.): Doing Family – Familienalltag heute. Warum Familienleben nicht mehr selbstverständlich ist, Weinheim: Beltz Juventa, S. 71–94.

Hofmeister, Heather (2009): The Integration of Gender Research, Women's Studies, and Men's Studies in Family Research: A Comparison of English and German Sources. In: Kapella, Olaf/Rille-Pfeiffer, Christiane/Rupp, Martina/Schneider, Norbert F. (Hrsg.): Die Vielfalt der Familie: Tagungsband zum 3. Europäischen Fachkongress Familienforschung, Opladen: Budrich, S. 221–236.

Jud, Andreas/Fegert, Jörg M. (2018): Herausforderungen und Ergebnisse der Forschung zu Prävalenz sexueller Gewalt an Kindern und Jugendlichen. In: Zeitschrift für Pädagogik 64, H. 1, S. 67–80. DOI: https://doi.org/10.25656/01:22309.

Jurczyk, Karin (2020): Doing und Undoing Family. Konzeptionelle und empirische Weiterentwicklungen, Weinheim: Beltz Juventa.

Jurczyk, Karin/Lange, Andreas/Thiessen, Barbara (2014): Doing Family. Warum Familienleben nicht mehr selbstverständlich ist, Weinheim: Beltz Juventa.

Jurczyk, Karin/Lange, Andreas/Thiessen, Barbara (2025): Familienpraxis. In: Franzheld, Tobias/Schierbaum, Anja/Grosse, Martin (Hrsg.): Familie(n) als sozialpädagogische Herausforderung. Reihe: Grundlagen der Sozialen Arbeit, Hohengehren: Schneider Verlag (i. E.).

Jurczyk, Karin/Rerrich, Maria S. (1993): Die Arbeit des Alltags. Beiträge zu einer Soziologie der alltäglichen Lebensführung, Freiburg: Lambertus.

Jurczyk, Karin/Thiessen, Barbara (2011): Familienbezogene Dienste. In: Evers, Adalbert/Heinze, Rolf G./Olk, Thomas (Hrsg.): Handbuch Soziale Dienste, Wiesbaden: VS-Verlag, S. 333–352.

Jurczyk, Karin/Thiessen, Barbara (2020): Familie als Doing Care. Die Entzauberung der ‚Normalfamilie'. In: Jurczyk, Karin (Hrsg.): Doing und Undoing Family. Konzeptionelle und empirische Weiterentwicklungen, Weinheim: Beltz Juventa. S. 116–141.

Karsten, Maria-Eleonora/Otto, Hans-Uwe (1987): Die sozialpädagogische Ordnung der Familie. In: Karsten, Maria-Eleonora/Otto, Hans-Uwe (Hrsg.): Die Sozialpädagogische Ordnung der Familie. Beiträge zum Wandel familialer Lebensweisen und sozialpädagogischer Interventionen, Weinheim: Juventa, S. IX–XXXI.

Kindler, Heinz (2013): Partnergewalt und Beeinträchtigungen kindlicher Entwicklung. Ein aktualisierter Forschungsüberblick. In: Kavemann, Barbara/Kreyssig, Ulrike (Hrsg.): Handbuch Kinder und häusliche Gewalt, Wiesbaden: Springer, S. 27–46.

Kindler, Heinz/Eppinger, Sabeth (2020): Scheitern von Familie? Oder: Vom Doing zum Not Doing und Undoing Family. In: Jurczyk, Karin (Hrsg.): Doing und Undoing Family. Konzeptionelle und empirische Weiterentwicklungen, Weinheim: Beltz Juventa, S. 141–169.

Konietzka, Dirk/Zimmermann, Okka (2020): Die Familie in der Gegenwart: Familienformen und -verläufe. In: Ecarius, Jutta/Schierbaum, Anja (Hrsg.): Handbuch Familie: Gesellschaft, Familienbeziehungen und differentielle Felder, Wiesbaden: Springer, S. 1–21.

Krebs, Angelika (2002): Arbeit und Liebe. Die philosophischen Grundlagen sozialer Gerechtigkeit, Frankfurt am Main: Suhrkamp.

Krüger-Kirn, Helga/Tichy, Leila Zoë (2021): Elternschaft und Gender Trouble. Geschlechterkritische Perspektiven auf den Wandel der Familie, Opladen/Berlin/Toronto: Barbara Budrich.

Lange, Andreas (2007): Kindheit und Familie. In: Ecarius, Jutta (Hrsg.): Handbuch Familie, Wiesbaden: VS Verlag, S. 239–259.

Lenz, Karl/Böhnisch, Lothar (1997): Zugänge zu Familien – ein Grundlagentext. In: Lenz, Karl/Böhnisch, Lothar (Hrsg.): Familien. Eine interdisziplinäre Einführung, Weinheim/München: Beltz Juventa, S. 9–63.

Lenz, Karl/Scholz, Sylka (2014): Romantische Liebessemantik im Wandel? In: Steinbach, Anja/Hennig, Marina/Arránz Becker, Oliver (Hrsg.): Familie im Fokus der Wissenschaft. Familienforschung Springer VS: Wiesbaden, S. 93–116.

Lüscher, Kurt (2012): Familie heute: Mannigfaltige Praxis und Ambivalenz. Familiendynamik 37, H. 3, S. 212–223.

Morgan, David H. J. (2004): Sociology of Family Life. In: Sociological Review 52, H. 4, S. 606–608. DOI: http://dx.doi.org/10.1111/j.1467-954X.2004.00498_4.x.

Nave-Herz, Rosemarie (2004): Die Entstehung und Verbreitung des bürgerlichen Familienideals in Deutschland. In: Thomas Mann Jahrbuch 17, S. 71–82.

Nay, Yv E. (2017): Feeling Family. Affektive Paradoxien der Normalisierung von „Regenbogenfamilien", Wien: Zaglossus.

Nelson, Margaret K. (2006): Single Mothers ‚Do' Family. In: Journal of Marriage & Family 68, H. 4, S. 781–795. DOI: http://dx.doi.org/10.1111/j.1741-3737.2006.00292.x.

Ogburn, William Fielding (1969): Die Theorie der kulturellen Phasenverschiebung. In: Fielding Ogburn, William/ Duncan Otis D. (Hrsg.): Kultur und sozialer Wandel. Ausgewählte Schriften, Neuwied: Luchterhand, S. 134–145.

Peuckert, Rüdiger (2008): Familienformen im sozialen Wandel, Wiesbaden: VS Verlag für Sozialwissenschaften.

Peuckert, Rüdiger (2013): Das Leben der Geschlechter. Mythen und Fakten zu Ehe, Partnerschaft und Familie, Frankfurt/a.M.: Campus.

Plötz, Kirsten (2021): „... in ständiger Angst ...“ Eine historische Studie über rechtliche Folgen einer Scheidung für Mütter mit lesbischen Beziehungen und ihre Kinder in Westdeutschland unter besonderer Berücksichtigung von Rheinland-Pfalz (1946–2000). Forschungsbericht im Auftrag des Instituts für Zeitgeschichte München-Berlin und der Bundesstiftung Magnus Hirschfeld. https://lgbtiq-rlp.de/in-staendige r-angst/, 12.4.2025.

Röder, Brigitte (2020): Beutejäger und Nesthüterin – trügerische Orientierung an einem steinzeitlichen Traumpaar". In: Rendtorff, Barbara/Mahs, Claudia/Warmuth, Anna-Dorothee (Hrsg.): Geschlechterverwirrungen. Was wir wissen, was wir glauben und was nicht stimmt, Frankfurt: Campus, S. 69–76.

Scheu, Ursula (1985/1977): Wir werden nicht als Mädchen geboren, wir werden dazu gemacht. Zur frühkindlichen Erziehung in unserer Gesellschaft, Frankfurt am Main: Fischer.

Sommer, Elisabeth (2023): Soziale Arbeit in multiprofessioneller Kooperation. Eine genderkritische Untersuchung von handlungsleitenden Orientierungen bei der professionsbezogenen Positionierung am Beispiel Frühe Hilfen, Wiesbaden: Beltz Juventa.

Thiessen, Barbara/Absi, Zorah/Herbrand, Ricarda/Thiemann, Heidi (2024): Beratungserfahrungen bei Trennung und Scheidung aus der Perspektive von Ein-Eltern-Familien vor dem Hintergrund von Familien- und Kindschaftsrecht. Universität Bielefeld, Fakultät für Erziehungswissenschaft, Stiftung Alltagsheld:innen.

Thiessen, Barbara/Sandner, Eva (2012): Familienleitbilder bei Professionellen: Bei „Risikofamilien" besser weniger Diversität? In: Effinger, Herbert/Borrmann, Stefan/Gahleitner, Silke Birgitta/Köttig, Michaela/Kraus, Björn/Stövesand, Sabine (Hrsg.): Diversität und Soziale Ungleichheit. Analytische Zugänge und professionelles Handeln in der Sozialen Arbeit. Theorie, Forschung und Praxis der Sozialen Arbeit, Bd. 6, Opladen: Budrich, S. 142–154.

Toppe, Sabine (1996): Mutterschaft und Erziehung zur Mütterlichkeit in der zweiten Hälfte des 18. Jahrhunderts. In: Geschichte der Mädchen- und Frauenbildung. Bd. 1. Vom Mittelalter bis zur Aufklärung, Frankfurt u.a.: Campus, S. 346–359.

Voß, Gerd-Günter (1991): Lebensführung als Arbeit. Über die Autonomie der Person im Alltag der Gesellschaft, Stuttgart: Enke & Lucius & Lucius.

West, Candace/Zimmerman, Don H. (1987): Doing gender. Gender & Society 1, H. 2, S. 125–151. DOI: https://doi.org/10.1177/089124328700100 2002.

Wimbauer, Christine (2021): Co-Parenting und die Zukunft der Liebe: Über post-romantische Elternschaft, Bielefeld: transcript Verlag.

Wunder, Heide (1991): Überlegungen zum Wandel der Geschlechterbeziehungen im 15. und 16. Jahrhundert aus sozialgeschichtlicher Sicht. In: Wunder, Heide/Vanja, Christina (Hrsg.): Wandel der Geschlechterbeziehungen zu Beginn der Neuzeit, Frankfurt/a.M.: Suhrkamp, S. 12–26.

Care, Fürsorgerationalität und die Folgen für die Soziale Arbeit

Margrit Brückner

„Sozialer Sektor bricht weg" titelt 2024 eine große Tageszeitung[1] und bezieht sich dabei auf eine neue Studie, die nachweist, dass die Versorgungslücken in allen sozialen Diensten zunehmen, weil die Aufgaben steigen und die sozialen Dienste nicht entsprechend ausgeweitet werden: „Wie groß der wachsende Bedarf an sozialen Diensten aller Art ist, zeigt die Entwicklung der Beschäftigung. 2,1 Millionen bezahlte Sozialjobs waren es in Deutschland 2011. Eine Million ist seitdem dazugekommen. Aber selbst das reicht heute schon nicht mehr. Von 2012 bis 2022 habe sich die Zahl der im Sozialbereich tätigen Betriebe, die Probleme haben, Personal zu finden, auf 40 Prozent fast verdoppelt (...)" (Frankfurter Rundschau 19.3.2024). Wegen befristeter Verträge, Teilzeit- und Schichtarbeit sowie hoher Arbeitsbelastungen und häufiger Erwartung, für Kolleg:innen einzuspringen, gibt es für Erwerbstätige weniger Anreize als in anderen Bereichen. „Von allen sich kumulierenden Nachteilen betroffen sind vor allem Frauen. Im sozialen Bereich sind vier von fünf Beschäftigten weiblich, in der Gesamtwirtschaft weniger als die Hälfte. Vor allem Frauen leiden damit auch unter schlechter Bezahlung. Denn für Sozialjobs hat die Studie eine ‚Care Pay Gap', also eine Lohnlücke im Vergleich zum Schnitt anderer Branchen von 17 Prozent errechnet. Dabei erfasst wurden sogar nur Vollzeitjobs" (Frankfurter Rundschau 19.3.2024)

So viel Aufmerksamkeit erhält der Sozialbereich[2] zumeist nur, wenn die Probleme ganz massiv werden, sonst gerät er selten als gesellschaftliche Aufgabe in das öffentliche Blickfeld. Erstmals wurde dieser Bereich in der Zeit der Pandemie 2020–2022 als „systemrelevant" erkannt, insbesondere die Pflege im häuslichen Bereich, in Altersheimen und Krankenhäusern, aber auch die Betreuung von Kindern (vgl. Windheuser et al. 2022). Betreuen und Pflegen schien da kurzzeitig die Systemrelevanz von Banken, Autoindustrie und Airlines einzuholen. Für diese großen Firmen gab und gibt es in Krisenzeiten milliardenschwere staatliche Subventionen, weil sie als *too big to fail* angesehen werden. Doch warum galt und gilt der Sozialbereich nicht als *too big to*

---

1 Studie des Instituts für Arbeitsmarktforschung und des Deutschen Roten Kreuzes, Frankfurter Rundschau 19.3. 2024.

2 Der Sozialbereich umfasst alle Fürsorge- und Pflegeaufgaben, die heute als berufliche Seite des Sorgens (Englisch: care) verstanden werden.

fail? Banken und Industrie brechen zusammen, wenn sie sich ökonomisch nicht rechnen, denn sie sind auf Gewinn ausgerichtet. Sorgen wird hingegen in schwierigen Zeiten durch verstärkte unbezahlte Tätigkeit in Familien und durch ehrenamtliche Unterstützung – zumeist von Frauen – mühevoll aufrechterhalten und scheint daher selbstverständlich zu sein, denn da bricht nichts systemrelevant zusammen, aber die Arbeits- und Lebensbedingungen verschlechtern sich für Sorgetätige und Sorgenehmende immens. Hierin zeigt sich die unterschiedliche Wertschätzung von profitorientierter Produktion und lebenssichernder Reproduktion der Generationenabfolge in unserer Gesellschaft (vgl. Aulenbacher et al. 2021).

Lebenssichernde Reproduktion, d.h. Fürsorglichkeit und Pflege, ist eine unabdingbare Notwendigkeit für menschliches Leben und verweist auf menschliche Bedürftigkeit und Verletzlichkeit. Eine Möglichkeit, mit dieser Tatsache umzugehen, ist, die daraus entstehende Angewiesenheit aller Menschen auf Sorgen als sich-irgendwie-erledigend hinzunehmen oder gar zu ignorieren, solange keine größeren Konflikte ausbrechen. Hingegen erscheint das Streben nach Autonomie in westlichen Kulturen als Krönung individueller menschlicher Entwicklung, die lange Zeit vor allem Männern vorbehalten war. Das ignoriert aber, dass menschliches Überleben an hinreichende Sorge für jeden Einzelnen und für den gesellschaftlichen Zusammenhalt geknüpft ist und Menschen aller Alters-, Geschlechts-, Nationalitäts- und Ethnie-Zugehörigkeiten einander lokal, national und zunehmend auch international bedürfen, d.h. wechselseitig interdependent[3] sind. Vor allem die weltweite Corona-Pandemie hat die globale Dimension der Herausforderungen gegenseitiger Sorge deutlich gemacht: Unsere Gesellschaft ist nicht nur abhängig von ausländischen Hilfs- und Pflegekräften, weltweiten medizinischen Produktionsorten und Lieferketten, sondern mitverantwortlich für menschenwürdige Lebensmöglichkeiten überall auf der Welt.

I. Was meint Sorgen und Sorgetätigkeit genauer?

Alle Menschen bedürfen am Anfang ihres Lebens, viele zwischenzeitlich und sehr viele am Ende ihres Lebens der Sorge, wie auch immer diese gesellschaftlich organisiert und kulturell verankert ist (vgl. Nussbaum 2003). Wie der zitierte Zeitungsartikel zeigt, sind es zumeist Frauen, die diese Sorge in fami-

---

3 Interdependent meint, dass Menschen aufeinander angewiesen sind und davon niemand ausgeschlossen ist.

lialen sowie beruflichen Kontexten übernehmen. In der öffentlichen Meinung wird Sorgen oft mit einfachster, kaum bemerkenswerter Tätigkeit gleichgesetzt, wie sich in dem traditionellen Bonmot niederschlägt: Was hast du denn den ganzen Tag gemacht, Liebling? – als Frage des von der Erwerbsarbeit zurückkehrenden Mannes an seine zu Hause arbeitende Frau. Wie komplex und voraussetzungsvoll Sorgen ist, zeigt hingegen die seit rund 40 Jahren international von Wissenschaftler:innen und Aktivist:innen geführte Care-Debatte. Danach enthält Sorgen (Care) einen aktiv tätigen und einen emotionalen Aspekt und bedarf der Selbstsorge als Teil der Aufgabe des Sorgens für andere (vgl. Chamberlayne 1996). Zudem ist Sorgen immer in einen sozialpolitischen und kulturellen Rahmen eingebettet, der die Gestaltungsmöglichkeiten des Sorgens mitbestimmt. Noch differenzierter fasst Joan Tronto (1994) Sorgen als einen vierphasigen Prozess: *caring about* als Erkennen eines individuellen oder gruppenbezogenen Sorgebedarfes, *taking care of* als Verantwortungsübernahme für den erkannten Bedarf, *care-giving* als unmittelbare Tätigkeit des Sorgens und *care-receiving* als Umgang der versorgten Person mit der erfahrenen Sorge. Sorgen steht somit für eine zwischenmenschliche Tätigkeit, die auf einer Ko-Produktion von Sorgegebenden und Sorgenehmenden zur Bewältigung von Aufgaben der Daseinssicherung beruht. Entsprechend geht Sorgen mit Gefühlen einher, vom Wunsch nach guter Versorgung bis zur Angst vor Abhängigkeit respektive Überforderung.

Die Tätigkeitsbereiche des Sorgens schließen familiale, zivilgesellschaftliche und institutionalisierte Fürsorge und Pflege ein, d.h. Gesundheitsversorgung, Erziehung und Betreuung im Lebenszyklus (Kinder, pflegebedürftige Menschen, alte Menschen) sowie personenbezogene Hilfen in schwierigen Lebenslagen und im Alltag (von Beratungsangeboten bis zur Unterstützung von wohnungslosen Menschen). Trotz ihrer Bedeutung im Leben aller Menschen wird diese Arbeit oftmals gar nicht oder schlechter bezahlt als vergleichbare Aufgaben, zudem muss auf der beruflichen Ebene um professionelle Anerkennung gerungen werden, und in familialen Kontexten ist sie viel weniger in sozialstaatliche Absicherungen von Lebensrisiken (wie Rente) eingebunden als Erwerbsarbeit (vgl. Theobald 2008). Die darin enthaltene geringe Wertschätzung dieser Tätigkeit trifft die mehrheitlich dort tätigen Frauen ebenso wie dort tätige Männer.

Sorgen und Sorgearbeit unterliegen als Vorstellung und als Tätigkeit historisch wechselnden kulturellen Ideen und Maßgaben, die zu unterschiedlichen Konstruktionen mehr oder weniger aufeinander abgestimmter beziehungsweise miteinander konkurrierender Bereiche familialer, freiwilliger und beruflicher

Tätigkeiten geführt haben (vgl. Maurer 2001). Das hat z. B. die langjährige westdeutsche Debatte über sogenannte „Rabenmütter" gezeigt, die einer Erwerbsarbeit nachgehen und sich nicht ganztägig um ihre Kinder kümmern. Historisch konstant ist jedoch die weitgehend ungebrochene Zuordnung unmittelbarer Fürsorge- und Pflegetätigkeit zum weiblichen Geschlecht auf der Basis einer spannungsreichen Verquickung von Frauen zugeschriebenen Fähigkeiten wie „Mütterlichkeit" und zu erwerbenden Kenntnissen (vgl. Rabe-Kleberg 1996). Sorgetätigkeiten haben somit einerseits den Charakter einer strukturellen Zumutung an Frauen – oftmals einhergehend mit beschränkter gesellschaftlicher Teilhabe am öffentlichen Leben, andererseits stellt Sorgen eine soziale Praxis dar, die sich viele Frauen mit ihrer Orientierung auf den zwischenmenschlichen Bereich und die Familie zu eigen machen und die auch ihre Berufswahl mitbestimmen.

II. Entwicklung feministischer Kritik an gesellschaftlichen Organisationsweisen des Sorgens

Die Kritik an der gesellschaftlichen Nichtbeachtung beziehungsorientierter, Frauen zugeschriebener Sorgetätigkeiten und die Forderung nach deren Anerkennung als Arbeit wurde in den späten 1970er-Jahren von der internationalen Frauenbewegung angestoßen. Im Vordergrund stand zunächst die Kontroverse um Hausarbeit mit dem als Kampfbegriff gemeinten Slogan „Lohn für Hausarbeit" (vgl. Bock/Duden 1977). Eine erste empirische Studie in Deutschland wurde von Silvia Kontos und Karin Walser (1979) veröffentlicht mit dem Titel: „Weil nur zählt, was Geld einbringt. Probleme der Hausfrauenarbeit". Im Kontext dieser Debatte um nicht bezahlte Frauenarbeit gewannen Begriffe wie „Beziehungsarbeit" und „Gefühlsarbeit" für die unsichtbare Tätigkeit von Frauen frauenpolitische Popularität, um dieser Tätigkeit die ihr zukommende Bedeutung zuzumessen. Bezogen auf Frauenerwerbsarbeit im sozialen Bereich gab die „Sozialarbeiterinnengruppe Frankfurt" (1978) einen viel diskutierten Beitrag heraus: „Die weiblichsten Frauen der Nation. Sozialarbeiterinnen: Gefühlsarbeit". Darin setzten sie sich mit der als selbstverständlich betrachteten gesellschaftlichen Erwartung auseinander, dass Frauen ihre Gefühle im Sinne von emotionaler Zuwendung zur Verfügung stellen. Eine der ersten Studien zu Pflege führten Ilona Ostner und Elisabeth Beck-Gernsheim (1979) mit einem ähnlichen Tenor durch: „Mitmenschlichkeit als Beruf, eine Analyse des Alltags in der Krankenpflege". In dieser Studie arbeiteten die beiden Forscherinnen anhand von Interviews geschlechtsspezifisch differierende Ansprüche an Berufstätigkeit heraus und prägten den Begriff eines in die berufliche Tätigkeit von Frauen einfließenden und gleichwohl unbenannt bleibenden „weiblichen Arbeitsvermögens", das auf geschlechtsspezifischen Sozialisationsbedingungen beruhe und stillschweigend vorausgesetzt werde. Das bedeutet, dass Fähigkeiten wie Zuwendung und Kontaktaufnahme weder gelernt noch bezahlt werden müssen.

In den 1980er-Jahren rückte vor allem in britischen Studien die wohlfahrtsstaatliche Verankerung des Sorgens von Frauen unter dem Slogan *labour and love* in den Vordergrund, der ebenfalls auf die als selbstverständlich erachtete Inanspruchnahme weiblicher Gefühle und weiblicher Arbeit insbesondere im Kontext von Familie und Ehrenamt verwies. Die Verknüpfung von Arbeit und Liebe wurde als Falle für Frauen kritisiert, die in vielen westlichen Ländern nicht – oder schlechte Bezahlung rechtfertige (vgl. Finch/Groves 1983). Nach langen – vor allem für und von informell, zumeist familial pflegenden Ehefrauen geführten – Kämpfen (wie öffentlichen Aktionen) gewannen beschwerdeführende Britinnen vor dem Europäischen Gerichtshof einen Prozess gegen den britischen Staat, der Ehefrauen nicht die staatliche Unterstützung zukommen lassen wollte, die ansonsten häuslichen Pflegekräften zugesprochen wurde, da dies eheliche Aufgaben seien. Zeitgleich untersuchte in den USA Arlie Hochschild (1983) in ihrer aufsehenerregenden Studie „the managed heart" die Anforderung permanenten Lächelns in vielen über den Sorgebereich hinausgehenden Frauenberufen – z. B. an Stewardessen – als *emotional work*. Diese Untersuchungen zu unbezahlter und bezahlter Frauenarbeit diesseits und jenseits des Care-Bereiches weisen darauf hin, wie schwierig es ist, zwischen Gefühlsausbeutung und ethisch angemessener Zuwendung in beruflichen wie auch in privaten Kontexten zu differenzieren. Professionelle fürsorgliche Praxis kann ebenso wenig wie Sorge in nicht beruflichen Bereichen auf personenunabhängiges Sprechen und zielgerichtetes Handeln reduziert werden, sonst verkommt sie zur Arbeit „am" Menschen, statt „mit" dem oder den Menschen. Es braucht eine hinreichende Anerkennung von Beziehungs- und Gefühlsarbeit als notwendigem Teil von Sorgetätigkeiten, aber gleichzeitig auch die Möglichkeit reflektierter Grenzziehung zwischen der eigenen Person und dem Anderen im Sinne notwendiger Selbstsorge.

Ein eigener Strang der politischen und wissenschaftlichen Auseinandersetzung mit Care ging in den 1990er-Jahren von weiteren nordamerikanischen Wissenschaftlerinnen aus, die sich aus demokratietheoretischer Perspektive mit der Trennung von öffentlicher und privater Sphäre in der Gesellschaft auseinandersetzten. Denn diese Trennung macht zum einen die Arbeit von Frauen im sogenannt privaten Bereich unsichtbar und zum anderen legitimiert sie ihre Nichtbezahlung. Das führte dazu, dass Männer aufgrund ihrer Erwerbsarbeit als „unabhängig" und Frauen, die oft nur Teilzeit erwerbstätig oder ausschließlich in der Familie tätig waren, als abhängig galten – nämlich vom Einkommen des Mannes. Daher analysierten sie die Kategorie Abhängigkeit (*dependency*) und zeigten am Beispiel sogenannter *welfare mothers* (Mütter, die soziale Unterstützung erhalten), wie diese Frauen in der öffentlichen Debatte als „unberechtigte" Nutznießerinnen von Wohlfahrtsleistungen diskriminiert wurden, die nichts zur gesellschaftlich notwendigen Arbeit beitragen würden, obwohl sie als Mütter Care-Leistungen erbringen, was unterschlagen wurde (vgl. Fraser/Gordon 1994).

In den 1980er/1990er-Jahren wurden von Wissenschaftler:innen auch in Deutschland unterschiedliche Wohlfahrtsmodelle bezogen auf die Organisation der Sorgearbeit untersucht. Dabei verglichen sie das deutsche Modell kritisch mit anderen europäischen, vor allem den skandinavischen Staaten (vgl. Beckmann 2014). Im Vergleich zu Skandinavien war der Ausbau professioneller sozialer Dienstleistungen in Deutschland eher gering, der Anteil familialisierter – qua Steuerpolitik und Transferzahlungen gestützter – Sorgearbeit relativ groß, was insbesondere in Westdeutschland zur hohen Teilzeitbeschäftigung von Frauen führte. Zudem nahm in dieser Zeit die Niedriglohnarbeit im Haushaltssektor in Deutschland schnell zu. In den folgenden Jahren wurde auch in skandinavischen Ländern ein Teil der sozialen Leistungen abgebaut, was Niedriglohnarbeit beförderte. In vielen westeuropäischen Ländern wird der zunehmende Bedarf an Sorgearbeit in privaten Haushalten – mangels ausreichender und bezahlbarer institutionalisierter Angebote – durch oft prekäre, schlecht bezahlte und teils illegalisierte Arbeit von Migrantinnen aus armen Ländern gedeckt (vgl. Lutz/Benazha 2022). Zu der seit den 1990er-Jahren wachsenden Versorgungslücke in Deutschland, ebenso wie in vielen anderen Industriestaaten, haben maßgeblich folgende Faktoren des sozialen Wandels beigetragen, die einen schnelleren sozialen Ausbau erfordert hätten:

- die demografischen Veränderungen durch eine immer älter werdende Bevölkerung,
- die steigende Erwerbstätigkeit von Frauen und
- die Veränderung von Familienstrukturen (Zunahme von Einpersonenhaushalten, Alleinerziehenden, gesteigerte Mobilität).

III. Care als verkanntes Herzstück des Wohlfahrtsstaates

Seit der Jahrtausendwende nehmen Care-Theoretikerinnen verschiedener Länder verstärkt die sozialpolitische Bedeutung des Care-Defizits und die Regierungsweisen von Care als Gesamtheit kritisch in den Blick, wie z. B. in Deutschland die Soziologin Ute Gerhard (2014). Für beruflich und privat Sorgeleistende werden auf der Basis von Gleichberechtigung und Anerkennung soziale Bürgerrechte (*social citizenship*) gefordert, d.h. eine umfassende sozialstaatliche Infrastruktur mit schützender gesetzlicher Rahmung und hinreichender sozialer Absicherung für alle Sorgeleistenden einschließlich Migrantinnen. Auch die Bedürfnisse und Sichtweisen von Sorgenehmenden werden gleichberechtigt in Fragen der Teilhabe und Gleichstellung einbezogen, indem sie in der Rolle von Akteur:innen und nicht als Abhängige gesehen werden. Diese Care innewohnenden Gerechtigkeitsfragen werden zunehmend nicht nur mit der Kategorie Geschlecht, sondern auch mit Kategorien wie Schicht und Ethnie im Sinne einer intersektionalen Perspektive verknüpft, die differenziertere Analysen der Funktionsweise von Wohlfahrtsstaaten ermöglichen, da sie mehrere Ungleichheitsfaktoren gleichzeitig in den Blick nehmen (vgl. Lutz/Benazha 2022). Damit ist die Forderung nach Anerkennung von Care als eine der zentralen gesellschaftlichen Aufgaben und als notwendige zwischenmenschliche Tätigkeit zum Ausgangspunkt einer umfassenden Kritik am derzeitigen, eher neoliberal ausgerichteten Gesellschaftsmodell geworden. Um das aufzuzeigen, sollen zwei Diskursstränge beispielhaft skizziert werden: Erstens die Erweiterung des Arbeitsbegriffes und damit einhergehend die gerechte Aufteilung von Arbeit und zweitens die Aufdeckung des transnationalen Charakters von Care-Arbeit insbesondere in westlichen Industriegesellschaften.

III.1. Erweiterung des Arbeitsbegriffes

Nur wenn in die Definition von Arbeit auch bislang unsichtbare und nicht bezahlte Tätigkeiten einbezogen werden, zeigt sich die im Sinne von Gerechtigkeit notwendige Umverteilung der „ganzen Arbeit", einschließlich angemessenen Entgelts und sozialstaatlicher Gleichstellung aller Formen der Arbeit (vgl. Nickel 2008). Auf der gesetzlichen Ebene haben in Deutschland neue

Kitagesetze (zuletzt 2023)[4], Elterngeld- und Elternzeitgesetz (2015)[5] und das Pflegestärkungsgesetz (zuletzt 2023/2024)[6] (Aufstockung und Flexibilisierung von Pflegezeiten und Pflegetransferleistungen) einige Verbesserungen bezogen auf die Anerkennung von Arbeit im Care-Bereich gebracht. Anknüpfen lässt sich auch an den Zweiten Gleichstellungsbericht der Bundesregierung von 2017 mit dem Titel „Erwerbs- und Sorgearbeit gemeinsam neu gestalten"[7], der von einer notwendigen Verknüpfung von Erwerbs- und Sorgearbeit ausgeht („Erwerb-und-Sorge-Modell") und eine Aufwertung der SAGHE-Berufe (Soziale Arbeit, haushaltsnahe Dienstleistungen, Gesundheit und Pflege, Erziehung) vorsieht (vgl. Berghahn 2017). Hingegen führt das sich immer mehr durchsetzende, vorgeblich geschlechtsunspezifische Familienmodell allgemeiner Erwachsenenerwerbstätigkeit (*adult worker model*), das von einer Teilnahme aller – sich selbst versorgender – Erwachsener ausgeht (vgl. Oschmiansky/Kühl/Obermeier 2020), erneut zur Unsichtbarkeit privater und weiterhin mehrheitlich von Frauen geleisteter familialer Sorge. In diesem neuen Modell, welches das alte Familienernährer-Modell (Erwerbsarbeit des Mannes und Hausarbeit der Frau) ablöst, wird Sorgen nur mehr als abrufbare Dienstleistung betrachtet. Das steht aber im Widerspruch zu den Bedürfnissen vieler zu Versorgender und Sorgender z. B. bezogen auf Kinder, die immer auch familiale Fürsorge (einschließlich Pflegefamilien etc.) brauchen, und auf alte Menschen, die sich eine persönliche Betreuung, oft auch von Familienangehörigen, wünschen und vor allem keine engen Zeitrahmen wollen, die individuellen Bedürfnissen keinen Raum geben (vgl. Jurczyk 2020, 7. Altenbericht 2017[8]). Zur Befriedigung der vielfältigen Sorgebedürfnisse von Menschen braucht es hingegen, wie im Zweiten Gleichstellungsbericht gefordert, Mischmodelle der Ermöglichung von privater Sorgetätigkeit und professionelle öffentliche Unterstützungsangebote, die beide derzeit noch erhebliche Lücken aufweisen.

III.2. Transnationalität von Sorgearbeit

Immer deutlicher wird der transnationale Charakter von Care in Zeiten der Globalisierung, die Veränderung von Gesellschaftsstrukturen mit sich bringt.

---

4   https://www.bmfsfj.de/bmfsfj/themen/familie/kinderbetreuung/fuer-gute-kinderbetreuung-bund
    esweit-das-kita-qualitaetsgesetz-209046, 3.6.2024.
5   https://www.bmfsfj.de/bmfsfj/service/gesetze/gesetz-zum-elterngeld-und-zur-elternzeit-73806,
    3.6.2024
6   https://www.bundesgesundheitsministerium.de/presse/pressemitteilungen/das-aendert-sich-202
    4-in-gesundheit-und-pflege-pm-15-12-23, 3.6.2024.
7   https://www.bmfsfj.de/bmfsfj/service/publikationen/zweiter-gleichstellungsbericht-119796,
    3.6.2024.
8   https://www.bmfsfj.de/resource/blob/120144/2a5de459ec4984cb2f83739785c9c8d6/7-altenbericht
    -bundestagsdrucksache-data.pdf, 30.5.2024.

In Deutschland hat vor allem Helma Lutz mit verschiedenen Teams durch antirassistische, intersektionale Studien die Verknüpfung von Geschlechterverhältnissen und Migrationsprozessen analysiert und auf die tragende Rolle insbesondere osteuropäischer Care-Arbeiterinnen hingewiesen (vgl. Lutz/Amelina 2017). Diese pflegen zumeist alte Menschen rund um die Uhr (24-Stunden-Betreuung) in Privathaushalten und ohne sie würde die Betreuung alter Menschen zusammenbrechen. Andere migrierte Frauen arbeiten in Familien mit Kindern und sind zumeist zuständig für den Haushalt und die Kinderversorgung. Ein großes Problem dieser migrantischen Care-Arbeiterinnen ist neben ihrer oftmals schlechten sozialen Absicherung ihre Isoliertheit in den Privathaushalten. Das macht es besonders wichtig, soziale Räume zu schaffen, in denen sich die Frauen austauschen und gegenseitig stärken. Hier kann die Soziale Arbeit eine wichtige Funktion einnehmen, indem sie diese (Selbst)organisationsprozesse durch Schaffung einer entsprechenden Infrastruktur unterstützt (vgl. Bomert/Schillinger 2021). Ein weiteres mit der Transnationalität des Sorgens einhergehendes Problem ist die Abschöpfung von Ressourcen aus Ländern des Globalen Südens durch den reichen Norden. Als erste analysierte Arlie Hochschild (2001) den mit dieser Arbeit einhergehenden Sorgeentzug (*care drain*) von armen in reiche Länder und die in dieser Arbeit enthaltene Abschöpfung von emotionalem Mehrwert (*emotional surplus value*). Sorgearbeit von Migrantinnen führt dazu, dass im eigenen Lande Sorgetätigkeiten innerhalb und außerhalb von Familien ersetzt werden müssen durch Verwandte oder bezahlte Kräfte, da die Frauen, die vorher diese Sorgetätigkeit geleistet haben, sich jetzt in anderen Ländern um Familien und alte Menschen kümmern, denen ihre Fürsorglichkeit und Zuwendung zukommen lassen und die eigene Familie selten sehen. Das gilt auch für die emotionale Komponente des Sorgens, die jetzt primär auf die zu Versorgenden in dem aufgesuchten Land gerichtet wird. Zentral hierbei ist, dass diese Folgen nicht genügend beachtet und in die Arbeitsverhältnisse einbezogen werden durch entsprechende Entlohnungen und notwendige Arbeitszeitstrukturierungen, die derzeit eher einer neuen Form von Ausbeutung gleichkommen.

Deutlich wird in den Untersuchungen, dass Sorge-Aufgaben vor allem zwischen Frauen in reichen und armen Ländern verteilt werden, während die Rolle der Männer scheinbar unberührt und das Geschlechterverhältnis weitgehend unhinterfragt bleibt. Seit einiger Zeit wird die Forderung nach mehr Männern in Sorgetätigkeiten diskutiert und es werden entsprechende Anreize im professionellen Bereich geschaffen (vgl. Rose/May 2014). Die gängige Argumentation für Männer in Sorgeberufen ist jedoch dahin gehend zu überprüfen, inwieweit sie an Geschlechterstereotype und unterschwellige Abwertungen von Frauen anknüpfen. Das ist dann der Fall, wenn Männern bestimmte Bereiche und Aufgaben offen oder versteckt zugewiesen werden, weil Frauen das nicht so gut können würden oder wenn Frauen offen oder versteckt vorgeworfen wird, dass sie nicht in der Lage seien, sich z. B. in ihrer professionellen Arbeit um Kinder und Jugendliche aller Geschlechter gleichermaßen förderlich zu kümmern.

IV. Fürsorgerationalität als Grundlage beziehungsorientierter Sorge

Ein Ausbau professioneller Sorgetätigkeit tut not, aber nicht nach der Maxime neoliberaler Marktlogik: schneller, kürzer, billiger, sondern ausgehend von den Bedarfen sorgebedürftiger Menschen im Sinne angemessener Betreuung, der Ermöglichung von Teilhabe und der individuell erreichbaren Befähigung. Neukonzeptionen personenbezogener Dienstleistungen müssen daher neben fachspezifischer Kompetenz wenig greifbare Dimensionen bisher weiblich konnotierter Sorgetätigkeit umfassen, die Zeit kosten, Kontinuität erfordern und Interaktion voraussetzen und somit Beziehung ermöglichen: Anteilnahme, Kreativität in der Kontaktaufnahme, Umsicht, Zuspruch, Trost, Beistehen. Eine solche an Bedürfnissen ausgerichtete Sorgearbeit widerspricht der betriebswirtschaftlichen Durchstrukturierung im Minutentakt in der Pflege und der Arbeit nach zuvor festgelegten Fachleistungsstunden in der Sozialen Arbeit (vgl. Brückner 2018).

Sorgetätigkeit bedarf einer beziehungsorientierten Logik der Fürsorglichkeit, keiner personenunabhängigen Wenn-dann-Rationalität. Wenn-dann-Rationalität geht davon aus, dass es angemessen sei, bei einer bestimmten Krankheit, einer bestimmten Behinderung, einem bestimmten kindlichen Alter etc., personenunabhängig genau vorzugeben, welche Herangehensweisen des Sorgens in dieser Lage anzuwenden sind. Hingegen basiert eine fürsorgliche Care-Logik nach Kari Waerness (2000), einer norwegischen Forscherin im Gesundheits- und Sozialbereich, auf einer spiralförmig angelegten Rationalität prozessorientierter Verständigung, die Bedürfnissen unterstützter Menschen jeden Alters einen Raum gibt. Sorgende schauen, was dieser Mensch zu diesem Zeitpunkt braucht, und es gibt eine gegenseitige Verständigung darüber. Doch das wirft auch Fragen auf, wie die nach Grenzen der Erfüllung von Bedürfnissen, sowohl in der professionellen als auch der privaten Sorgetätigkeit. Diese

Grenzen beziehen sich sowohl darauf, was in den jeweiligen privaten und professionellen Rahmungen von den individuellen Sorgetätigen leistbar, aber auch was in der jeweiligen Gesellschaft finanzierbar ist, bzw. was Gesellschaften für Care-Aufgaben investieren wollen. Das Spannungsverhältnis zwischen „guter Sorge" und „guter Arbeit" lässt sich kaum auflösen, aber Entscheidungsspielräume können das Gefühl begrenzen, dass eine Hilfemaschine über Sorgenehmende hinwegrollt bzw. Sorgegebende nur ausführender Teil einer solchen Maschine sind (vgl. Ziegler 2014). Mit diesem Spannungsverhältnis von guter Sorge und guter Arbeit haben sich am Beispiel von Live-in-Care (Betreuung alter Menschen im Privathaushalt) in Deutschland, Österreich und der Schweiz in einer breit angelegten empirischen Studie Brigitte Aulenbacher, Helma Lutz und Karin Schwiter (2021) beschäftigt und sind zu dem Schluss gekommen, dass von den vermittelnden Arbeitsagenturen zwischen osteuropäischen Entsendeländern und den westlichen Aufnahmeländern zwar gute Sorge versprochen wird, ohne aber gute Arbeit gewährleisten zu können, weil es sich um strukturell entgrenzte Arbeit (24-Stunden-Betreuung) handelt, die staatlicher Regulierungen bedarf.

Zusammenfassend erfordert ein umfassendes Sorgeverständnis im Sinne der Fürsorgerationalität, sich kritisch mit vorhandenen Sorgeverhältnissen auseinanderzusetzen, denn gelingende Sorge braucht:

- einen haltgebenden Rahmen mit ausreichend Gestaltungsspielraum,
- ein von beziehungsorientierter Aktivität Sorgegebender und Sorgenehmender geprägtes Handlungsfeld,
- eine normative Basis gegenseitiger Akzeptanz und Möglichkeiten der Wahrung des eigenen Selbst (vgl. Brückner 2021).

Zudem bedarf es hinreichender materieller und zeitlicher Ressourcen und einer im Arbeitsauftrag abgesicherten Beziehungsorientierung einschließlich der Anerkennung der emotionalen Anstrengung dieser Arbeit (vgl. Gahleitner 2017).

V. Bedeutung von Care für die Soziale Arbeit

Soziale Arbeit ist Teil der – historischem Wandel unterliegenden – gesellschaftlichen Gesamtkonstruktion zwischenmenschlicher Sorgetätigkeit, eingebettet in die Trias Sozialstaat, Erwerbsarbeit und Familie (vgl. Thiessen 2020). Für Soziale Arbeit ist insbesondere in Zeiten der derzeitigen Reproduktionskrise[9] und der damit einhergehenden Vermarktlichung aller Lebensbereiche das Ringen um menschliches und gerechtes Sorgen in zweierlei Hinsicht von großer struktureller Bedeutung:

- Zur Bestimmung ihres Aufgabenbereichs als Teil der Gesamtheit gesellschaftlicher Sorge,
- zur Auseinandersetzung mit ihrer Praxis als Teil sorgender Handlungsweisen.

V.1. Soziale Arbeit als Teil gesellschaftlicher Sorge

Angesichts neuer bzw. ausgeweiteter Aufgabenfelder (frühe Hilfen, Jugendhilfe, Arbeit mit Geflüchteten etc.) scheint eine Neuaufteilung von Care-Tätigkeiten unter Einschluss Sozialer Arbeit über einzelne Care-Bereiche und Professionsgrenzen hinaus sinnvoll, um Lücken zu schließen und Doppelstrukturen abzubauen. Dazu gehört das Mitdenken umfassender sozialräumlicher Vernetzungen und eine Orientierung an Bedarfen und Unterstützungen zur Lebensbewältigung und nicht eine Orientierung an ökonomistisch verkürzter *employability* (Beschäftigungsfähigkeit) und auch nicht an weiterer Verdichtung von Arbeitsprozessen (vgl. Thiessen 2015).

Neue Vorstellungen des Zusammendenkens anfallender Aufgaben im Care-Bereich durch Verbindung der öffentlichen und der privaten Sphäre hat Arlie Hochschild schon 1995 mit ihrem *warm-modern model of care* entwickelt und in einer *public culture of care* verankert: Soziale Institutionen übernehmen Teile der Care-Aufgaben, gleichzeitig haben Frauen und Männer genügend Zeit und den Wunsch, Care im privaten Kontext zu leisten. Diese doppelte Struktur von einerseits ausreichenden sozialstaatlichen Leistungen und andererseits umfassender Ermöglichung von Sorgetätigkeiten aller Menschen nimmt fürsorgliche Kompetenzen und Fähigkeiten geschlechtsübergreifend ernst und verschafft ihnen einen gesellschaftlichen Ort. Ähnlich plädiert Nancy Fraser (2001) für eine „universelle paritätische Betreuungsarbeit" (*universal parity care*) als Möglichkeit des Sorgens für alle Menschen, eingebettet in sozialstaatliche Sicherungen. Dazu gehört, dass Wünsche nach privater Sorge ernst genommen und Interessen an gesellschaftlicher Teilhabe weiter ermöglicht werden. Für derartige Visionen bedarf es nach Fraser erstens eines

---

9 Reproduktionskrise meint die schwindende gesellschaftliche Möglichkeit, gut für sich und andere zu sorgen, aufgrund der fortschreitenden Ökonomisierung sozialer Leistungen und der zunehmend auf Kostensenkung ausgerichteten Gesamtwirtschaft und entsprechender Vergrößerung des Effizienz-Drucks auf Erwerbsarbeit.

Wandels der Geschlechterbilder, zweitens einer Anpassung der Arbeits- und Zeitstrukturen und drittens der sozialstaatlich regulierten Umverteilung sowie der gleichberechtigten Anerkennung von Sorge- und Erwerbsarbeit.

V.2. Die Praxis Sozialer Arbeit als Teil sorgender Handlungsformen

Sorgen enthält als soziale Praxis die Möglichkeit des Gelingens ebenso wie des Misslingens und kommt nach Elisabeth Conradi (2001: 239) einer Gratwanderung gleich „zwischen Verantwortung und Bevormundung, zwischen Selbstachtung und Achtsamkeit, zwischen Desinteresse und Überforderung". Entsprechend spricht Joan Tronto von zwei Care innewohnenden Gefahren, die ein Ringen um die jeweils angemessene Form von Care erforderlich machen: „In Care angelegt ist zum einen die Gefahr des Paternalismus – Sorgegebende wissen es besser als Sorgeempfangende – und zweitens lokale Engstirnigkeit durch den begrenzten Fokus auf diejenigen, die uns nahe sind" (Tronto 2014: 264, Übersetzung M.B.) Diese Gefahren machen darauf aufmerksam, dass Sorgen nicht per se in eine bessere Welt führt, sondern der Reflexion bedarf, wessen Bedürfnisse gedeckt werden und wessen nicht, wie Entscheidungen gefällt werden über Sorgeprozesse und wie der Austausch über diese wichtigen Fragen gesichert werden kann (vgl. Brückner 2022). Fragen wie diese muss sich auch Soziale Arbeit stellen: Wer, warum, welche Unterstützung in welcher Form und mit welchem Ziel erhält und wer nicht.

Im derzeitigen Professionsdiskurs Sozialer Arbeit ist unter Care-Gesichtspunkten ein auffälliges methodisches Problem enthalten: Handlungskompetenz wird methodisch überwiegend instrumentell verstanden (welche Tools sollen angewandt werden?). Die Gestaltung von Zwischenmenschlichkeit im Sinne einer Beziehungsorientierung rückt zunehmend in den Hintergrund. Distanz wahren scheint bedeutsamer als in Kontakt gehen und als in Kontakt bleiben durch:

- reflektierten Umgang mit eigenen und fremden Gefühlen,
- das Aufnehmen psychischer und physischer Bedürfnisse Sorgenehmender,
- Sensibilität dafür, wie jemand erreicht werden kann, und
- Mittun als Ausdruck der Anteilnahme und als Herstellen von Gemeinsamkeit.

Festzuhalten bleibt also, dass Soziale Arbeit vor allem eine Beziehungsprofession ist, angesiedelt in der Lebenswelt der Adressat:innen und ausgerichtet auf einen Care-bezogenen Alltag (vgl. Gahleitner 2017; Thiessen 2020).

VI. Fazit zur Bedeutung von Care für die Soziale Arbeit

Wachsende gesellschaftliche Problemlagen durch zunehmende soziale Spaltungen, verästelte Diversifizierungen und demokratiefeindliche Radikalisierungen erfordern von der Sozialen Arbeit kritische Analysen über sich wandelnde individuelle und kollektive Bedarfe. Zu den Erfordernissen gehören auch die Unterstützung sozialer Bewegungen als Reaktion auf diese Herausforderungen und das Erproben neuer sozialer Ansätze – beides auf der Basis verhandlungsbedürftiger, vielfältiger Vorstellungen von sozialer Gerechtigkeit und unter Berücksichtigung unterschiedlicher Kulturen des Sorgens.

Die Krise um Care macht die Grenzen derzeitiger sozialstaatlicher Gerechtigkeitskonstruktionen und derzeitiger Sozialpolitik deutlich und ebenso die Problematik eines hierarchisierten Geschlechterverhältnisses, welches die soziale Reproduktion gefährdet (vgl. Fraser 2016). Zunehmende Umstrukturierungen der Sozialpolitik in Richtung profitorientierter Privatisierung und individualisierter Selbstverantwortung sowie professionellen Sorgens in Richtung Ökonomisierung gefährden den sozialen Zusammenhalt der Gesellschaft (vgl. Atzmüller et al. 2024). Die daraus erwachsene Zuspitzung der Care-Krise erfordert eine systematische Verknüpfung einzelner Facetten des Sozialbereichs. Es braucht somit eine Gesamtschau der vielfältigen Care-Arbeitsbereiche unter Einbeziehung eines historisch und regional spezifischen Verständnisses der enthaltenen Geschlechterdimension einerseits und der in Care eingebetteten intersektionalen Dimension sozialer Ungleichheiten andererseits (vgl. Rerrich/Thiessen 2021). Eine derartige Analyse von Care basiert auf der oben dargelegten feministischen Erweiterung des Arbeitsbegriffes und auf einem Professionsverständnis Sozialer Arbeit und aller anderen Berufsfelder im Care-Bereich, das der Beziehungs- und Gefühlsebene von Care Bedeutung zumisst. Somit wird der „alltagsweltlich orientierten Beziehungsarbeit" und nicht nur den „verwaltenden, managerialen oder klinisch-therapeutischen Arbeitsfeldern" ein wesentlicher Platz eingeräumt (Rerrich/Thiessen 2021: 53). Den Nutzen der Care-Debatte für Soziale Arbeit fassen Maria Rerrich und Barbara Thiessen auf drei Ebenen zusammen und verbinden diesen Nutzen mit der Aufforderung an die Soziale Arbeit, sich in den Care-Diskurs einzumischen:

1. Auf normativer Ebene erwächst aus dem Anspruch Sozialer Arbeit, eine Menschenrechtsprofession zu sein, eine systematische Verknüpfung mit dem Anliegen von Care, dem Sorgetragen global einen zentralen gesellschaftlichen Platz zu verschaffen;

2. auf konzeptioneller Ebene verschränkt sich der Care-Ansatz mit dem disziplinären Auftrag Sozialer Arbeit, soziale Problemlagen zu verhindern und Menschen zu einem gelingenderen Leben zu befähigen;
3. auf professionspolitischer Ebene bietet der Care-Ansatz als Zusammendenken von Fürsorge-, Pflege- und Erziehungsaufgaben eine Basis für die Einforderung weiterer Zuständigkeitsbereiche Sozialer Arbeit entgegen Tendenzen neoliberaler, marktförmiger Begrenzungen von sozialen Aufgabenfeldern.

Wir brauchen somit eine soziale Konstruktion des Sorgens, die zwischenmenschliche Interdependenz als Geschlechter- und Generationen verbindende Aufgabe über alle gesellschaftlichen Differenzen und Spaltungen hinweg begreift und deren Relevanz für alle Menschen in ihrem Lebenslauf anerkennt. Und wir brauchen eine Soziale Arbeit, die in Abstimmung mit anderen Care-Professionen, mit zivilgesellschaftlichen Gruppierungen und mit privaten Unterstützungssystemen darin ihren Verantwortungsbereich sieht.

Reflexionsfragen

- Welche Bedeutung hat eine Beziehungsorientierung für das Verständnis von Care/Sorgen?
- Wie ist die gesellschaftliche Bedeutung von Care im Kontext des Wohlfahrtsstaates fassbar?
- Welche Rolle spielt die Care-Krise für die Soziale Arbeit?

Literatur

Atzmüller, Roland/Binner, Kristina/Décieux, Fabienne/Deindl, Raphael/Grubner, Johanna/Kreissl, Katharina (Hrsg.) (2024): Gesellschaft in Transformation. Sorge, Kämpfe und Kapitalismus, Weinheim/Basel: Beltz Juventa.

Aulenbacher, Brigitte/Lutz, Helma/Schwiter, Karin (Hrsg.) (2021): Gute Sorge ohne gute Arbeit? Live-in-Care in Deutschland, Österreich und der Schweiz, Weinheim/Basel: Beltz Juventa.

Beckmann, Sabine (2014): Care neu verteilt? Väter und Mütter im schwedischen, französischen und deutschen Wohlfahrtsstaat. In: Aulenbacher, Brigitte/Dammayr, Maria (Hrsg.): Für sich und andere sorgen, Weinheim/Basel: Beltz Juventa, S. 116–126.

Berghahn, Sabine (2017): Der zweite Gleichstellungsbericht der Bundesregierung – Verwissenschaftlichung und der Versuch der strategischen Bildung regierender Akteure. In: Femina Politica 26, H. 2, S. 161–166. DOI: http://dx.doi.org/10.25595/3567.

Bock, Gisela/Duden, Barbara (1977): Arbeit aus Liebe – Liebe als Arbeit und Lohn für Hausarbeit. Zur Entstehung der Hausarbeit im Kapitalismus. In: Frauen und Wissenschaft. Beiträge zur Berliner Sommeruniversität für Frauen Juli 1976, Berlin: Courage Verlag, S. 118–199.

Bomert, Christiane/Schillinger, Sarah (2021): Infrastruktur der Solidarität im Kontext transnationaler Sorgearbeit. In: Bomert, Christiane/Landhäußer, Sandra/Lohner, Eva Maria/Stauber, Barbara (Hrsg.): Care! Zum Verhältnis von Sorge und Sozialer Arbeit, Wiesbaden: Springer VS, S. 233–250.

Brückner, Margrit (2018): Gefühle im Wechselbad: Soziale Arbeit als beziehungsorientierte Care-Tätigkeit. In: Kommission Sozialpädagogik (Hrsg.): Wa(h)re Gefühle? Sozialpädagogische Emotionsarbeit im wohlfahrtsstaatlichen Kontext, Weinheim/Basel: Beltz Juventa, S. 65–79.

Brückner, Margrit (2021): Kämpfe um Care – feministische Analysen und Initiativen. In: Bomert, Christiane/Landhäußer, Sandra/Lohner, Eva Maria/Stauber, Barbara (Hrsg.): Care! Zum Verhältnis von Sorge und Sozialer Arbeit, Wiesbaden: Springer VS, S. 29–46.

Brückner, Margrit (2022): Care und Gewalterfahrungen: Die dunkle Seite der Sorgearbeit. In: Abramowski, Ruth/Lange, Joachim/Meyerhuber, Sylke/Rust, Ursula (Hrsg.): Gewaltfreie Arbeit – Arbeit der Zukunft. Loccumer Protokolle. Bd. 72/2021, Rehburg-Loccum, S. 35–44.

Chamberlayne, Prue (1996): Fürsorge und Pflege in der britischen feministischen Diskussion. In: Feministische Studien 18, H. 2, S. 47–60. DOI: https://doi.org/10.25595/630.

Conradi, Elisabeth (2001): Take Care, Grundlagen einer Ethik der Achtsamkeit, Frankfurt a.M.: Campus.

Finch, Janet/Groves, Dulcie (Hrsg.) (1983): A Labour of Love: Women, Work and Caring, London: Routledge & Kegan.

Fraser, Nancy (2001): Die halbierte Gerechtigkeit. Schlüsselbegriffe des postindustriellen Sozialstaats, Frankfurt a.M.: Suhrkamp.

Fraser, Nancy (2016): Contradictions of Capital and Care. New Left Review 100, July/August, S. 99–117.

Fraser, Nancy/Gordon, Linda (1994): „Dependency" demystified: Inscriptions of Power in a Keyword of the Welfare State. Social Politics 1, H. 1, S. 4–31. DOI: http://dx.doi.org/10.1093/sp/1.1.4.

Gahleitner, Silke (2017): Soziale Arbeit als Beziehungsprofession, Weinheim/Basel: Beltz Juventa.

Gerhard, Ute (2014): Care als sozialpolitische Herausforderung moderner Gesellschaften – Das Konzept fürsorglicher Praxis in der europäischen Geschlechterforschung. In: Aulenbacher, Brigitte/Riegraf, Birgit/Theobald, Hildegard (Hrsg.): Sorge: Arbeit, Verhältnisse, Regime – Care: Work, Relations, Regimes. Soziale Welt Sonderband 20, Baden-Baden: Nomos, S. 67–88.

Hochschild, Arlie R. (2001): Globale Betreuungsketten und emotionaler Mehrwert. In: Hutton, Will/Giddens, Anthony (Hrsg.): Die Zukunft des globalen Kapitalismus, Frankfurt a.M.: Campus, S. 157–176.

Hochschild, Arlie R. (1983): The Managed Heart, Berkeley/Los Angeles: University of California Press.

Hochschild, Arlie R. (1995): The Culture of Politics: Traditional, Postmodern, Cold-modern and Warm-modern Ideals of Care. In: Social Politics 2, H. 3, S. 331–346. DOI: https://doi.org/10.1093/sp/2.3.331.

Jurczyk, Karin (Hrsg.) (2020): Doing und Undoing Family, Weinheim/Basel: Beltz Juventa.

Kontos, Silvia/Walser, Karin (1979): „Weil nur zählt, was Geld einbringt". Probleme der Hausfrauenarbeit, Gelnhausen: Burckhardthaus-Laetare.

Lutz, Helma/Amelina, Anna (2017): Gender, Migration, Transnationalisierung. Bielefeld: transcript.

Lutz, Helma/Benazha, Aranka (2022): Transnationale soziale Ungleichheiten, migrantische Care- und Haushaltsarbeit. In: Handbuch Intersektionalitätsforschung, Wiesbaden: Springer, S. 289–302.

Maurer, Susanne (2001): Soziale Arbeit als Frauenberuf. In: Otto, Hans-Uwe/Thiersch, Hans (Hrsg.): Handbuch Sozialarbeit Sozialpädagogik, Neuwied: Luchterhand, S. 598–1604.

Nickel, Hildegard Maria (2008): Care – Black Box der Arbeitspolitik. Berliner Journal für Soziologie, H. 2, S. 185–191. DOI: 10.1007/s11609-008-0015-6.

Nussbaum, Martha (2003): Langfristige Fürsorge und soziale Gerechtigkeit. In: Deutsche Zeitschrift für Philosophie 51, H. 2, S. 179–198. DOI: 10.1524/dzph.2003.51.2.179.

Oschmiansky, Frank/Kühl, Jürgen/Obermeier, Tim (2020): Das Ende des Ernährermodells. https://www.bpb.de/themen/arbeit/arbeitsmarktpolitik/306053/das-ende-des-ernaehrermodells/, 2.6.2024.

Ostner, Ilona/Beck-Gernsheim, Elisabeth (1979): Mitmenschlichkeit als Beruf. Eine Analyse des Alltags in der Krankenpflege, Frankfurt a.M./New York: Campus.

Rabe-Kleberg, Ursula (1996): Professionalität und Geschlechterverhältnis. Oder: Was ist „semi" an traditionellen Frauenberufen? In: Combe, Arno/Helsper, Werner (Hrsg.): Pädagogische Professionalität, Frankfurt a.M.: Suhrkamp, S. 276–302.

Rerrich, Maria/Thiessen, Barbara (2021): Von Care zur Sozialen Arbeit und wieder zurück? Theoretische Überlegungen und Impulse für die Praxis. In: Bomert, Christiane/Landhäußer, Sandra/Lohner, Eva Maria/Stauber, Barbara (Hrsg.): Care! Zum Verhältnis von Sorge und Sozialer Arbeit, Wiesbaden: Springer VS, S. 47–62.

Rose, Lotte/May, Michael (Hrsg.) (2014): Mehr Männer in die Soziale Arbeit!?, Opladen/Berlin/Toronto: Barbara Budrich.

Sozialarbeiterinnengruppe Frankfurt (1978): Gefühlsarbeit. In: Sozialmagazin 9, S. 22–31.

Theobald, Hildegard (2008): Care-Politiken, Care-Arbeitsmarkt und Ungleichheit: Schweden, Deutschland und Italien im Vergleich. In: Berliner Journal für Soziologie 17, H. 2, S. 257–281. DOI: https://doi.org/10.1007/s11609-008-0018-3.

Thiessen, Barbara (2015): Soziale Arbeit und die Care-Krise. In: Sozial Extra 39, H. 1, S. 36–39. DOI: https://doi.org/10.1007/s12054-015-0002-z.

Thiessen, Barbara (2020): Impulse der Care-Theorien für die sozialarbeitswissenschaftliche Geschlechterforschung. Zum Zusammenhang von Lebenswelt, Care und Geschlecht. In: Rose, Lotte/Schimpf, Elke (Hrsg.): Sozialarbeitswissenschaftliche Geschlechterforschung, Opladen/Berlin/Toronto: Barbara Budrich, S. 57–74.

Tronto, Joan (1994): Moral Boundaries, New York/London: Routledge.

Tronto, Joan (2014): „As long as care is attached to gender, there is no justice." Interview geführt von Bernhard Weicht. In: Tijdschrift voor Genderstudies 17, H. 3, S. 259–271. DOI: https://doi.org/10.5117/TVGEN D2014.3.WEIC.

Waerness, Kari (2000): Fürsorgerationalität. In: Feministische Studien extra: Fürsorge – Anerkennung – Arbeit 18, S. 54–66. DOI: http://dx.doi.o rg/10.1515/fs-2000-s106.

Windheuser, Jeanette/Hartmann, Anna/Brückner, Margrit (2022): Systemrelevanz und Sorge – Feministische Erkundungen in und jenseits der Pandemie. In: Langer, Antje/Mahs, Claudia/Thon, Christine/Windheuser, Jeanette (Hrsg.): Pädagogik und Geschlechterverhältnisse in der Pandemie, Analyse und Kritik fragwürdiger Normalitäten. Schriftenreihe der Sektion Frauen- und Geschlechterforschung in der DGfE, Opladen/Berlin/Toronto: Barbara Budrich, S. 47–63.

Ziegler, Holger (2014): Unerbetene Hilfen. Versuch einer Begründung einiger Kriterien zur Legitimation paternalistischer Eingriffe in der Sozialen Arbeit. In: Soziale Passagen 6, H. 2, S. 253–274. DOI: http://dx.doi.o rg/10.1007/s12592-014-0178-2.

Gewalt in den Geschlechterverhältnissen. Ausmaß, Hintergründe und Bedeutung für die Soziale Arbeit

Margrit Brückner

„Ich habe ihn gehasst" – mehrere Jahre lebt Judith in Angst vor ihrem Stiefvater. Sie fürchtet um das Leben ihrer Mutter. Die Geschichte einer geraubten Jugend." So der Titel eines Zeitungsartikels von Stefan Simon (Frankfurter Rundschau, 19.2.2021) über die schrecklichen Erfahrungen von Judiths Familie (Name geändert) in einer bayerischen Kleinstadt. Ihr Stiefvater übte sowohl Gewalt gegenüber ihrer Mutter als auch gegenüber ihr selbst und ihrer Schwester aus. Als Judith 16 Jahre alt war, flohen die Mutter und ihre Töchter mit Hilfe der mütterlichen Großeltern aus dem Ort. Judith ist heute eine junge Frau von 29 Jahren und berichtet dem Journalisten: „Nach außen hin sollte immer „heile Welt gespielt" werden" (...) mein Stiefvater hat eine eigene Firma. Wir wohnten in einem Haus (...) und waren eine junge nette Familie." Wenn die Stimmung kippte und der Stiefvater begann zu treten und zu schlagen, schloss er das Fenster, damit die Nachbarn es nicht hörten. „Dann wusste ich, jetzt geht's wieder los. (...) Die Streitsituationen hatten keinen Anlass, sondern hingen von der Laune meines Stiefvaters ab. Aus seiner Sicht war immer meine Mutter schuld. Sie hätte ihn immer provoziert." Häufig versucht Judith, den Streit zu schlichten und die Eltern zu trennen, die aber teils in der Küche eingeschlossen waren. „Ich musste an die Messer denken. Ich habe immer auf den Atem meiner Mutter gehört, ob sie noch Luft bekommt. In anderen Situationen, wenn sie am Boden lag oder sich den Kopf anschlug, konnte ich das sehen und hätte eingreifen können." Der Stiefvater ist auch gegenüber Judith gewalttätig, stößt sie z. B. die Treppe herunter. Ihre blauen Flecke erklärt sie der Mutter einer Freundin damit, dass sie „tollpatschig" gewesen sei. Über Freundinnen, die auch Gewalt in ihrer Familie erleben, erfährt sie von der Möglichkeit, die Polizei zu rufen, was sie mit 14 Jahren erstmals tut. Judiths Mutter verneint gegenüber der Polizei häufigere Vorkommnisse von Gewalt, der Vater wird dennoch für einige Tage von der Polizei des Hauses verwiesen. Nach weiterer Gewalt ruft ihre Mutter in einem Frauenhaus an, will aber doch nicht alles aufgeben – Haus und Minijob in der Firma ihres Mannes. Sie weiß auch nicht, wie sie die Familie allein ernähren soll. Zudem ist sie schon einmal geschieden und will nicht schon wieder „versagen." Die von dem Journalisten ebenfalls interviewte Frauenhausmitarbeiterin sieht in diesen Bedenken eine typische Reaktion gewaltbetroffener Frauen: Geschlagen zu werden ist mit tiefer Scham verbunden und die Angst vor einem sozialen Abstieg groß. Nach dem Polizeieinsatz versucht der Stiefvater, die gegen Judiths Mutter gerichteten Gewaltausbrüche auch gegenüber Judith zu verheimlichen; sie nimmt seit der Zeit nur noch die anschließenden blauen Flecken bei ihrer Mutter wahr. „Ich wurde ein depressiver Teenager, aber gleichzeitig fing ich an zu rauchen, zu saufen und zu klauen." Ein interviewter Mitarbeiter des Kinderschutzbundes versteht Judiths Verhalten als Folge der erlebten Gewalt, die sich in unterschiedlichen Formen von Schulschwierigkeiten über selbstverletzendes Verhalten bis zu Entwicklungsauffälligkeiten zeigen kann. Judith gelingt es, sich in ihren eigenen Worten „wieder zu festigen." Hilfreich war für sie zu hören, dass selbst ihr wichtige Musiker:innen häusliche Gewalt erlitten und darüber sprachen: „Sie machten öffentlich, dass sie zu Hause auch Gewalt erlebten. Das fand ich stark. (...) Irgendwann ist das umgeschwungen, dass ich heute merke, dass diese düsteren Gedanken in meiner Jugend mich auch auf eine gute Art und Weise geformt haben." Judith hatte genügend innere Stärken und soziale Unterstützung (Freundinnen, Großeltern, (Über)Lebensgeschichten von Vorbildern), um diese Gewalterfahrungen zu überstehen.

Dass Judith heute über ihre Erfahrungen häuslicher Gewalt berichten kann, diese in einer großen Tageszeitung ausführlich wiedergegeben werden und dass Fachleute kenntnisreich dazu Stellung nehmen, ist ohne den langen Kampf der internationalen Frauenbewegung gegen geschlechtsbezogene und damit verknüpfte generationsbezogene Gewalt nicht denkbar. Die internationale Frauenbewegung hat sich seit den 1970er-Jahren dafür eingesetzt, dass Erfahrungen wie die von Judith sagbar sind, ernst genommen werden und vielfältige Unterstützungsangebote geschaffen wurden, wobei Einrichtungen Sozialer Arbeit ebenso wie Disziplin und Profession Sozialer Arbeit eine wichtige Rolle spielen (vgl. Brückner 2020). Im Folgenden soll zur Erklärung des Phänomens von Gewalt in den Geschlechterverhältnissen zunächst die Geschichte des Kampfes gegen diese Gewalt skizziert werden, um Judiths Geschichte einordnen zu können. Am Beispiel des größten Feldes geschlechtsbezogener Gewalt – häusliche Gewalt – zu der auch Judiths Fall zählt, werden anschließend Hilfeformen und Erklärungsansätze aufgeführt. Abschließend geht es um Voraussetzungen zur Eingrenzung geschlechtsbezogener Gewalt, um Erfahrungen wie denen von Judith und ihrer Familie den Nährboden zu entziehen.

I. Wie Gewalt in den letzten 50 Jahren zu einem zentralen Thema der Auseinandersetzung mit den Geschlechterverhältnissen wurde

Zunächst erfolgt ein Rückblick auf den Beginn der Auseinandersetzung mit dem Thema, dann geht es um die Erweiterung der Wahrnehmung geschlechtsbezogener Gewalt seit der Jahrtausendwende und abschließend werden internationale Aktivitäten gegen diese Gewalt geschildert.

I.1 Entstehung der Bewegung „Gewalt gegen Frauen" in den 1970er-Jahren

Die internationale Zweite Frauenbewegung hat in den 1970er-Jahren erstmals in vielen westlichen Ländern gegen das weit verbreitete, aber verschwiegene Problem körperlicher und sexueller Übergriffe von Männern gegenüber Frauen unter dem Schlagwort „Gewalt gegen Frauen" protestiert (vgl. Lenz 2011). Schläge und nicht einverständliche Sexualität galten bis dahin, wenn überhaupt, als habitualisierte Übergriffe oder gar als rechtmäßig im Sinne einer patriarchalen sozialen Ordnung zur Sicherung der Kontrolle des Mannes über die Frau. Im Zuge des gesellschaftlichen Aufbruchs der späten 1960er-Jahre haben sich Frauen dagegen zusammengeschlossen und sich erfolgreich gegen diese männliche Vorherrschaft und hierarchischen Geschlechterverhältnisse mit dem Slogan „das Private ist politisch" zur Wehr gesetzt und demokratische Strukturen auch im Privaten eingefordert. Hilfreich für die Bewusstwerdung massenhafter Gewalt gegen Frauen waren die aus den USA übernommenen *conscious raising groups*[1], in denen sich Frauen über ihre Erfahrungen austauschten. Diese machten deutlich, dass viele Frauen und Mädchen auch – beziehungsweise gerade – zu Hause nicht sicher sind. Unterschiedliche Gewaltformen wurden durch das Aufbegehren der Frauen in verschiedenen Wellen aufgedeckt:

- Vergewaltigung oft durch männliche Angehörige/Nachbarn etc., seltener durch Fremde,
- körperliche, psychische, sexuelle, ökonomische und soziale Gewalt gegen Frauen in Partnerschaften,
- sexueller Missbrauch von Mädchen mehrheitlich durch männliche Angehörige aus dem sozialen Umfeld,

---

1 Bewusstseinsbildungsgruppen, die es Frauen ermöglichten, sich über ihre bisher als „privat" geltenden, tabuisierten Erfahrungen auszutauschen und zu erkennen, dass sie nicht die einzigen sind und daraus die Kraft zu gewinnen, sich gemeinsam zu wehren.

- (Zwangs)prostitution und Frauenhandel,
- sexuelle Belästigung am Arbeitsplatz (heute: #MeToo-Bewegung[2]).

Im Kontext dieser anhaltenden Protestbewegung gegen Gewalt an Frauen begannen Aktivistinnen mit dem Aufbau von Frauen- und Mädcheneinrichtungen, um unter dem Motto „Frauen helfen Frauen" eigene Räume des Austausches und Orte des Schutzes, vor allem Frauenhäuser zu schaffen (vgl. Brückner 2019):

- 1971 gründete Erin Pizzey in London ein Frauenzentrum, das sich im Laufe eines Jahres zum ersten Frauenhaus in Europa entwickelte, weil dort immer mehr Frauen vor ihren gewalttätigen Partnern Zuflucht suchten.
- In den frühen 1970er-Jahren bauten US-amerikanische Aktivistinnen Krisenzentren für vergewaltigte Frauen auf und es zeigte sich, dass viele Frauen von ihren eigenen Männern sexuelle und physische Gewalt erlitten und nicht nur Beratung, sondern eine Unterkunft brauchten.
- 1976 wurde in Westdeutschland das erste Frauenhaus von Frauen aus der Frauenbewegung mit finanzieller Hilfe des Staates gegründet. Das erste Frauenhaus in den Neuen Bundesländern entstand 1990, denn auch in der DDR war Gewalt gegen Frauen ein bekanntes, aber verschwiegenes Problem.
- Seit den 1990er-Jahren gibt es auch in Lateinamerika und in osteuropäischen Ländern Frauenhäuser.

Die verschiedenen Facetten der Gewalt gegen Frauen – von Vergewaltigung bis sexuelle Belästigung am Arbeitsplatz – gewannen seither in unterschiedlichem Maße öffentliche Bedeutung und führten in entsprechend unterschiedlichem Umfang zu Institutionalisierungen von Hilfeeinrichtungen und neuen Berufsfeldern in der Sozialen Arbeit (vgl. Brückner 2014). Manche dieser Gewaltprobleme, wie sexuelle Belästigung am Arbeitsplatz, waren bis zur #MeToo-Bewegung 2017 fast untergegangen. Andere Probleme sind heute als interprofessionelle Berufsfelder etabliert wie „häusliche Gewalt"[3], ähnlich sexueller

---

2 Dieses Hashtag nutzten 2017 zunächst vor allem Schauspielerinnen, um auf sexuelle Übergriffe und Vergewaltigungen durch Produzenten und weitere im Showbusiness mächtige Männer aufmerksam zu machen.

3 Der Begriff „häusliche Gewalt" steht seit den 1990er Jahren für die Übersetzung des englischen Begriffs *domestic violence* und stellt einen Kompromiss dar, der die interinstitutionelle Kooperation zur Bekämpfung von zumeist männlicher Gewalt gegen Frauen in Partnerschaften ermöglichte, da er den Geschlechterbezug neutralisiert. Er bezieht sich auf die Gewalt zwischen Erwachsenen in Partnerschaften und auf davon betroffene Kinder und enthält die Dimensionen: physische Gewalt (von Stoßen über Schlagen bis zu Waffengewalt), sexuelle Gewalt (von sexueller Bedrängung bis zu Vergewaltigung), ökonomische Gewalt (vom Erwerbsarbeitsverbot bis zur Geldverweigerung),

Missbrauch, insbesondere seit Missbrauch auch von Jungen in kirchlichen und sozialen Institutionen öffentlich wurde. Wieder andere Gewaltformen erscheinen inzwischen eher als Teil eines liberalen Selbstverständnisses, davon ausgehend, dass Handeln jenseits unmittelbaren Zwangs Ausdruck von Selbstbestimmung ist. Dazu zählt freiwillige Prostitution, wobei individuelle und gesellschaftliche Voraussetzungen von Freiwilligkeit und Selbstbestimmung – im Sinne von Entscheidungsmöglichkeiten und Entscheidungsfreiheiten – zumeist nicht mitreflektiert werden (vgl. Brückner/Oppenheimer 2009). Kontrovers diskutiert wird die Frage, ob Prostitution als Ausdruck hierarchisierter Geschlechterverhältnisse zu sehen ist und eine Verletzung von Menschenrechten darstellt (in Schweden werden seit 1999 Freier bestraft, in Frankreich seit 2016) oder eine legale Erwerbstätigkeit. In Deutschland ist nach dem Prostitutionsgesetz von 2002 Sexarbeit eine Erwerbstätigkeit, die seit 2017 (Prostitutionsschutzgesetz) besonderen Anforderungen der Anmeldung und der Beratungspflicht unterliegt. Für Soziale Arbeit ist insbesondere die Armutsprostitution – derzeit vor allem von Frauen aus osteuropäischen Ländern – aufgrund der schwierigen Lebenslagen betroffener Frauen relevant (vgl. Wege 2018). Es kommen auch immer wieder für Soziale Arbeit bedeutsame weitere Gewaltformen durch gesellschaftliche Transformationsprozesse hinzu, wie digitale Gewalt, z. B. Sexting oder Stalking mithilfe neuer Medien (vgl. Brem/Fröschl 2020). Ebenso sind weitere, durch ethnische Zugehörigkeiten bedingte Formen geschlechtsbezogener Gewalt mit zunehmender Migration auch in Deutschland sichtbar geworden, wie weibliche Beschneidung, Zwangsverheiratung junger Frauen und Männer und zumeist Frauen und Mädchen betreffende familiale „Gewalt im Namen der Ehre" (vgl. Breitenbach et al. 2020). Daraus ergeben sich neue Handlungs- und Forschungsbedarfe hinsichtlich notwendiger Anpassungen von Hilfenetzen und der Eruierung von Hilfebedarfen. Von größter Bedeutung im Kontext von Gewalt gegen Frauen ist das durch die Frauenbewegung neu erschlossene Berufsfeld von Partnerschaftsgewalt und deren Auswirkungen auf die Kinder als Teilbereich häuslicher Gewalt.

---

soziale Gewalt (von systematisch Schlechtmachen bis zur Freiheitsberaubung), psychische Gewalt (von Einschüchterung über Kontaktverbote und Kontrollausübung bis zur Drohung, die Kinder wegzunehmen) (vgl. Müller/Schröttle 2004).

I.2 Geschlechtsbezogene Gewalttätigkeit und Gewalterfahrungen im Vergleich der Geschlechter seit den 2000er-Jahren

Auf die Bedeutung von Machtverhältnissen bezogen auf geschlechtsbezogene Gewalttätigkeit machte Carol Hagemann-White schon in den 1990er-Jahren aufmerksam und entwickelte den weiterführenden Begriff „Gewalt im Geschlechterverhältnis", der ein umfassenderes Verständnis dieser Gewaltform ermöglicht als der Begriff „Gewalt gegen Frauen". Denn er thematisiert das Beziehungsverhältnis und die Rollenverteilung zwischen den und innerhalb der Geschlechter: „Gewalt im Geschlechterverhältnis ist jede Verletzung der körperlichen oder seelischen Integrität einer Person, welche mit der Geschlechtlichkeit des Opfers und des Täters zusammenhängt und unter Ausnutzung eines Machtverhältnisses durch die strukturell stärkere Person zugefügt wird" (Hagemann-White 2016: 18).

Die Weltgesundheitsorganisation (2003) weist in ihrem „Weltbericht über Gewalt und Gesundheit" nach, wie eng weltweit Gewalt zwischen Menschen mit dem Geschlecht des Täters und des Opfers zusammenhängt und welche Lebensbereiche sie betrifft[4]:

- Körperverletzung und Tötung im öffentlichen Raum findet vorwiegend zwischen – zumeist jungen – Männern statt,
- Partnerschaftsgewalt – insbesondere solche mit Verletzungen – ist vor allem Gewalt von Männern an Frauen. In Deutschland wurde nach eigener Aussage jede 4. Frau schon einmal vom Partner misshandelt, wobei ein weiter Gewaltbegriff[5] zugrunde gelegt wurde (vgl. Müller/Schröttle 2004). Anhaltende Gewalt mit behandlungsbedürftigen Verletzungen oder Lebensbedrohung liegt länderübergreifend in der EU bei etwa 5 % aller Frauen (vgl. Schröttle 2017: 2). In der Hälfte der Fälle wurden von der Polizei Kinder im Haushalt angetroffen, das zeigt, wie häufig Kinder von Partnerschaftsgewalt betroffen sind. Wichtige Risikofaktoren für Partnerschaftsgewalt sind länderübergreifend die Trennungsabsicht der Frau und Gewalterfahrungen in der Kindheit.
- Bezogen auf Kinder sind Jungen eher von körperlicher Gewalt und Mädchen eher von sexueller Gewalt betroffen, beides kommt aber auch zusammen vor.

---

4 Diese Angaben wurden um einige jeweils nachgewiesene deutsche und europäische Daten ergänzt.
5 Der zugrunde gelegte Gewaltbegriff reichte von leichten Ohrfeigen bis zur Waffengewalt: 55 % der Frauen trugen bei körperlicher, 44 % bei sexueller Gewalt Verletzungen davon (blaue Flecken bis schwere Wunden), von denen jeweils 33 % medizinische Hilfen in Anspruch nahmen. Noch höher (und schwerer) war die Gewaltprävalenz bei türkischen und osteuropäischen Migrantinnen.

- Frauen werden am häufigsten als Mütter gewalttätig. Mütter und Väter sind in Deutschland etwa in gleichem Umfang gewalttätig, wobei Frauen viel stärker in die Kindererziehung eingebunden sind (vgl. GiG-net 2008).
- *Teen Dating Violence* ist (nicht nur nach deutschen Studien) sowohl bei Jungen als auch bei Mädchen erschreckend häufig (vgl. Blättner/Schultes 2018). Das reicht von Übergriffen bis hin zu Gewalt, wobei Mädchen bei allen Formen häufiger betroffen sind.[6] Geschlechtsbezogen sehr unterschiedlich werden die Wirkungen dieser Erfahrungen von den Betroffenen eingeschätzt: Jungen berichten sehr viel seltener von negativen Auswirkungen, was sowohl mit ihrem Männerbild als auch dem geringeren Grad von Grenzüberschreitung zusammenhängen kann. Befragte Mädchen und Jungen, die in der Familie körperliche Gewalt erlebten, waren insgesamt häufiger *Teen Dating Violence* ausgesetzt.

Seit der Jahrtausendwende gibt es in Deutschland, ebenso wie in anderen Ländern, Kontroversen insbesondere zur Verteilung der Gewalttätigkeit der Geschlechter in Partnerschaften, deren Gemeinsamkeiten und Unterschiede (vgl. Hagemann-White/Lenz 2002). So entbrannte ein Disput zwischen feministisch orientierten Genderforscher:innen und teils antifeministischen Männerforschern, die Frauen nicht nur als gleichermaßen gewalttätig ansehen, sondern daraus das Ende der Förderung von Frauenhäusern und die Vorrangigkeit von Väterrechten bei Trennungen ableiten (vgl. Fiedeler 2020). Die damit verbundene These der Geschlechtersymmetrie geschlechtsbezogener Gewalt wird von feministischen Forscher:innen weiterhin zurückgewiesen, da Frauen nicht nur strukturell aufgrund männlicher Vorherrschaft abhängiger sind, sondern auch sehr viel häufiger bei körperlicher Gewalt Verletzungen davontragen, andauernde Misshandlungen erleiden und sehr viel häufiger Opfer sexueller Gewalt werden (vgl. Schröttle 2020). Es hat sich aber für eine differenzierte Analyse als hilfreich erwiesen, verschiedene Formen von Partnerschaftsgewalt zu unterscheiden, da sie Gemeinsamkeiten und Unterschiede zwischen den Geschlechtern deutlich machen (vgl. Johnson 1995):

- Leichtere Übergriffe als Teil spontanen Konfliktverhaltens im Kontext von Alltagsauseinandersetzungen zwischen etwa gleich mächtigen Beteiligten, die von beiden Partnern tendenziell gleich häufig ausgeübt werden, und

---

6 Diese häufigere Betroffenheit von Mädchen wird von der neuen Studie von Schemmel/Goede/ Müller (2024) bestätigt, die auch internationale Ergebnisse vergleichend heranzieht, insbesondere bezogen auf sexuelle Gewalterfahrungen.

■ Misshandlungsbeziehungen mit schwereren Gewalt- und Kontrollhandlungen zwischen zwei ungleich mächtigen Partnern, in denen sehr viel häufiger Männer als Frauen die Täter sind, insbesondere bei sexueller Gewalt.

Erste (nicht-repräsentative) Forschungsergebnisse Anfang der 2000er-Jahre verwiesen darauf, dass Männer in Deutschland etwa gleich häufig mindestens einmal körperliche Gewalt durch Partner:innen erleiden würden (vgl. Jungnitz et al. 2007), wenn z. B. Formen wie „wütend wegschubsen" dazugerechnet werden. Nach einer neuen Dunkelfeldstudie[7] Anfang der 2020er-Jahre (vgl. Schemmel/Goede/Müller 2024: 186) erfuhren die befragten Männer (von denen die große Mehrheit (89,6 %) ausschließlich heterosexuell lebt) in den letzten 12 Monaten – überwiegend selten und häufiger mehrere Gewaltformen überlappend – vor allem nicht-körperliche Übergriffe wie psychische Gewalt (23,6 %) und Kontrollverhalten (13,8 %), aber auch körperliche Gewalt (13,8 %) und sehr viel seltener sexuelle Gewalt (3,4 %). Deutlich wurde auch, wie in anderen internationalen Studien, dass es einen erheblichen *Victim-Offender-Overlap* gibt (vgl. Schemmel/Goede/Müller 2024: 187), d.h. eine Gleichzeitigkeit von Opfer- und Täterstatus: „Über ein Drittel der Befragten (39,5 %) war sowohl schon einmal Täter als auch Opfer von Partnerschaftsgewalt. Opfer, aber kein Täter, waren lediglich 14,3 % und nur Täter, aber kein Opfer, waren 12,5 %. Zudem waren insgesamt drei von vier Betroffenen (ca. 72 %) selbst mindestens einmal Täter gewesen" (Schemmel/Goede/Müller 2024: 188). Die Mehrheit dieser Männer hat ebenso wie gewaltbetroffene Frauen in der Kindheit Gewalterfahrungen in der Familie gemacht.

Hinsichtlich der Gewalttätigkeit von Frauen in Partnerschaften sowohl gegenüber Partnern als auch Partnerinnen weisen nationale und internationale Studien ebenfalls auf die schon genannten geschlechtsspezifischen Differenzen hin (vgl. Gulowski 2020): Männer üben häufiger als Frauen körperliche Gewalt aus, vor allem solche mit Verletzungsfolgen, Frauen üben häufiger verbale Gewalt aus. Dass Frauen häufiger als Männer Waffen einsetzen, hängt nach Rebecca Gulowski (2020) oft mit der Abwehr weiterer Gewalt des Partners zusammen, denn die Mehrheit der Frauen, die physisch gewalttätig wird, erlebt selbst Gewalt durch ihren Partner. Diese Frauen neigen zu einer ambivalenten Selbstwahrnehmung als Täterin und als Opfer, einhergehend mit starker Selbstabwertung, während gewalttätige Männer eher zur Abwertung ihrer Partnerin neigen. Gulowski schließt daraus, dass in Untersuchungen zur Partnerschaftsgewalt Opfererfahrungen in Täterstudien und ebenso eigene

---

7   Die Daten wurden mithilfe einer Einwohnermeldeamtsstichprobe von gut 1200 Männern ermittelt.

Gewaltausübungen in Opferstudien einbezogen werden sollten, denn Gewalt könne nicht als Einzelphänomen verstanden werden, sondern als Teil einer Dynamik der Beziehung.

Auch können Männer wie Frauen in gleichgeschlechtlichen Beziehungen Gewalt gegeneinander ausüben (vgl. Ohms 2008). Menschen, die eine Geschlechteraufteilung in Frauen und Männer ablehnen und queer leben, erleiden ebenfalls Gewalt, und zwar nicht nur in Partnerschaften, sondern auch weit überdurchschnittlich im öffentlichen Raum, wenn sie sichtbar aus der normativ aufgeladenen Geschlechterordnung herausfallen. Das bedeutet, dass heute Gewalt in Partnerschaften nach Constance Ohms (2020) nicht nur als Problem zwischen den Geschlechtern verstanden werden kann, sondern als Folge von Hierarchisierungsprozessen in Partnerschaften. Dazu zählen: sozialer Status, Herkunft, Aufenthaltsstatus, Hautfarbe, körperliche oder psychische Beeinträchtigungen und Prozesse der Selbstabwertung, die auf verinnerlichter Homo- oder Transnegativität beruhen. Hintergrund dieser Selbstabwertung ist nach Ohms die erfahrene gesellschaftliche Diskriminierung und Ausgrenzung nicht heteronormativer Menschen und der daraus erwachsende Normierungsdruck.

I.3 Internationale Aktivitäten gegen geschlechtsbezogene Gewalt mit dem Fokus auf Gewalt gegen Frauen und deren Auswirkungen in Deutschland

Dem Problem der Gewalt gegen Frauen haben sich seit Mitte der 1990er-Jahre internationale Organisationen wie die Vereinten Nationen (UNO), die Weltgesundheitsorganisation (WHO), die Europäische Union (EU) und der Europarat (ER) angenommen und zu einer Frage der Menschenrechte und der Gesundheitssicherung gemacht (vgl. Brückner 2010). Einen Meilenstein stellte 1995 die erstmalige Thematisierung von Gewalt gegen Frauen auf der Weltfrauenkonferenz in Peking dar. In Europa wurde 1994 das europäische Netzwerk WAVE (Women against Violence Europe) mit Sitz in Wien gegründet. Die EU legt seit 1997 Programme gegen Gewalt an Frauen, Kindern und Jugendlichen zur Förderung von Kooperationsprojekten, Forschungsprogrammen und Kampagnen auf. Der Europarat hat 2011 die völkerrechtlich verbindliche Istanbul-Konvention, das „Übereinkommen des Europarates zur Verhütung und Bekämpfung von Gewalt gegen Frauen und häuslicher Gewalt"[8]

---

8   In der Konvention (Europarat 2011: 5) wird der Begriff „Gewalt gegen Frauen" „als eine Menschenrechtsverletzung und eine Form der Diskriminierung der Frau verstanden und bezeichnet alle Handlungen geschlechtsspezifischer Gewalt, die zu körperlichen, sexuellen, psychischen oder wirtschaftlichen Schäden oder Leiden bei Frauen führen oder führen können, einschließlich der Androhung

verabschiedet, in der Gewalt gegen Frauen als Menschenrechtsverletzung bezeichnet wird. Die Istanbul-Konvention ist 2018 in Deutschland in Kraft getreten.[9] Bisher haben sich 37 Staaten des Europarates verpflichtet, Beratung, Schutz und Rechtsmittel für gewaltbetroffene Frauen zu gewährleisten, und seit Juni 2023 hat auch die EU diese Konvention ratifiziert. Wie brisant die darin enthaltenen Forderungen sind, zeigt sich daran, dass z. B. die Türkei 2022 aus der Konvention, die von der Gleichheit der Geschlechter ausgeht und Frauen vor Gewalt schützen will, rechtswirksam wieder ausgetreten ist. Die Regierung Erdogan sieht die traditionelle Familie und die traditionelle Geschlechterstruktur gefährdet, was vehemente Proteste weltweit und insbesondere in der türkischen Frauenbewegung ausgelöst hat.[10]

Die Istanbul-Konvention (Europarat 2011) verpflichtet die Staaten durch ein ganzheitliches Konzept zu umfassenden Maßnahmen wie: Koordinierung aller Akteur:innen; Prävention, Schutz und Beratung; (rechtliche) Interventionen und angemessene Finanzierung. Zusammengefasst bedeutet das

1. Einrichtung von Koordinierungsstellen zur Umsetzung der vorgesehenen Maßnahmen, zur Beobachtung und Bewertung der Umsetzung auch mithilfe von Datensammlungen und Analysen und zur Verbreitung der Ergebnisse.

2. Umfassende Prävention und Bewusstseinsbildung mit dem Ziel der Veränderung sozialer und kultureller Verhaltensmuster von Frauen und Männern durch Aktionen, Programme und Informationsvermittlung, durch Verankerung in Bildung und Fort- und Ausbildung relevanter Berufsgruppen, durch umfassende Täterprävention und Medien- und Öffentlichkeitsarbeit.

3. Schutz und Unterstützung von Frauen vor Gewalt durch ein ausreichend finanziertes und langfristig gesichertes Unterstützungssystem, das für alle Betroffenen von Gewalt gegen Frauen und häuslicher Gewalt gut zugänglich, niedrigschwellig und regional verteilt ist. Darin eingeschlossen ist bei häuslicher Gewalt die Unterstützung von Männern sowohl als Opfer als auch als Täter durch Beratungs- respektive Trainingsangebote. Ebenso

---

solcher Handlungen, der Nötigung oder der willkürlichen Freiheitsentziehung, sei es im öffentlichen oder privaten Leben". Der Begriff „häusliche Gewalt" bezeichnet „alle Handlungen körperlicher, sexueller, psychischer oder wirtschaftlicher Gewalt, die innerhalb der Familie oder des Haushalts oder zwischen früheren oder derzeitigen Eheleuten oder Partnerinnen beziehungsweise Partnern vorkommen, unabhängig davon, ob der Täter beziehungsweise die Täterin denselben Wohnsitz wie das Opfer hat oder hatte".

9   https://www.bmfsfj.de/bmfsfj/aktuelles/alle-meldungen/deutschland-ratifiziert-istanbul-konven tion-119928, 14.6.2024.

10   https://www.dw.com/de/t%C3%BCrkei-bekr%C3%A4ftigt-austritt-aus-internationaler-istanbul-ko nvention/a-62533358, 9.6.2024.

eingeschlossen ist der Schutz von Kindern als Opfer oder Zeugen dieser Gewalt.

4. Rechtsetzung und Rechtsanwendung durch zivilrechtliche Ansprüche und Entschädigung, durch ein – häusliche Gewalt angemessen berücksichtigendes – Umgangs- und Sorgerecht, durch Sanktionierung von Delikten im Kontext geschlechtsbezogener und häuslicher Gewalt (wie körperliche, psychische und sexuelle Gewalt, Belästigung, Stalking, Zwangsheirat, Genitalverstümmelung, Zwangsabtreibung/-sterilisierung) sowie durch sofortige Interventionen. Zudem durch ein Gefährdungsmanagement, Wegweisungen und Kontakt- und Näherungsverbote sowie entsprechende Strafverfolgung und Schutzmaßnahmen einschließlich unentgeltlicher Rechtsberatung und Rechtsbeistandschaft für Betroffene.

Das Neue an der Istanbul-Konvention ist laut Deutschem Städtetag (2021), dass sich die Staaten (selbst)verpflichten zu einem umfassenden Gesamtprogramm mit klar definierten Zielen und einem koordinierten Vorgehen unter Beteiligung aller staatlichen und nichtstaatlichen Akteur:innen. Darüber hinaus muss die Umsetzung dieser Ziele regelmäßig national und international überprüft und auf der Basis wissenschaftlicher Forschung fortgeschrieben werden. Der erste deutsche Staatenbericht (BMFSFJ 2020) zur Istanbul-Konvention wurde 2020 im Europarat eingereicht, der die Errungenschaften der Umsetzung in Deutschland hervorhebt. Hingegen stellt der 2021 vorgelegte Alternativbericht des zivilgesellschaftlichen „Bündnis Istanbul-Konvention (BIK)" (2021), bestehend aus Frauenrechtsorganisationen und Verbänden, weiter bestehende Lücken heraus. Dazu zählen: eine fehlende ressortübergreifende Gesamtstrategie, fehlende handlungsfähige Institutionen und ausreichende Ressourcen, um das Recht aller Frauen und Mädchen auf ein gewaltfreies Leben umzusetzen. Das gelte insbesondere für besonders vulnerable Gruppen wie Frauen mit Flucht- oder Migrationsgeschichte, Behinderungen, diversen geschlechtlichen Identitäten oder bei Wohnungslosigkeit. Darüber hinaus verfasste der vom Europarat einberufene, unabhängige Expert:innenausschuss „**Group of Experts on Action against Violence against Women and Domestic Violence**" (GREVIO 2022) einen Bericht zum Stand der Umsetzung der Istanbul-Konvention in Deutschland. Auf diese teils anerkennende, teils kritische Stellungnahme haben die wissenschaftlichen Dienste des Bundestages (Deutscher Bundestag, wissenschaftliche Dienste 2024) am 13. März 2024 mit einem Bericht zum derzeitigen Umsetzungsstand reagiert und diesen dem Bundestag dargelegt:

1. Die meisten Bundesländer haben inzwischen Koordinierungsstellen geschaffen, nur eine nationale Koordinierungsstelle fehlt noch, aber es gibt Leitlinien zur Gesamtplanung einschließlich einer unabhängigen Monitoringstelle zu geschlechtsspezifischer Gewalt. Zudem wird an einer Gewaltschutzstrategie gearbeitet, einschließlich Einrichtung einer Koordinierungsstelle.

2. Hinsichtlich der Prävention verweise GREVIO auf Umsetzungsdefizite z. B. in der Aus- und Fortbildung von Berufsgruppenangehörigen (Justiz- und Gesundheitswesen, Sachbearbeitung von Asylanträgen hinsichtlich geschlechtsspezifischer Gewalt). Hingegen zeige sich GREVIO zufrieden mit dem 2013 in Kraft getretenen „Gesetz zur Stärkung der Täterverantwortung" (Anordnungsmöglichkeit sozialer Trainingskurse mit Strafaussetzung); den von der „Bundesarbeitsgemeinschaft Täterarbeit Häusliche Gewalt e.V." unter Beteiligung der Frauenberatungsstellen entwickelten opfer- und sicherheitsorientierten Standards für Täterarbeit, die aber noch nicht ausreichend angewendet würden, und dem entwickelten Programm für Sexualstraftäter, das noch des Ausbaus bedürfe.

3. Zum Stand des Schutzes und der Unterstützung von Frauen, die Opfer häuslicher Gewalt geworden sind, sei von GREVIO kritisiert worden, dass deren Zahl und geografische Verteilung nicht ausreiche und der Zugang beschränkt sei (besonders für Betroffene mit Behinderungen, mit ungenügend erachtetem Aufenthaltsstatus, der Altersgrenze oder Anzahl begleitender Kinder), weshalb immer noch Frauen abgewiesen werden müssen.[11] Zudem gibt es weiterhin keine gesicherte Finanzierung von Frauenhäusern und Beratungsstellen, obwohl 2024 jährlich 30 Millionen Euro für das Bundesförderprogramm „Gemeinsam gegen Gewalt an Frauen" zur Verfügung stehen. Positiv von GREVIO sei das bundesweite Hilfetelefon „Gewalt gegen Frauen" bewertet worden (verschiedene Sprachen, Angebot leichter Sprache und Gebärdensprache).

4. Zum Rechtsschutz positiv bewertet wurde von GREVIO die 2016 eingeführte Strafrechtsänderung, „Nein heißt Nein", die den Willen des Opfers in den Mittelpunkt stellt. Es fehle aber noch die Möglichkeit der Strafverfolgung, wenn das Opfer passiv bleibt, aber seinen entgegenstehenden Willen mündlich oder auf andere Weise zum Ausdruck gebracht hat.[12] Positiv

---

11 Dazu trägt allerdings auch die Wohnraumknappheit bei, weshalb einige der Frauenhäuser statt mehr Frauenhausplätze mehr sozialen Wohnungsbau und die Priorisierung von Frauenhausbewohnerinnen fordern.

12 Andere europäische Länder wie Spanien und Schweden sind hingegen strafrechtlich zu einem „Ja-ist-Ja-Ansatz" übergegangen, d.h. der notwendigen aktiven Einwilligung in die sexuelle Handlung.

eingeschätzt werde der inzwischen solide Rechtsrahmen zur Bekämpfung digitaler Gewalt gegen Frauen.

Für die Soziale Arbeit ebenso wichtig wie die Entwicklungen auf der staatlichen Ebene zum Schutz von Frauen vor Gewalt sind die Länderebene und die Anstrengungen auf der lokalen Ebene. So hat beispielsweise Hessen auf der Basis der Istanbul-Konvention im Dezember 2022 seinen „Dritten Landesaktionsplan gegen häusliche Gewalt" beschlossen (Hessisches Ministerium der Justiz et al. 2022). Dafür wurden diejenigen Artikel der Konvention ausgewählt, die für eine Umsetzung auf der Landesebene von Bedeutung sind, und neben einer Bestandsaufnahme Bedarfe formuliert, die es umzusetzen gilt. Finanziert werden in Hessen derzeit, wenn auch oft nicht hinreichend, z. B. aus dem Sozialbudget - mittels Zielvereinbarungen - Frauenhäuser, Interventionsstellen, Frauenberatungsstellen, Notrufe, Schutzambulanzen, Täterarbeitseinrichtungen und Schutzmaßnahmen für Kinder und Jugendliche. Zudem stellt das Land zusätzliche Investivmittel für Frauenunterstützung (wie behindertengerechter Ausbau von Frauenhäusern), Mittel zur gesundheitlichen Versorgung von Gewaltopfern, insbesondere nach Vergewaltigungen (wie Ambulanzen in Kliniken), und für Täterarbeit (wie Mittel zur Verstetigung von Beratung) zur Verfügung. Auf kommunaler Ebene hat z. B. die Stadt Frankfurt 2024 durch das Frauenreferat als eine der ersten Kommunen einen „1. Bericht Istanbul-Konvention in Frankfurt: Bestandsaufnahme" verfasst und Handlungsbedarfe in Absprache mit allen zum Hilfenetz gehörigen zivilgesellschaftlichen, kommunalen und behördlichen Akteur:innen formuliert (vgl. Frauenreferat 2024). Nächste Schritte sollen sein: verstärkter Blick auf besonders vulnerable Gruppen (Frauen* mit Behinderungen, ältere und wohnungslose Frauen*, lesbische und bisexuelle Frauen, transgeschlechtliche, nicht-binäre und intergeschlechtliche Personen); Bewusstseinsbildung in der Öffentlichkeit und Empowerment von Betroffenen; Fokussierung digitaler Gewalt; Priorisierung des Gewaltschutzes gegenüber Elternrechten in Umgangs- und Sorgerechtsverfahren bei häuslicher Gewalt; Abbau von Hemmschwellen bei Strafanzeigen, trägerübergreifende Bearbeitung von Fragen zu Flucht und Asyl bezogen auf geschlechtsspezifische Gewalt, Einbeziehen von Jungen* und Männern* (als Opfer, aber auch als Gewaltausübende), Ausbau von Fort- und Weiterbildungen und stärkere Vernetzung der Berufsgruppen. Alle Akteur:innen von den örtlichen Frauenhäusern über Männerberatungsstellen, Einrichtungen gegen Frauenhandel, gendersensible migrationsbezogene Dienste, Amtsanwaltschaft bis zur Polizei sind zur kontinuierlichen Mitarbeit eingeladen.

II. Unterstützungsnetze gegen Partnerschaftsgewalt in Deutschland als häufigste Form geschlechtsbezogener Gewalt

Die am meisten verbreitete, für Soziale Arbeit als Berufsfeld relevante, geschlechtsbezogene Gewaltform ist Partnerschaftsgewalt, wo die größten Erfolge im Aufbau eines Hilfenetzes gelungen und die meisten Arbeitsplätze für Sozialarbeiter:innen entstanden sind. Nach neuen Differenzierungen des Bundeskriminalamtes wird Partnerschaftsgewalt als der größere Teil häuslicher Gewalt [13] gesehen (zwei Drittel aller Fälle), zu der als weitere Form „innerfamiliale Gewalt" gerechnet wird, die sich auf das Generationenverhältnis sowie nahe Angehörige bezieht und ein Drittel der Fälle ausmacht (vgl. Bundeskriminalamt 2024). Die erfolgreiche Bekämpfung von Partnerschaftsgewalt erfordert Angebote an alle von Gewalt betroffenen Personen: Schutz und Beratung für betroffene Frauen und ihre Kinder ebenso wie Angebote für Männer, die Partnerschaftsgewalt ausüben oder Opfer von Gewalt werden. In fast der Hälfte der Fälle von Partnerschaftsgewalt leben Kinder und Jugendliche im Haushalt.

II.1 Unterstützungsnetz für Frauen und ihre Kinder

In den über 400 Frauenhäusern und Schutzwohnungen mit mehr als 6000 Plätzen für Frauen und Kinder suchen jährlich über 30.000 Frauen und Kinder Zuflucht. Zudem können betroffene Frauen eine der knapp 300 auf Gewalt gegen Frauen spezialisierten Beratungsstellen oder eine der über 250 Interventionsstellen (Anlaufstellen für Frauen nach Polizeieinsätzen aufgrund von Partnergewalt) aufsuchen (BMFSFJ 2020: 33). Insgesamt betroffen von der nochmals angestiegenen Partnerschaftsgewalt sind 2023 nach den Hellfelddaten[14] des Bundeskriminalamtes 167.865 Personen (Bundeskriminalamt 2024: 5), davon 79,2 % Frauen, Tatverdächtige sind zu 77,6 % Männer; getötet

---

13 Die präzisierte Definition des Bundeskriminalamtes lautet: „Häusliche Gewalt beinhaltet alle Formen körperlicher, sexueller oder psychischer Gewalt und umfasst familiäre sowie partnerschaftliche Gewalt. Häusliche Gewalt liegt vor, wenn die Gewalt zwischen Personen stattfindet, die in einer familiären oder partnerschaftlichen Beziehung zusammenwohnen. Sie liegt auch vor, wenn sie unabhängig von einem gemeinsamen Haushalt innerhalb der Familie oder in aktuellen oder ehemaligen Partnerschaften geschieht. Damit beinhaltet die Häusliche Gewalt zwei Ausprägungen, nämlich die Partnerschaftsgewalt und die innerfamiliäre Gewalt. Bei der Partnerschaftsgewalt werden die Opfer und Tatverdächtigen betrachtet, die in einer partnerschaftlichen Beziehung waren oder sind, bei der innerfamiliären Gewalt die Opfer und Tatverdächtigen, die in einer verwandtschaftlichen Beziehung zueinanderstehen (ohne (Ex-) Partnerschaften)." (Bundeskriminalamt 2024:1).

14 Im Gegensatz zu Dunkelfelddaten, die versuchen auch nicht bekanntgewordene Fälle zu erfassen, sind hier nur die polizeilich bekanntgewordenen Fälle erfasst.

wurden durch (Ex-)partner:innen 155 Frauen und 24 Männer. Trotz aller bisherigen Maßnahmen ist es nicht gelungen, Partnerschaftsgewalt abzubauen. Dennoch gibt es einen beeindruckenden gesellschaftlichen Wandel in der Gesetzgebung, der Justiz, der Polizei, den Sozialbehörden und Gesundheitseinrichtungen (vgl. Brückner 2018). So ist es neben dem Aufbau von Frauenberatungsstellen und Frauenhäusern gelungen

- die Unterstützung von Opfern durch polizeiliche Wegweisungen und ein ziviles Gewaltschutzgesetz (2002) nach der Maßgabe „wer schlägt, der geht" zu verbessern. Polizeiliche Wegweisungen ermöglichen kurzzeitige (meist 14 Tage) Wohnungsverweisungen und Annäherungsverbote; das Gesetz längerfristige Kontakt- und Näherungsverbote sowie Wohnungszuweisung für Opfer häuslicher Gewalt. Zudem wurde Partnerschaftsgewalt zum Offizialdelikt (d.h. Anzeigen müssen verfolgt werden) und Tataufklärungen werden verstärkt angegangen,
- eine Fristverkürzung für ein eigenständiges Aufenthaltsrecht von Migrantinnen als nachgezogenen Familienangehörigen durchzusetzen,
- Männer- und Täterberatungseinrichtungen aufzubauen und Anti-Aggressions-Trainings zu entwickeln,
- lokale und landesweite Kooperationsmodelle unter Beteiligung von Frauenhäusern und Beratungsstellen, Männereinrichtungen, Gleichstellungsstellen, Polizei, Justiz, Jugendamt u. ä. aufzubauen.

Schwerpunkt Sozialer Arbeit in diesem Hilfenetz ist die Frauenhausarbeit. Durch gesellschaftliche Veränderungen und Professionalisierung haben sich Strukturen und Nutzungsweisen der Frauenhäuser gewandelt: Frauen in sehr belastenden psychischen, gesundheitlichen und sozialen Lebenssituationen nehmen zu, Frauen mit einem größeren Handlungsspielraum suchen eher Beratungsstellen auf; in Ballungsräumen wächst der Anteil von Migrantinnen mit und ohne gesicherten Aufenthaltsstatus[15], da sie am wenigsten Alternativen haben (vgl. Bericht der Bundesregierung 2012). Entsprechend haben sich Aufgaben und Arbeitsbedingungen geändert: Frauenhausarbeit ist noch anspruchsvoller geworden und die Möglichkeit von Nutzerinnen, sich gegenseitig zu unterstützen und auf die Einrichtungsstrukturen z. B. in Hausversammlungen Einfluss zu nehmen, hat aufgrund der Heterogenität (einschließlich sprachlicher Verständigungsschwierigkeiten) abgenommen. Bedeutsam für den Ablauf des Aufenthalts im Frauenhaus ist weiterhin eine Gefährdungseinschätzung

---

15 Zur besonderen Situation von Migrantinnen im Frauenhaus vgl. Lehmann 2008 und Della Rocca 2025.

und ein entsprechendes Sicherheitsmanagement sowie psychosoziale Beratung einschließlich Krisenmanagement sowie Kooperation mit externen Anlaufstellen (vgl. Jocher 2020). Ziel ist die Wiedergewinnung von Stärken und Fähigkeiten der Frauen und die Erschließung neuer Ressourcen. Zudem gibt es in den meisten Häusern Gruppenarbeitsangebote wie z. B. Müttergruppen und Hausversammlungen zur Stärkung der Gemeinschaft, Klärung von Hausregeln und Übernahme von Gemeinschaftsaufgaben. Eine große Bedeutung kommt den Kindern in Frauenhäusern zu, für die zumeist sowohl Einzel- als auch Gruppenangebote vorhanden sind. Neben einer als parteilich verstandenen Beratung für Frauen hat sich mit Blick auf die Kinder auch eine professionelle Allparteilichkeit entwickelt, um sowohl den Belangen der Frauen als auch den Belangen der Kinder gerecht zu werden, die sich nicht immer decken. Darüber hinaus gibt es zunehmend Ansätze der Paarberatung – oft in Kooperation mit Männerberatungsstellen, wenn Frauen dies wünschen (vgl. Lenz/Weiss 2018).

Als wichtige interinstitutionelle Aufgabe hat sich die Zusammenarbeit von Frauen- und Kinderschutzeinrichtungen zum Wohle der Kinder erwiesen, nicht zuletzt, weil die Aufteilung sozialer Institutionen in Frauen- und Kindereinrichtungen die Sichtweisen der jeweiligen Einrichtungen prägt: Frauenhäuser dienen Frauen und ihren Kindern als Schutz vor männlicher Gewalt; Einrichtungen wie Jugendämter sehen es häufig als ihre Aufgabe, Kindern den Vater zu erhalten – ebenso wie Familiengerichte (vgl. Brückner 2004). Daher neigen Kinderschutzeinrichtungen und Familiengerichte bis heute dazu, jenseits von Gewaltvorkommnissen Sorge- und Umgangsrechte für gewalttätige Väter zu befürworten, worin Fraueneinrichtungen eine mögliche Gefährdung der Frauen und Kinder sehen, denn nach Trennungen kommt es immer wieder zu Gewalt durch die (Ex-)partner bis hin zu Tötungen in schlimmsten Fällen (Frauenreferat 2024).

Zudem wurden Nachbarschaftsprojekte entwickelt, um so viele Menschen wie möglich in den Kampf gegen Partnerschaftsgewalt einzubeziehen. Prominentes Beispiel ist das von Sozialarbeitenden eines Stadtteilzentrums initiierte Projekt „StoP" (Stadtteile ohne Partnergewalt) in einem armen, von vielen Migrant:innen bewohnten Stadtteil in Hamburg (vgl. Stövesand 2020). Ziel ist, Partnerschaftsgewalt öffentlich zu thematisieren und praktische Solidarität mit den Betroffenen zu fördern, sodass Frauen und Kinder sicher im Stadtteil bleiben können. Von den Sozialarbeitenden werden Professionelle im Stadtteil (Ärzte, Polizei, soziale Einrichtungen) als Kooperationspartner:innen angesprochen, Veranstaltungen zu gleichberechtigten Geschlechterrollen in

Schulen durchgeführt und Beratung angeboten. Zudem wurde eine nachbarschaftliche Frauengruppe ins Leben gerufen, die beim Einkaufen und auf der Straße mit anderen Frauen über das Thema spricht und in der Einkaufsstraße eine Ausstellung zum Thema durchgeführt hat. Dieser sich als erfolgreich erweisende Nachbarschaftsansatz wird inzwischen in vielen Städten durchgeführt, einschließlich vorbereitender Weiterbildungsangebote. Denn für einen erfolgreichen Kampf gegen Partnerschaftsgewalt sind sowohl unterstützende soziale Einrichtungen, juristische und polizeiliche Maßnahmen als auch eine wachsende Bewusstheit und Aktivierung der Bevölkerung erforderlich. Viele Frauen, die Partnergewalt erleiden, brauchen nicht nur einen für sie passenden individuellen Zeitpunkt, an dem sie sich (entweder schnell oder nach Jahren) aus der Beziehung lösen und aktiv ihre Situation verlassen, sondern auch informelle oder formelle Netzwerke. Besonders in der Trennungssituation ist ein tragfähiges Hilfenetz auf privater, nachbarschaftlicher und professioneller Ebene bedeutsam, um diese schwierige Phase durchzuhalten.

II.2. Auswirkungen von (zumeist männlicher) Partnerschaftsgewalt auf die Kinder

Gewalt in Partnerschaften mit Kindern bleibt nicht ohne Auswirkungen auf die nächste Generation. Fortgesetzte Partnergewalt macht Kinder zu Opfern oder Zeugen von Gewalt und stellt eine mögliche Gefährdung des Kindeswohls nach § 8a SGB VIII dar. Das macht eine Früherkennung bedeutsam und dafür bedarf es einer Zusammenarbeit aller an Intervention, Schutz und Hilfe beteiligten Berufsgruppen. Die Gefahr einer transgenerationalen Weitergabe häuslicher Gewalt macht Einrichtungen für Kinder und Mütter, wie Frauenhäuser sie darstellen, und Angebote des Kinderschutzes besonders wichtig (vgl. Henschel 2019). Wenn Kinder zu Hause Zeugen oder Opfer von Gewalt werden, verlieren sie ihren zentralen Schutzraum. Sie können Entwicklungsstörungen unterschiedlichen Ausmaßes erleiden, die sich in psychosomatischen Problemen, Leistungsabfall und sozialen Verhaltensschwierigkeiten niederschlagen, wie es bei Judith der Fall war (vgl. Büttner 2020[16]). Jungen und Mädchen werden dabei in geschlechtsspezifischer Weise beeinträchtigt: Jungen reagieren häufiger mit Aggressionen, Mädchen häufiger mit Rückzug. Zusammenfassend zeigen Forschungsergebnisse (vgl. Kavemann/Kreissig 2013):

---

16 Vergleiche insbesondere die verschiedenen Aufsätze in Kapitel V: Unterstützung für Kinder, S. 385–443.

- Insbesondere schwere Partnergewalt geht mit hoher Wahrscheinlichkeit mit Kindesmisshandlung, -vernachlässigung oder -missbrauch einher, und andersherum lässt Kindesmisshandlung durch den Vater auf mögliche Misshandlung der Mutter schließen. In diesem Kontext steigt auch der Anteil gewalttätiger Mütter.
- Je gewalttätiger und kontrollierender ein Mann auf Trennungsabsichten seiner Partnerin reagiert, desto wahrscheinlicher wird er versuchen, die Kinder zu benutzen, um die Frau zurückzuholen oder ihr zu schaden, und desto größer ist die Gefahr, dass nach der Trennung Frau und Kinder weiterhin bedroht sind.
- Gewalt gegen die Mutter ist für Kinder und Jugendliche immer schädlich, da sie in einer ängstigenden Atmosphäre aufwachsen, das heißt, Unterstützungsleistungen für die Frau kommen immer auch den Kindern zugute.

Sorge- und Umgangsregelungen nach Trennungen müssen daher mit Schutzabklärungen für Mütter und Kinder einhergehen. ‚Zwar schlägt er die Frau, aber er war immer ein guter Vater' ist keine für Kinder hilfreiche Annahme, denn das Frauen- und Mutterbild, das dieser Vater vermittelt, schadet Kindern. Ebenso ist die häufige Annahme – auch von Müttern – falsch, Kinder würden die Gewalt nicht merken, denn sie spüren das Klima der Aggressivität und der Angst, wie es auch bei Judith der Fall war. Daher ist es zentral, dass sich Väter (das gilt selbstverständlich auch für Mütter) mit ihrer Gewalttätigkeit auseinandersetzen, wofür es in einigen Städten hilfreiche Programme wie *„Caring Dads"* gibt (vgl. Koesling 2020).

II.3 Unterstützungsnetz für Männer als Opfer von Partnergewalt

Bisher gibt es nur wenige spezialisierte Beratungsangebote für Männer, die Partnergewalt erfahren haben, und nur einige Zufluchtswohnungen. Da betroffene Männer oft schwer erreichbar sind, hat das Hannoversche Interventionsprogramm im Kontext eines Kooperationsbündnisses nicht nur für Frauen, sondern auch für Männer einen proaktiven Beratungsansatz installiert (vgl. Fiedeler 2020). Das bedeutet, dass nach Polizeieinsätzen, wenn Männer dies wünschen, die Beratungsstelle von der Polizei informiert wird und dann telefonisch oder schriftlich zu dem betreffenden Mann Kontakt aufnimmt, um Informationen und Beratung anzubieten. Beraten werden sowohl von Gewalt in hetero- als auch in homosexuellen Partnerschaften betroffene Männer sowie Männer in sonstigen familiären Zwangskontexten durch andere Familienangehörige. Männer, die Gewalt in Partnerschaften mit Frauen (oder Männern) erleiden, entsprechen nicht der gängigen Geschlechterkonstruktion von machtvoller Männlichkeit. Sie stellen nach Georg Fiedeler (2020) ein kulturelles Paradox dar, das es ihnen erschwert, sichtbar zu werden und Hilfe zu suchen. Daher gehöre zu parteilicher Männerberatung die Stärkung von Abgrenzungsfähigkeiten und Selbstfürsorge ebenso wie eine Klärung von Verantwortlichkeiten, insbesondere wenn Formen wechselseitiger Gewalt vorliegen.

Eine erste Statistik von 2021 zu Männerschutzeinrichtungen zeigt auf, dass in den neun (2023 inzwischen 12) Schutzwohnungen 251 Männer Rat und von diesen 80 dort Zuflucht gesucht haben; die häufigste erfahrene Gewalt der 80 Männer in der Zuflucht war psychische Gewalt (Bundesfach- und Koordinierungsstelle Männergewaltschutz 2023: 7–9). Die Bundesfach- und Koordinierungsstelle Männergewaltschutz wird vom Bundesfamilienministerium (BMFSFJ) gefördert und ist eine bundesweite, in Dresden angesiedelte Stelle. Sie vermittelt über ihre Homepage jeweils aktuelle Aktivitäten für Männer als Opfer von Partnergewalt.[17]

II.4 Schlussfolgerungen zu Partnerschaftsgewalt

Das Ausmaß von Partnerschaftsgewalt ist abhängig von sozialen Strukturen, die Gewalt ermöglichen oder begrenzen, sowie von jeweils vorherrschenden kollektiven und individuell übernommenen Geschlechterbildern (vgl. Müller/Schröttle 2004). Strukturelle Ungleichheit begünstigt Gewalttätigkeit des mächtigeren Partners, in den meisten Fällen des Mannes, wenn er seine Privilegien beeinträchtigt sieht und davon ausgehen kann, dass seine Partnerin sich nur schwer zu wehren vermag und ihm nichts passiert. Viele Frauen mit Kindern sind abhängig von männlicher Versorgung und alleinerziehende Frauen haben das höchste Armutsrisiko. Frauen mit Migrationsgeschichte sind teils aufenthaltsrechtlich von der Aufrechterhaltung der Ehe abhängig, teils aufgrund traditioneller Normen. Bei Gewalthandlungen spielen auch kulturelle Faktoren eine Rolle, die als „symbolische Gewalt" (Bourdieu 1997) in die Geschlechterunterschiede nicht nur strukturell, sondern auch biografisch eingeschrieben sind. Symbolische Gewalt meint nach Bourdieu sowohl vorgegebene gesellschaftliche Machtmuster als auch damit einhergehende – in der Leiblichkeit und Denkweise der Individuen – verankerte Vorstellungen von Berechtigung bzw. Nicht-Berechtigung der Machtausübung. Wieviel Platz darf ich einnehmen, was kann ich mir erlauben, wer hat Anrecht auf meinen Körper? Daher gehört auch die potenzielle Gefährdung sexueller Integrität

---

17   www.maennergewaltschutz.de, 14.7.2025.

in geschlechterhierarchischen Beziehungen zum Privileg des Mächtigeren, indem als unterlegen angesehenen Menschen eine passive und als überlegen angesehenen Menschen eine aktive Rolle zugewiesen und Sexualität zu einem vermeintlichen „Recht" des Stärkeren wird.

Eine Auseinandersetzung mit und Eindämmung von geschlechtsbezogener Gewalt bedarf nach Carol Hagemann-White (2005) einer Verzahnung der Geschlechter- und Generationenperspektive, in der keine Gewaltform geleugnet, aber auch nicht verschiedene Gewaltformen gegeneinander ausgespielt werden. Wird Gewalt im Geschlechter- und Generationenverhältnis zusammen untersucht, werden Frauen und Männer in einem doppelten Handlungs- und Beziehungskontext sichtbar: als Paar und als Eltern. Damit wird der Blick frei dafür, dass Frauen und im selteneren Fall auch Männer Opfer partnerschaftlicher Gewalt sein können, im Kontext der Generationenverhältnisse aber möglicherweise selbst gewalttätig handeln. Frauen, die körperliche und sexuelle Gewalt als Erwachsene erleben, waren in erheblich höherem Umfang schon als Kind direkt oder indirekt von Gewalt betroffen, das Gleiche gilt für Männer, die als Erwachsene gewalttätig oder auch Opfer von Gewalt werden (vgl. Korittko 2020). In welchem Spannungsfeld junge Frauen und Männer aus gewaltbelasteten Familien leben, hat Cornelia Helfferich (2013) untersucht: Gewalttätige Männlichkeit wie die des Vaters finden sie nicht richtig und sie sind auch kritisch gegenüber einer gewalterduldenden Weiblichkeit wie die der Mutter, zudem schämen sie sich für diese Vorkommnisse in ihrer Familie. Eine Analyse der Biografien und sozialen Lebenskontexte von Frauen und Männern, Müttern und Vätern, die eigene Gewalterfahrungen nicht weitergeben und sich nicht in Gewalt verstricken, könnte wertvolle Hinweise darauf geben, was es braucht, um durch derart traumatisierende Erfahrungen nicht selbst gewalttätig zu werden, respektive in die Opferposition zu geraten. Professionelle sozialarbeiterische Unterstützung könnte hier stabilisierend wirken, wenn sie sowohl an der Lebenslage als auch an der Reflexion persönlichen Verhaltens ansetzt.

III. Ein Ende der Gewalt in den Geschlechterverhältnissen bedarf einer grundlegenden Veränderung dieser Verhältnisse

Geschlechtsbezogene Gewalt ist nicht nur ein individuelles Leid, sondern eine Verletzung der Menschenrechte und somit eine zentrale Aufgabe Sozialer Arbeit, die sich weltweit als Menschenrechtsprofession versteht (vgl. International Federation of Social Workers 2018). Gewalt bedeutet eine Verletzung körperlicher Unversehrtheit und sexueller, psychischer und sozialer Selbstbestimmung, die strukturell gefördert wird durch hierarchisierte Geschlechterverhältnisse – einschließlich der Hierarchien innerhalb der Geschlechter, denn Hierarchisierungen bewirken eine gesellschaftlich ungleiche Verteilung von Verletzungsmacht und Verletzungsoffenheit (vgl. Schröttle 2019). Der umfassende Blick auf Gewalt in den Geschlechterverhältnissen ermöglicht Differenzierungen zwischen verschiedenen geschlechtsbezogenen Gewaltformen und verweist darauf, dass einfache Bilder weiblicher Opfer und männlicher Täter die Realität in ihrer Vielfalt und Verwobenheit nicht widerspiegeln. Daher müssen alle Formen unmittelbar oder mittelbar geschlechtsbezogener Vorherrschaft mit ihren strukturell negativen Auswirkungen besonders auf Frauen, auf nichthegemoniale Männer (Männer, die nicht den Normen erfolgreicher Männlichkeit entsprechen) und auf queere Menschen analysiert werden, um Gegenstrategien und Hilfeformen zu entwickeln. Zudem ist niemand nur und für immer Täter respektive Opfer, sondern Menschen können gleichzeitig Opfer und Täter sein, ohne dass „die Forderung der moralischen Zurechnung der Verantwortung für das Handeln ignoriert und als unwichtig aufgegeben werden" (Helfferich/Kavemann/Kindler 2016: 4).

Größere Gewaltfreiheit zwischen den und innerhalb der Geschlechter erfordert somit:

- Gesellschaftliche Orte des Schutzes und der institutionalisierten Gewissheit, dass Täter zur Verantwortung gezogen werden und Opfer Recht und Hilfe erhalten;
- persönliche Lebensräume, die es ermöglichen, im eigenen Interesse zu handeln, Alternativen zum Ausharren in Gewaltverhältnissen bieten und die Gewissheit schaffen, einen Anspruch auf ein Leben ohne Gewalt zu haben.

Reflexionsfragen

- Welche Bedeutung hat die Hierarchisierung der Geschlechterverhältnisse für geschlechtsspezifische Gewalt?
- Welche Formen geschlechtsspezifischer Gewalt gibt es und welche Rolle spielen diese jeweils im Gesamtkontext geschlechtsbezogener Gewaltformen?
- Was bedeutet Transgenerationalität und wie bedeutsam ist sie für die Soziale Arbeit?

Literatur

Bericht der Bundesregierung (2012): Zur Situation der Frauenhäuser, Fachberatungsstellen und anderer Unterstützungsangebote für gewaltbetroffene Frauen und deren Kinder mit Gutachten von Kavemann, Barbara/Helfferich, Cornelia/Rixen, Stephan im Auftrag des BMFSFJ, Publikationsversand der Bundesregierung.

Blättner, Beate/Schultes, Kristin (2018): Gewalt in Intimbeziehungen Jugendlicher. In: Deutsche Jugend 66, 2, S. 72–79.

Bourdieu, Pierre (1997): Die männliche Herrschaft. In: Dölling, Irene/Krais, Beate (Hrsg): Ein alltägliches Spiel, Geschlechterkonstruktion in der sozialen Praxis, Frankfurt a.M.: Suhrkamp, S. 153–217.

Breitenbach, Eva/Hoff, Walburga/Toppe, Sabine (Hrsg.) (2020): Geschlecht und Gewalt, Opladen/Berlin/Toronto: Barbara Budrich.

Brem, Andrea/Fröschl, Elfriede (2020): Cybergewalt gegen Frauen in Paarbeziehungen. Eine empirische Untersuchung des Vereins Wiener Frauenhäuser. www.frauenhaeuser-wien.at/dokumente/vfw_studie_cybergewalt.pdf, 25.6.2024.

Brückner, Margrit (2004): Das Unbewusste in der Zusammenarbeit von Institutionen am Beispiel der Anti-Gewaltarbeit. In: Hörster, Reinhard/Küster, Uwe/Wolff, Stephan (Hrsg.): Orte der Verständigung. Beiträge zum sozialpädagogischen Argumentieren, Freiburg: Lambertus, S. 262–276.

Brückner, Margrit (2010). Erfolg und Eigensinn. Zur Geschichte der Frauenhäuser. In: Bereswil, Mechthild/Stecklina, Gerd (Hrsg.): Geschlechterperspektiven für die Soziale Arbeit, Weinheim: Juventa, S. 61–80.

Brückner, Margrit (2014): Transformationen im Umgang mit Gewalt im Geschlechterverhältnis: Prozesse der Öffnung und der Schließung. In: Rendtorff, Barbara/Riegraf, Birgit/Mahs, Claudia (Hg.): 40 Jahre Feministische Debatten, Weinheim/Basel: Beltz Juventa, S. 59–73.

Brückner, Margrit (2018): Konfliktfeld Häusliche Gewalt: Transformationsprozesse und Perspektiven der Frauenhausarbeit. In: Lenz, Gaby/Weiss, Anne (Hrsg.): Professionalität in der Frauenhausarbeit, Wiesbaden: Springer VS, S. 21–44.

Brückner, Margrit (2019): Frauenprojekte im Fokus der Geschlechterforschung: vom feministischen Aufbruch zur Institutionalisierung. In: Kortendiek, Beate/Riegraf, Birgit/Sabisch, Katja (Hrsg.): Handbuch Interdisziplinäre Geschlechterforschung, Wiesbaden: Springer VS, S. 963–972.

Brückner, Margrit (2020): Gewaltdiskurse und deren Bedeutung für sozialarbeitswissenschaftliche Frauen- und Geschlechterforschung. In: Rose, Lotte/Schimpf, Elke (Hrsg.): Sozialarbeitswissenschaftliche Geschlechterforschung. Methodologische Fragen, Forschungsfelder und empirische Erträge, Opladen/Berlin/Toronto: Barbara Budrich, S. 39–56.

Brückner, Margrit/Oppenheimer, Christa (2009): Gewalt in der Prostitution – Untersuchung zu Sicherheit, Gesundheit und sozialen Hilfen. In: Kavemann, Barbara/Rabe, Heike (Hrsg.): Das Prostitutionsgesetz, aktuelle Forschungsergebnisse, Umsetzung und Weiterentwicklung, Opladen/Farmington Hills: Barbara Budrich, S. 153–166.

Bundesfach- und Koordinierungsstelle Männergewaltschutz (2023): Männer*schutzeinrichtungen in Deutschland Nutzungsstatistik 2021, www.maennergewaltschutz.de/files/2023/01/2023-03-01_statistik-m se-bfkm-druckversion-2.korrg-auflage-1.pdf, 3.8.2024.

Bundeskriminalamt (2024): Häusliche Gewalt Bundeslagebild 2023, www.bka.de/DE/AktuelleInformationen/StatistikenLagebilder/La gebilder/HaeuslicheGewalt/haeuslicheGewalt_node.html, 14.6.2024.

Bundesministerium für Familie, Senioren, Frauen und Jugend (BMFSFJ) (2020): GREVIO Erster Staatenbericht der Bundesrepublik Deutschland 2020. www.bmfsfj.de/resource/blob/160138/6ba3694cae22e5c9af66 45f7d743d585/grevio-staatenbericht-2020-data.pdf, 11.6.2024.

Bündnis Istanbul-Konvention (2021): Alternativbericht zur Umsetzung des Übereinkommens des Europarates zur Verhütung und Bekämpfung von Gewalt gegen Frauen und häuslicher Gewalt (Hrsg.) BMFSFJ. www.bmfsfj.de/resource/blob/183606/fb14953b4d67ab87db0a0dbe 57acdd5c/buendnis-istanbul-konvention-alternativbericht-data.pdf, 11.6.2024.

Büttner, Melanie (Hrsg.) (2020): Handbuch Häusliche Gewalt, Stuttgart: Schattauer.

Della Rocca, Marina (2025): Beratung von Migrantinnen in Gewaltsituationen. Ethnographie der Frauenhausarbeit in Südtirol, Opladen/Berlin/Toronto: Barbara Budrich.

Deutscher Bundestag, wissenschaftliche Dienste (2024): Umsetzungsstand der Istanbul-Konvention in Deutschland, Österreich, Schweden und Spanien. www.bundestag.de/resource/blob/1001942/0b6219de6 914728ea029e1e0ead2e63a/WD-8-011-24-pdf.pdf, 12.6.2024.

Deutscher Städtetag (2021): Umsetzung der Istanbul-Konvention für die kommunale Praxis. www.staedtetag.de/files/dst/docs/Publikationen /Weitere-Publikationen/2021/handreichung-istanbul-konvention-ko mmmunale-praxis-2021.pdf, 14.7.2025.

Europarat (2011): Übereinkommen des Europarats zur Verhütung und Bekämpfung von Gewalt gegen Frauen und häuslicher Gewalt und erläuternder Bericht, Istanbul, 11.5.2011, https://rm.coe.int/1680462 535, 14.6.2024.

Fiedeler, Georg (2020): Partnerschaftsgewalt gegen Männer. In: Büttner, Melanie (Hrsg.): Handbuch Häusliche Gewalt, Stuttgart: Schattauer, S. 59–67.

Frauenreferat der Stadt Frankfurt am Main (Hrsg.) (2024): 1. Bericht Istanbul-Konvention in Frankfurt: Bestandsaufnahme, https://frankfurt.de /service-und-rathaus/verwaltung/publikationen/frauenreferat/beric ht-istanbul-konvention-frankfurt-bestandsaufnahme-2024, 1.8.2024.

GiG-net (Hrsg.) (2008): Gewalt im Geschlechterverhältnis. Opladen: B. Budrich.

GREVIO (2022): (Baseline) Evaluation Report Germany. Istanbul Convention, https://rm.coe.int/report-on-germany-for-publication/1680a86 937, 3.8.2024.

Gulowski, Rebecca (2020): Partnerschaftsgewalt durch Frauen. In: Büttner, Melanie (Hrsg.): Handbuch Häusliche Gewalt, Stuttgart: Schattauer, S. 68–80.

Hagemann-White, Carol (2005): Brückenschläge zwischen den Geschlechtern und den Generationen in einer gespaltenen Gewaltdiskussion. In: Zeitschrift für Frauenforschung und Geschlechterstudien 23, H. 1–2, S. 3–8.

Hagemann-White, Carol (2016): Grundbegriffe und Fragen der Ethik bei der Forschung über Gewalt im Geschlechterverhältnis. In: Helfferich, Cornelia/Kavemann, Barbara, Kindler, Heinz (Hrsg.): Forschungsmanual Gewalt, Wiesbaden: Springer, S. 13–21.

Hagemann-White, Carol/Lenz, Hans-Jürgen (2002): Gewalterfahrungen von Männern und Frauen. In: Hurrelmann, Klaus/Kolip, Petra (Hrsg.): Geschlecht, Gesundheit und Krankheit: Männer und Frauen im Vergleich, Bern: Hans Huber, S. 460–487.

Helfferich, Cornelia (2013): Die Adoleszenz als „zweite Chance" – Handlungsspielräume für Geschlechtervorstellungen bei Töchtern und Söhnen aus gewaltbelasteten Familien. In: Kavemann, Barbara/Kreyssig, Ulrike (Hrsg.): Handbuch Kinder und häusliche Gewalt. Wiesbaden: Springer VS, S. 118–132.

Helfferich, Cornelia/Kavemann, Barbara/Kindler, Heinz (2016): Einleitung. In: Forschungsmanual Gewalt – Grundlagen der empirischen Erhebung von Gewalt in Paarbeziehungen und sexualisierter Gewalt, Wiesbaden: Springer VS, S. 1–12.

Henschel, Angelika (2019): Frauenhauskinder und ihr Weg ins Leben. Opladen/Berlin/Toronto: Barbara Budrich.

Hessisches Ministerium der Justiz, Hessisches Ministerium des Innern und für Sport, Hessisches Ministerium für Soziales und Integration, Landespräventionsrat Arbeitsgruppe „Gewalt im häuslichen Bereich" (2022): 3. Aktionsplan zur Bekämpfung der Gewalt im häuslichen Bereich. https://lks.hessen.de/3-aktionsplan-des-landes-hessen-zur-bek aempfung-von-gewalt-im-haeuslichen-bereich, 3.8.2024.

International Federation of Social Workers (2018): Global Social Work Statement of Ethical Principles. www.ifsw.org/global-social-work-stat ement-of-ethical-principles/, 2.8.2024.

Jocher, Birgit (2020): Arbeit im Frauenhaus – Herausforderungen und Möglichkeiten. In: Büttner, Melanie (Hrsg.): Handbuch Häusliche Gewalt, Stuttgart: Schattauer, S. 147–155.

Johnson, Michael P. (1995): Patriarchal terrorism and common couple violence: Two forms of violence against women. Journal of Marriage and Family 57, H. 2, S. 283–294.

Jungnitz, Ludger/Lenz, Hans-Joachim/Puchert, Ralf/Puhe, Henry/Walter, Willi (Hrsg.) (2007): Gewalt gegen Männer. Personale Gewaltwiderfahrnisse von Männern in Deutschland, Opladen: Barbara Budrich.

Kavemann, Barbara/Kreyssig, Ulrike (Hrsg.): Handbuch Kinder und häusliche Gewalt, Wiesbaden: Springer VS.

Koesling, Almut (2020): Caring Dads – ein Interventionsprogramm für gewalttätige Väter. In: Büttner, Melanie (Hrsg.) (2020): Handbuch Häusliche Gewalt, Stuttgart: Schattauer, S. 434–443.

Koritkko, Alexander (2020): Gewalt gegen Kinder. In: Büttner, Melanie (Hrsg.): Handbuch Häusliche Gewalt, Stuttgart: Schattauer, S. 99–106.

Lehmann, Nadja (2008): Migrantinnen im Frauenhaus. Opladen/Farmington Hills: Barbara Budrich.

Lenz, Gaby/Weiss, Anne (Hrsg.) (2018): Professionalität in der Frauenhausarbeit, Wiesbaden: Springer VS.

Lenz, Ilse (Hrsg.) (2011): Die neue Frauenbewegung in Deutschland. Abschied vom kleinen Unterschied. Eine Quellensammlung, Wiesbaden: VS.

Müller, Ursula/Schröttle, Monika (2004): Lebenssituation, Sicherheit und Gesundheit von Frauen in Deutschland. Eine repräsentative Untersuchung zu Gewalt gegen Frauen in Deutschland. Hrsg. Bundesministerium für Frauen, Senioren, Familie und Jugend. www.bmfsfj.de/bmfsfj/studie-lebenssituation-sicherheit-und-gesundheit-von-frauen-in-deutschland-80694, 15.6.2024.

Ohms, Constance (2008): Das Fremde in mir. Gewaltdynamiken in Liebesbeziehungen zwischen Frauen. Soziologische Perspektive auf ein Tabuthema, Bielefeld: Transcript.

Ohms, Constance (2020): Beratung und Therapie bei Gewalt in Beziehungen von cis-gleichgeschlechtlichen oder trans* Personen. In: Büttner, Melanie (Hrsg.): Handbuch Häusliche Gewalt, Stuttgart: Schattauer, S. 292–301.

Schemmel, Jonas/Goede, Laura-Romina/Müller, Philipp (2024): Gewalt gegen Männer in Partnerschaften. Eine empirische Untersuchung zur Situation in Deutschland. Nomos: Baden-Baden. www.nomos-elibrary.de/de/10.5771/9783748919162/gewalt-gegen-maenner-in-partnerschaften?page=1, 17.6.2024.

Schröttle, Monika (2017): Gewalt in Paarbeziehungen, Expertise im Rahmen des Zweiten Gleichstellungsberichtes der Bundesregierung. www.gleichstellungsbericht.de/de/article/51.expertisen.html, 2.4.2024.

Schröttle, Monika (2019): Gewalt: zentrale Studien und Befunde geschlechterkritischer Gewaltforschung. In: Kortendiek, Beate/Riegraf, Birgit/Sabisch, Katja (Hrsg.): Handbuch interdisziplinäre Geschlechterforschung, Wiesbaden: Springer VS, S. 833–844.

Schröttle, Monika (2020): Häufigkeit von Partnerschaftsgewalt in Deutschland. In: Büttner, Melanie (Hrsg.): Handbuch Häusliche Gewalt, Stuttgart: Schattauer, S. 37–46.

Stövesand, Sabine (2020): „Stadtteile ohne Partnergewalt" (StoP) – ein nachbarschaftsbezogenes Handlungskonzept In: Büttner, Melanie (Hrsg.) (2020): Handbuch Häusliche Gewalt, Stuttgart: Schattauer, S. 156–165.

Wege, Julia (2018): Das (un-)sichtbare Feld der Prostitution, Gemeinwesenarbeit und Streetwork als methodische Zugänge. In: Soziale Arbeit 67, H. 3, S. 100–106. DOI: https://doi.org/10.5771/0490-1606-2018-3-100.

Weltgesundheitsorganisation (2003): Weltbericht Gewalt und Gesundheit. Zusammenfassung, Kopenhagen, Dänemark. www.gesunde-maenner.ch/data/data_160.pdf, 9.4.2024.

Sozialraum und Geschlecht: Geschlechtersensible und sozialräumlich organisierte Soziale Arbeit

Yvonne Rubin

„Räume sind nicht geschlechtsneutral" (Bauriedl et al. 2010: 10), sondern sie sind und werden in komplexen Wirkungszusammenhängen geschlechtlich konnotiert. Die Wahrnehmung und die Nutzung von Räumen werden zum einen durch gesellschaftlich normierte Geschlechterrollen bedingt und zum anderen wird geschlechterbedingtes Verhalten durch Raumstrukturen ermöglicht und/oder begrenzt. Wie Räume in Abhängigkeit von Geschlecht genutzt werden können, ist dabei nicht biologisch vorgegeben, sondern Ergebnis gesellschaftlicher Herstellungsprozesse. Sowohl *Raumwahrnehmungen* als auch *Raumnutzungen* sind durch gesellschaftlich normierte Geschlechterrollen bedingt (vgl. ebd.). Ein prägnantes Beispiel für *Raumwahrnehmungen* wird in der Podcastfolge ‚Raus aus der Geschlechterrolle' des MDR von der Sprecherin Daniela Schmidt verdeutlicht: Sie fragt ihren Podcastkollegen, ob er schon mal mulmige Gefühle gehabt hat, wenn er sich abends allein auf dem Heimweg befunden hat und hört, dass jemand hinter ihm läuft. Und während ihr Kollege eine solche Erfahrung noch nicht gemacht hat, sind sie der Sprecherin des Podcasts sehr wohl bewusst. Anhand dieses Beispiels lässt sich verdeutlichen, wie Raumwahrnehmungen in Abhängigkeit des Geschlechts erfolgen können. Ein Beispiel für die Abhängigkeit von Raumnutzungen lässt sich ebenfalls am Beispiel des Podcasts verdeutlichen: Daniela Schmidt erzählt, wie sie begonnen hat, darauf zu achten, wie sie – als Frau – einem bestimmten Verhaltensmuster folgt, während Männer hingegen scheinbar anderen Mustern folgen: Sie erzählt von einer Busfahrt, während derer sich auf den Sitz neben sie ein Mann setzt. Dieser Mann nimmt auf dem Zweiersitz so viel Platz in Anspruch – Schmidt nennt es „breit machen" –, dass sie den Rest der Busfahrt „zusammengekrümmt in der Ecke gesessen hat" (Schmidt, 2019). Anhand dieser Beispiele kann verdeutlicht werden, dass und wie sich die Wahrnehmung und die Nutzung von Räumen geschlechterbedingt unterscheiden können. Eine Auseinandersetzung mit Sozialräumen ist für Soziale Arbeit deshalb von Relevanz, da Soziale Arbeit in Räumen agiert und sie zudem in allen Handlungsfeldern an der Gestaltung von Räumen beteiligt ist. Als „institutionalisierte Akteurin" (Dirks/Lippelt 2019: 324) ist sie damit herausgefordert, „konzeptionelle Fragen zur professionellen Herstellung von

Räumen und Räumlichkeit sowie zu einer Raumreflexivität der Fachlichkeit in der Sozialen Arbeit" (ebd.) zu bearbeiten.

Im folgenden Kapitel geht es zum einen um Räume und deren Verwobenheiten mit geschlechtlichen Dimensionen. Zum anderen soll aufgezeigt werden, welche Aufgaben einer sozialräumlich organisierten Sozialen Arbeit im Kontext dieses doppelten Spannungsfeldes zukommen könnten. Hierfür werden zunächst theoretische Analysemöglichkeiten aufgezeigt. Daran anschließend wird an empirischen Beispielen exemplarisch nachgezeichnet, wie Räume durch Soziale Arbeit hervorgebracht werden und wie hierdurch Handlungsmöglichkeiten für Adressat:innen eröffnet oder verwehrt werden. Abschließend werden Handlungsmöglichkeiten für einen reflexiven räumlichen Umgang Sozialer Arbeit zur Diskussion gestellt.

I. Zur Theorie und Praxis von Räumen in der Sozialen Arbeit: Disziplinäre Zugänge

Zeit herrschte in den Raumtheorien eine naturwissenschaftliche Perspektive vor, die von Räumen als sogenannte Container ausging, in die das Soziale lediglich eingebettet sei (vgl. Ruhne 2011: 205). Raum wurde als etwas Vorgegebenes, bloß Materielles verstanden, als etwas, das immer schon da war und sozialen Handlungen vorgelagert sei. Es wurde angenommen, dass Räume jenseits von Handlungen bestehen und Handlungen unabhängig von Räumen stattfinden. Einstein hat diesen Raum als Container beschrieben, in der deutschen Übersetzung wird er als ‚Behälterraum' bezeichnet. Dieser als Container verstandene Raum kann mit verschiedenen Elementen angefüllt werden, er kann allerdings auch als leerer Raum bestehen (vgl. Löw 2012: 25). An diese Vorstellung vom „Raum als eine von den Körpern selbstständige Realität" (ebd.) schließt auch Newton an, er geht allerdings auch schon von Beziehungen, also von Relationen innerhalb dieser Räume aus und unterscheidet zwischen einem absoluten Raum, dem Behälterraum, und einem relativen Raum, „welcher durch die Beziehungen zwischen Körpern, d.h. ihre Lagerverhältnisse, wahrgenommen wird" (ebd., 26). Hierdurch nimmt Newton einen Dualismus zwischen Raum und Materie an. Erst mit der allgemeinen Relativitätstheorie gelingt es dann Einstein und seinen Mitarbeitenden, aufzuzeigen, dass der Raum die Beziehungsstruktur zwischen Körpern herstellt, „welche ständig in *Bewegung* sind" (ebd., 34 Hervorhebung im Original). Raum wurde an dieser Stelle zusammen mit Zeit gedacht, Löw veranschaulicht dies am Beispiel des Alexanderplatzes:

144

„Obwohl dieser Raum [der Alexanderplatz, YR] objektiv bestimmbar ist in seiner Größe, Beschaffenheit usw., wird ein junger Mensch diesen Raum doch völlig anders wahrnehmen als ein alter. Auch war dieser öffentliche Raum im Jahr 1950 anders strukturiert als im Jahr 1990; er verändert sich, ob man ihn sonntags oder montags betritt, vormittags oder abends. Sobald Menschen Räume konstituieren, ist der Zeitpunkt den Handlungen immanent" (ebd.: 34 f.).

Die Perspektive der Relationalität von Räumen wurde in den letzten Jahrzehnten verstärkt aufgenommen und sozialwissenschaftlich konkretisiert: Im Zuge des sogenannten ‚spatial turn‘ rückten Räume vermehrt als eine zentrale Kategorie des Sozialen in den Blickpunkt. Spatial turn bedeutet so viel wie ein Paradigmenwechsel, in dem ‚Raum‘ als Bezugsgröße sozialer Handlungen wahrgenommen und berücksichtigt wird. Räume werden also nicht länger als nur aus Materie bestehend verstanden, sie werden auch dahin gehend betrachtet, dass sie durch Handlungen hergestellt werden. Zusammenfassend lässt sich sagen, dass der Begriff des Sozialraums meint, dass Räume unsere Handlungen beeinflussen und wir gleichzeitig Räume durch Handlungen herstellen.

Dies lässt sich am folgenden Beispiel aufzeigen: Ein Seminarraum in einer Hochschule wird zum einen durch seine materielle Ausstattung zum Seminarraum. Der Raum verfügt über eine bestimmte Größe (oftmals ist er zu klein), über Tische und Stühle und über Technik, die es den Lehrenden ermöglicht, die Lehrinhalte zu visualisieren. Dies sind Beispiele für den materiellen Aspekt des Raums. Zum anderen wird der Seminarraum dadurch zum Seminarraum, dass sich diejenigen, die ihn nutzen, so verhalten, wie es dem Raum entspricht: Die Studierenden sitzen idealerweise auf den Stühlen vor den Tischen, hören zu, stellen Fragen und beteiligen sich an Diskussionen. Die Lehrenden referieren vorbereitete Inhalte in einem definierten ‚Vorne‘ und führen didaktisch durch das Seminar. Die Studierenden und die Lehrenden führen die von ihnen erwarteten Handlungen durch und stellen durch diese Handlungen den Raum als Seminarraum her. Der Sozialraum ‚Seminarraum‘ wird also sowohl durch die vorgegebene Materie als auch durch die Handlungen der Beteiligten zum Seminarraum. Durch eine solch räumliche Analyseperspektive wird deutlich, dass Räume gestaltbar sind: Ein Seminar kann z. B. auch auf einer Wiese auf dem Campus abgehalten werden. Hierdurch wird die Wiese – im Sommer wahrscheinlich eher ein Ort, an dem man sich trifft, Kaffee trinkt und die Pause zusammen verbringt – zum Seminarraum. Gleichzeitig kann ein Seminarraum zum Partyraum werden, wenn hier z. B. eine Abschlussfeier stattfindet. Die Tische und Stühle können aus dem Raum geschoben werden und stattdessen eine Musikanlage und Partybeleuchtung aufgebaut werden. Aus einer Herstellungsperspektive wird der Raum dann nicht mehr durch Zuhören, Lehren und Diskutieren konstituiert, sondern durch Tanzen und Feiern.

Die Dimension des Raumes kann also nicht einseitig als gegebene Bedingung verstanden werden, sondern *stellt zugleich immer auch* ein „situatives Muster sozialer Interaktion" dar (Kessl/Maurer 2019: 162). Wir nehmen durch unsere Handlungen Einfluss auf Räume: Wir gestalten sie und hierdurch werden Räume zu Sozialräumen. Räumliche Strukturen sind menschlichen Handlungen also *nicht vorgelagert*, sondern sie werden im alltäglichen Tun hergestellt und demnach als sozial strukturiert verstanden: Sie gestalten Gesellschaften und gleichzeitig werden sie durch die Gesellschaft strukturiert: „Diese Ordnung im Sinne von gesellschaftlichen Strukturen ist jeglichem Verhalten und Handeln vorgängig wie zugleich auch Folge von Verhalten und Handeln" (Löw/Sturm 2019: 15). Sie umfasst neben den gesellschaftlichen (Re-)produktionsverhältnissen, also der Organisation der gesellschaftlich notwendigen Arbeit, auch die „Beziehungen zwischen den Geschlechtern" (Lefebvre 2006: 331). Für eine räumliche Analyse unterscheidet Lefebvre zwischen dem wahrgenommenen, dem konzipierten und dem gelebten Raum. Der wahrgenommene Raum umfasst den physisch-materiellen Raum und verortet die räumliche Praxis. Dieser wird so zur „durch soziale Praktiken erschaffenen Bühne sozialer Praxis: Soziale Praktiken schaffen einen Raum, der in seiner Materialität sinnlich wahrnehmbar ist" (Dirks/Lippelt 2019: 327). Der konzipierte Raum umfasst den durch Institutionen, Wissenschaft und Planung erdachten Raum. Der gelebte Raum entsteht als Repräsentationsraum, „der durch den Wunsch der Veränderung und Aneignung bestimmt werde" (ebd.: 328). Dieser theoretische Zugang zum Raum als „räumliche Trade" (ebd.: 330) bedeutet für Soziale Arbeit, die konkrete Praxis „als Raum(re)produktion, zu analysieren [und] die Handlungsvollzüge ins Verhältnis zu wahrgenommenen, konzipierten und erlebten Raumproduktionen zu setzen (ebd.). Für Soziale Arbeit sind raumtheoretische Überlegungen zudem deshalb zentral, da sie eine wesentliche Funktionslogik Sozialer Arbeit abbilden: Soziale Arbeit vermittelt zwischen Individuum und Gesellschaft, basiert als professionelle Instanz auf öffentlicher Verfasstheit und agiert in öffentlicher Aufgabenstellung (vgl. Kessl/Maurer 2019: 164). Als öffentlich verfasste Dienstleistung ist Soziale Arbeit

> „durch ihr normalisierendes Tun (im Sinne von Sozialisation und Enkulturation), das die Einzelnen zum Teil einer bereits bestehenden gesellschaftlichen Konstellation werden lässt (Erziehung), als auch durch die Hoffnung auf Aufklärung der

Einzelnen (Bildung) bestimmt, die Selbstverwirklichung und Selbstbestimmung ermöglichen soll" gekennzeichnet (ebd.: 165).

Durch die Erweiterung dieser Perspektive um sozialräumliche Aspekte können zum einen gesellschaftliche Bedingungen Sozialer Arbeit in den Blick genommen werden: Hierdurch können bspw. Fragestellungen nach dem Einfluss räumlicher Materialisierungen auf Soziale Arbeit und deren Adressat:innen beantwortet werden. Zum anderen ermöglicht eine solche sozialräumliche Perspektive eine Analyse dessen, wie Räume gestaltet werden könnten, um Handlungsoptionen für Adressat:innen eröffnen zu können. Raum und Räumlichkeit stellen eine relevante Bezugsgröße für Soziale Arbeit dar, da die Gestaltung räumlicher Kontexte als zentrale fachliche Aufgabe sozialpädagogischer Handlungen angesehen werden kann. Räume werden durch die handelnden Professionellen und Adressat:innen in der Sozialen Arbeit gestaltet und zugleich müssen räumliche Einflussgrößen von ihnen reflektiert werden (ebd.:

162 f.).

II. Soziale Arbeit als räumliche Akteurin: Institutionalisierte sozialräumliche Gestaltungsprozesse

Im Anschluss an Lefebvre und Löw lassen sich räumliche Einflussgrößen auf Subjekte sowohl durch das Geschlechterverhältnis als auch durch Prozesse des Doing Gender skizzieren. Diese Verwobenheit wird im Folgenden aufgegriffen und in Bezug auf geschlechterbedingte Herstellungsprozesse diskutiert. Wir nehmen Räume unterschiedlich wahr und haben durch geschlechterbedingte Zuschreibungsprozesse unterschiedliche Nutzungsmöglichkeiten: Für das Bewegungsbedürfnis von Jugendlichen werden auf Spielplätzen z. B. Fußballfelder und Basketballkörbe als Raumnutzungsangebot zur Verfügung gestellt. Mit diesem Angebot werden allerdings hauptsächlich männliche Jugendliche adressiert, weibliche Jugendliche sind davon eher ausgeschlossen, sie haben weniger Möglichkeiten, sich öffentliche Räume anzueignen. Anders sieht es aus, wenn sich erwachsene Personen allein auf Spielplätzen aufhalten. Dies scheint durchaus legitim, wenn es sich dabei um Frauen handelt, halten sich hingegen Männer allein auf Spielplätzen auf, werden sie als Gefahr angesehen (Bauriedl et al. 2010: 10). Sozialräume werden geschlechtlich konnotiert und hierdurch werden Handlungsmöglichkeiten eröffnet oder auch verwehrt. Soziale Arbeit handelt als Akteurin im Sozialraum und zugleich trägt sie dazu bei, Sozialräume herzustellen und zu reproduzieren. Hierdurch ist sie sowohl an Ausschließungsprozessen beteiligt, hat aber auch Möglichkeiten, Sozialräume als Aneignungsräume zu gestalten. Im Folgenden werden exemplarisch Beispiele aufgezeigt, auf welchen Ebenen und durch was für Mechanismen sozialräumliche Ausschließungsprozesse erfolgen:

Ausschluss durch Unsichtbarkeit: Obwohl sich sowohl gesellschaftlich als auch wissenschaftlich diverse „Aufbrüche der Geschlechterordnungen" (Kubandt 2020: 247) erkennen lassen, zeigt sich in der Pädagogik in Kindertageseinrichtungen „nach wie vor die Tendenz, Geschlechterfragen primär mit der gesellschaftlichen Folie von Zweigeschlechtlichkeit in den Blick zu nehmen" (ebd.). Das Verhalten von Kindern und Jugendlichen scheint sich eindeutig kennzeichnen zu lassen:

> „Jungen spielen und toben raumgreifend. Sie interessieren sich für Autos und Dinosaurier. Sie spielen gerne Fußball und haben kurze Haare. Mädchen hingegen spielen leiser und kooperativer in kleinen Gruppen. Sie gestalten mit Papier und Stiften, tragen bunte Kleidung mit Glitzer und haben oft lange Haare mit Haarspangen" (Hubrig 2019: 14).

Diesen Stereotypen folgend, müssen Jungen und Mädchen einem bestimmten Bild entsprechen, um den Erwartungen Genüge zu leisten, die mit ihrer gesellschaftlich vorgegebenen Rolle einhergehen. Sie lernen, was für Verhaltensweisen und Eigenschaften, was für ein Aussehen und was für Hobbys ihrem Geschlecht entsprechend als ‚richtig' angesehen werden (vgl. ebd.: 16). Die geschlechtliche Kodierung von Räumen z. B. in Kindertagesstätten lässt sich am Beispiel der Bauecke für Jungen und der Puppenecke für Mädchen beschreiben oder anhand des oben genannten Beispiels des Basketballplatzes für Jugendliche, auf denen hauptsächlich männliche Jugendliche anzutreffen sind. Je nach Geschlecht stehen Kindern und Jugendlichen also unterschiedliche räumliche Aneignungsmöglichkeiten zur Verfügung. Pädagogischen Handlungen bzw. Angeboten liegt zumeist eine dualistische Geschlechterperspektive zugrunde. Soziale Arbeit ist als Profession in Jugendzentren, im Übergangssystem und in Schulen tätig. In diesen Bereichen haben die Professionellen Kontakt zu queeren Jugendlichen, die – neben den allgemeinen Anforderungen an die Gestaltung von Phasen des Übergangs – zusätzlich damit herausgefordert sind, sich nicht nur geschlechtlich und sexuell so zu positionieren, dass es für sie als passend erlebt wird, sondern mit ihrer Positionierung zugleich auch von ihrem Umfeld anerkannt zu werden. Auch wenn mittlerweile klar zu sein scheint, dass „[j]unge queere Menschen [...] in Schule, in Ausbildung und Jugendzentren willkommen geheißen werden" (Brück et al. 2023: 54) sollen und „individualisierende, (psycho-)pathologisierende Problematisierungsweisen" (Schirmer 2022: 96) von Transgeschlechtlichkeit der Vergangenheit angehören, finden in diesen Kontexten noch immer sozialräumliche Ausgrenzungsprozesse statt. Diese konkretisieren sich in „heteronormativen Annahmen über Aussehen, Verhalten, Geschlecht und Sexualität insbesondere in den Interaktionsprozessen" (Brück 2023: 138), bis hin zur kulturellen Abwertung queerer Lebensweisen. Durch vorherrschende Zweigeschlechtlichkeit fehlen queeren Jugendlichen Vorbilder bei der Ausprägung einer geschlechtlichen Identität, sodass es auch heute noch immer einer „Entwicklung alternativer Räume und kollektiver Praxen [bedarf], in denen die Möglichkeit einer [...] weniger herrschafts- und gewaltförmigen Verfasstheit von Geschlecht" (Schirmer 2022: 97) ausgelotet werden kann. Queere Jugendliche nutzen digitale Medien – verstanden als digitale Bildungsräume – „stärker [...] als andere Jugendliche" (Kalender 2022: 160), da sie hier Stigmatisierungen, die analoge Bildungsräume mit sich bringen, entgehen können und sich zugleich Wissen aneignen können, das den eigenen Körper „jenseits eines medizinischen, genetischen oder psychischen Defektes verstanden" (ebd.: 161) weiß. „Onlineorte" (ebd.) können genutzt werden, „um aktiv positive Selbstbilder und Erzählungen der eigenen Biographie, Lebenswelten und Körper zu erschaffen" (ebd.).

Obwohl junge queere Menschen in Jugendräumen ‚willkommen geheißen werden sollen‘, bedarf es für sie scheinbar trotzdem alternativer Räumlichkeiten, da in den ‚üblichen‘ Räumen Ausschließung stattfindet. Raumtheoretisch betrachtet ließe sich hier erkennen, dass der wahrgenommene Raum und der konzipierte Raum zwar (wahrscheinlich stellenweise) darauf ausgerichtet sind, junge queere Menschen willkommen zu heißen, dieses im gelebten Raum allerdings möglicherweise durch vorherrschende heteronormative Symboliken überlagert werde. Hier scheinen die kollektiven Erfahrungen der Jugendlichen – die ja damit herausgefordert sind, sich geschlechtlich zu verorten (vgl. Rose/ Schulz 2007) – so wirkmächtig zu sein, dass es für queere Jugendliche zusätzlich alternative (digitale) Räumlichkeiten bedarf.

Ausschluss durch geschlechter- und funktionsbedingte Zuschreibungen: Von werdenden Vätern werden – institutionell verortet – bestimmte Handlungen erwartet. War über Jahrzehnte hinweg der Platz des werdenden Vaters während der Geburt der Kreißsaalflur, änderte sich dies mit dem Einzug des „Normativ[s] der väterlichen Geburtsbeteiligung" (Seehaus/Rose 2015: 98). Die Anwesenheit von Vätern bei der Geburt gilt heute als eine „nicht hintergehbare Selbstverständlichkeit" (ebd.: 96). Väter begleiten nicht nur die Geburt, sie sind auch in die im Vorfeld stattfindende Geburtsvorbereitung einbezogen und werden hiermit zu Adressat:innen jener Professionen, die mit der Geburtsvorbereitung beschäftigt sind, eben auch Sozialer Arbeit. Wie im Umgang mit queeren Jugendlichen finden Ausschließungsprozesse nicht dadurch statt, dass Vätern der Zugang zu bestimmten Orten verwehrt wird. Ausschließungsprozesse finden möglicherweise dadurch statt, dass Väter in einer bestimmten Art und Weise adressiert und instrumentalisiert werden, ihre eigenen Interessen und Belange hingegen nicht zur Geltung kommen. Dies zeigt sich bspw. in Geburtsvorbereitungskursen, in denen die Teilnahme von Vätern nahezu vorausgesetzt wird, diese aber mit ihren Bedenken und Einwänden nicht ernst genommen werden. Äußern Väter bspw. ein Unbehagen in Bezug auf ihre Teilnahme an der Geburt, wird nicht auf diese Bedenken eingegangen, sondern sie werden von Seiten der Institution versucht zu entkräften und es wird versichert, dass im unwahrscheinlichen Fall eines „väterlichen Kollapses" (ebd.: 97) geholfen werden würde. Räumliche Ausschließungsprozesse erfolgen dadurch, dass kein „Diskursraum zur Thematisierung der prekären väterlichen Gefühlslage eröffnet wird" (ebd.: 98). Väter werden sowohl in Kursen zur Geburtsvorbereitung als auch im Rahmen der Geburt mit der Anforderung adressiert, nicht nur anwesend zu sein, sondern sich auch einzubringen – unabhängig von ihren eigenen Bedenken oder Widerständen. Werden diese Figurationen von Seiten der Väter nicht übernommen, „stabilisieren die Institutionen ihre Adressierungen, indem sie sie wiederholen, die ‚Widerstände' bagatellisieren und ihnen ihre Legitimation entziehen" (ebd.: 104).

Jenseits der normativen Ansprache entsteht auch ein praktischer Handlungsdruck auf die Männer zur Teilnahme an Geburtsvorbereitungskursen: Abwesende Männer bringen die werdenden Mütter in Bedrängnis, wenn die Übungen in den Kursen für Paare angelegt sind (vgl. Rose/Pape 2020: 186). Anders sieht es bei Veranstaltungen aus, die sich um die Säuglingsernährung drehen: Hier werden die Mütter als Zielgruppe adressiert, um auch an diesen Veranstaltungen teilnehmen zu ‚dürfen', bedarf es für die Väter einer Legitimation, in diesem Fall die Beziehung zu einer werdenden Mutter. Dennoch irritiert die Anwesenheit der Väter den institutionellen Kontext, der scheinbar eher auf die Teilnahme von (werdenden) Müttern ausgerichtet ist. Und auch bei den weitergehenden Ernährungskursen, die sich mit der Ernährung des Säuglings im Anschluss an das Stillen beschäftigen, werden die Väter nicht als Zielgruppe angesprochen (vgl. ebd.: 188 ff.).

In einer theoretischen Betrachtungsweise, in der Räumlichkeit als strukturierte und strukturierende Wirklichkeit des Sozialen gefasst wird, lassen sich die hier skizzierten Erkenntnisse zu sozialräumlichen Ausschlussprozessen wie folgt nachzeichnen: Dem institutionellen Kontext der angebotenen Kurse rund um die Geburt, das Stillen und die Säuglingsernährung liegen implizite Annahmen zur Teilnahme von Vätern zugrunde, die nicht expliziert werden. Der so konzipierte und durch die Adressierten wahrgenommene Raum verursacht allen Beteiligten an bestimmten Stellen Unbehagen: Er ist weder konzipiert für Mütter, die alleine an Geburtsvorbereitungen teilnehmen, noch ist er konzipiert für Väter, die nicht (begeistert und bedenkenlos) an den Vorbereitungskursen und der Geburt teilnehmen möchten, sondern diesbezüglich eher Bedenken äußern. Die Konzeption des Raums sorgt auch bei Institutionen und deren Beschäftigten für Irritationen, wenn hier durch bestimmte Kurse auch Väter sich zur Teilnahme an Ernährungskursen angesprochen fühlen, diese zu dem Zeitpunkt aber nicht wirklich als Adressaten angedacht waren.

Ausschluss durch *geschlechterselektierende Zugänge:* Hilfen für ältere Menschen scheinen – so eine weit verbreitete Annahme – weder ausschließlich durch professionelle Dienstleistungen noch informell durch An- und Zugehörige erbracht werden zu können. Um den steigenden Hilfebedarf für die älter werdende Bevölkerung abdecken zu können, bedarf es zusätzlich Unterstützung durch freiwillig engagierte Personen. Ein solches Engagement findet bspw. organisiert in sogenannten Bürgerhilfevereinen statt (vgl. Alisch et al. 2018: 53 ff.). Geschlechterbedingte räumliche Zuschreibungsprozesse erfolgen hier sowohl durch die Organisation der Hilfen, die die Bürgerhilfevereine anbieten, als auch durch die Adressierung derjenigen älteren Personen, die die Hilfen in Anspruch nehmen: Die von den Bürgerhilfevereinen angebotenen Leistungen werden unterschieden in sogenannte Hilfen und in Leistungen, die nicht in der Kategorie ‚Hilfe‘ verortet werden. Für diese Leistungen gibt es keinen eigenständigen Begriff, inhaltlich dienen sie zur Gemeinschaftsbildung. Es handelt sich dabei z. B. um Treffen zum gemeinsamen Kaffeetrinken oder um organisierte Ausflüge. Dadurch, dass diesen Angeboten abgesprochen wird, als ‚Hilfe‘ fungieren zu können, werden sie hierarchisiert und abgewertet (vgl. Rubin 2021: 99). Diese Abwertung erfolgt entlang geschlechterbedingter Zuschreibungen: Angebote, die zur Gemeinschaftsbildung dienen, werden weiblich konnotiert (vgl. Rubin 2018: 205). Und diese Abwertung beschränkt sich nicht nur auf die Leistungen, sondern auch auf diejenigen, die diese Leistungen erbringen, also die freiwillig Engagierten. Die Erbringung der Leistungen wird – zumeist nach Aussagen jener Engagierter, die die sogenannten Hilfeleistungen erbringen – als *notwendig für die Leistungerbringer:innen* zumeist Leistungserbringerinnen verstanden. Dieser Aussage liegt die Annahme zugrunde, dass die engagierten Frauen diese Leistung nicht anbieten, um anderen damit zu ‚helfen‘, sondern um ihre eigenen Bedürfnisse nach sozialer Teilhabe zu befriedigen (vgl. ebd.: 170). An Angeboten, die sozialer Teilhabe dienen, nehmen ausschließlich Frauen teil, was bei den freiwillig engagierten Personen zumeist für Erstaunen sorgt. Es scheint unerklärlich, weshalb nicht auch Männer regelmäßig an diesen Angeboten teilnehmen (vgl. ebd.: 207). Punktuell nimmt zwar mal ein Mann teil, allerdings verbleibt es in der Regel bei einer einmaligen Teilnahme. Die Engagierten nehmen eine Hemmschwelle wahr, die es den Männern verunmöglicht, regelmäßig z. B. an gemeinsamen Kaffeetrinken teilzunehmen. Vermutet wird, dass geschlechterbedingte Zuschreibungen dazu führen, dass Männern die Teilnahme verwehrt wird: „Während es für Frauen durchaus legitim erscheint, an ‚Kaffeekränzchen‘ [...] teilzunehmen, scheint eine Teilnahme für Männer unpassend“ (Rubin 2021: 100). Bei der Leistungserbringung durch freiwillig Engagierte in Bürgerhilfevereinen finden demzufolge geschlechterbedingte Zuschreibungen auf drei Ebenen statt: Zunächst werden die angebotenen Hilfeleistungen weiblich und männlich konnotiert und entlang dieser Zuschreibungen auf- bzw. abgewertet. Entsprechend dieser Kategorisierung werden auch die freiwillig Engagierten eingeordnet. Die Leistungserbringung von gemeinschaftsstiftenden Angeboten wird nicht als Hilfe für die Adressat:innen verstanden, sondern als ‚etwas‘, das die Engagierten für sich tun. Zuletzt wird auch die Teilnahme an den angebotenen Leistungen geschlechtlich konnotiert: Angebote zur Gemeinschaftsbildung, wie z. B. ein gemeinsames Kaffeetrinken, werden weiblich konnotiert, was dazu führt, dass Männer durch diesen Symbolcharakter von einer Teilnahme ausgeschlossen werden. Auch an diesem Beispiel lässt sich eine raumtheoretische Analyse im Sinne von Henry Lefebvre anführen: Die räumliche Konzeption der Hilfen sieht vor, dass diese nicht regelhaft sozialstaatlich finanziert, sondern durch freiwillig engagierte Personen erbracht werden. Der wahrgenommene Raum konkretisiert sich durch die Entwicklung und Organisation der Hilfe durch die Bürgerhilfevereine, im erlebten Raum konkretisieren sich die Hilfen durch die Ausgestaltung der Leistungen durch die Engagierten. Anhand dieser räumlichen Analyse lässt sich in allen Bereichen eine Abwertung weiblich konnotierter sorgender Tätigkeiten ausmachen: An- und Zugehörigen stehen – bei nahezu ausschließlicher Anerkennung von Erwerbsarbeit als gesellschaftlich anerkannter Arbeit – keine ausreichenden zeitlichen Ressourcen zur Verfügung, um sorgende Tätigkeiten zu übernehmen. Gleichwohl scheinen solche Tätigkeiten als nicht fachlich genug eingeschätzt zu werden, um sozialstaatlich abgesichert und durch professionell Tätige erbracht werden zu müssen. Sorgende Tätigkeiten werden prekarisiert durch freiwillig engagierte Personen erbracht (vgl. Alisch et al. 2018: 136 ff.).

III. Sozialraum und Gender: Handlungsoptionen für Soziale Arbeit

Soziale Arbeit fungiert also auch als räumliche Akteurin, woraus resultiert, dass ihre Handlungsvollzüge in ihrer „institutionellen und organisatorischen Eingebundenheit" (Dirks/Lippelt 2019: 325) reflektiert werden müssen. Einer weiteren Reflexion bedarf die Verwobenheit von Räumen und Geschlecht: Hier lässt sich eine doppelte Verwobenheit zwischen gesellschaftlichen Ebenen und der Handlungsebene der Subjekte aufzeigen: Geschlecht wirkt als Geschlechterverhältnis auf gesellschaftlicher Ebene, die gesellschaftliche Ebene von Sozialräumen stellt die strukturelle Ebene, z. B. der Verrechtlichung von Räumen, dar. Dabei wirkt die gesellschaftliche Ebene nicht linear auf die Subjekte, sondern gesellschaftliche Kontextbedingungen werden von den Subjekten in „lebenslangen, spannungsreichen und mit fortlaufenden Konflikten" (Bereswill/Ehlert 2010: 147) angeeignet. Die Handlungsebene ermöglicht – in Bezug auf die sozialräumliche Dimension – die Herstellung von räumlichen Aneignungsprozessen. In Bezug auf Geschlecht finden auf der Handlungsebene geschlechterbezogene Herstellungs- und Aneignungsprozesse statt. Einem Verständnis von sozialen Räumen folgend, in dem gesellschaftliche Strukturen Handlungen sowohl vorgängig sind als auch Folge von Handlungen darstellen (vgl. Löw/Sturm 2019: 15), stellt auch die Unterscheidung von Geschlechtern eine Struktur dar, die sich in Handlungen konkretisiert und gleichzeitig Handlungen vorgelagert ist. Der Körper stellt in einer solchen Perspektive keinen „außerkulturellen Tatbestand" (Gildemeister 2008: 168) dar, sondern mit einem solchen sozialräumlichen Blick können z. B. zweigeschlechtliche Unterscheidungsprozesse als Prozesse der Differenzierung analysiert werden. Prozesse sozialer Herstellung werden bis heute eher bruchstückhaft betrachtet, da das „sowohl für den Raum als auch für das Geschlecht zentrale Spannungsfeld von Sozialität und (körperlich-physischer) Materialität in diesem Kontext eine besondere Herausforderung darstellt" (Ruhne 2019: 203).

Wird Raum als „konstitutive Dimension pädagogischen Handelns" (Kessl/Reutlinger 2018: 1075) verstanden, dann kann als Aufgabe einer sozialräumlich organisierten Sozialen Arbeit die Analyse von verwehrten räumlichen Zugängen (und das nicht nur materiell, sondern auch symbolisch) und die Herstellung von Aneignungsräumen betrachtet werden. Die Wechselwirkung zwischen gesellschaftlichen Rahmenbedingungen und subjektiven Aneignungsprozessen wird als wesentlich für biografische Lernprozesse verstanden. Einem solchen Zugang liegt die Fragestellung zugrunde, „wie ein Ort beschaffen sein muss, damit ein Subjekt als Subjekt an ihm leben und sich entwickeln kann, damit er auch als Lebensbedingung vom Subjekt kontrolliert wird" (Winkler 2021: 262). Aus dieser Sicht „sind sozialräumliche Bezüge in einer ganz grundlegenden Art und Weise konstitutiv für jegliche Soziale Arbeit" (May 2008: 62). Im Folgenden sollen die Relevanz und mögliche Ansatzpunkte für sozialraumbezogene, geschlechtersensible Soziale Arbeit am Beispiel der zuvor skizzierten empirischen Analysen aufgezeigt und Bezüge zu den eingangs skizzierten Raumwahrnehmungs- und Deutungsmöglichkeiten hergestellt werden.

Kubandt geht so weit zu sagen, dass der „Fokus auf Unterschiede *zwischen* Geschlechtern Differenzen *innerhalb* Geschlechtergruppen ausblendet" (Kubandt 2020: 249, Hervorhebung im Original). Durch solche Erkenntnisse lässt sich die Bedeutsamkeit von Geschlecht als gesellschaftlich hergestellt aufzeigen, insbesondere dann, wenn zudem berücksichtigt wird, dass selbst die größten Unterschiede zwischen den Geschlechtern weit geringer sind als die Unterschiede innerhalb der Geschlechter (vgl. ebd.). Die zugrunde liegende Annahme einer Geschlechterdifferenz birgt nicht nur die einer Essentialisierung stereotyper Vorannahmen, sie lässt zudem „Perspektiven jenseits der Zweigeschlechtlichkeit unberücksichtigt, bzw. völlig außen vor" (ebd.: 250). Geschlechterdifferenzierte pädagogische Handlungsoptionen werden im Folgenden exemplarisch in Anlehnung an die von Ulrich Deinet ausgeführten sozialräumlichen Haltungen und Arbeitsprinzipien ausgeführt: Die Einnahme eines „sozialräumlichen Blicks" (Deinet 2009: 45) ermöglicht eine Reflexion möglicher Aneignungsräume, Chancen und Barrieren, die in sozialräumlichen Zusammenhängen entstehen bzw. hergestellt werden.

Die von Deinet beschriebenen sozialräumlichen Haltungen und Arbeitsprinzipien verdeutlichen zunächst die Notwendigkeit der Einnahme einer *Beobachtungs- und Forschungsperspektive*. Hierbei geht es darum, „eine möglichst von der Einrichtung distanzierte Vorgehensweise zu entwickeln, die nicht schon im Ansatz dadurch bestimmt wird, dass die vorhandenen Rahmenbedingungen und Ressourcen ständig mitbedacht werden" (ebd.: 48). Deinet versteht darunter „eine Haltung, die [...] ständig und kontinuierlich mitläuft und die Fachkraft in die Lage versetzt, die Beobachterperspektive in Bezug auf den Sozialraum und dessen Veränderungen" (ebd.) einzunehmen. Durch die Einnahme einer solchen Perspektive könnten geschlechterbedingte Leerstellen – wie bspw. fehlende Vorbilder für junge queere Menschen – erkannt und ein Umgang hiermit überlegt werden. Hierbei gilt zu berücksichtigen, dass queere Jugendliche geschlechtliche Selbstfindungs- und Selbstbehauptungsprozesse bewältigen müssen, „die über diejenigen hinausgehen, die Jugendliche haben, die sich innerhalb des zweigeschlechtlich-heteronormativen Ordnungssystems verordnen" (Meuser 2021: 17). Gleiches gilt für die pädagogischen Prozesse innerhalb der Beobachtungs- und Forschungsperspektive durch die Fachkräfte, die im pädagogischen Tun einer Reflexion bedürfen. Für LSBT* Jugendliche gibt es nicht nur wenige explizite Angebote, zudem geben – in der DJI-Studie aus dem Jahr 2013 befragte – Fachkräfte an, wenig über die Lebenslagen von schwulen und homosexuellen Jugendlichen zu wissen und melden hierzu Fortbildungsbedarf an (vgl. Schirmer 2017: 180).

Eine weitere sozialräumliche Haltung umfasst *Beobachten und Verstehen* als vorrangig vor der Kontaktaufnahme und der Intervention: Es sollen Situationen beobachtet und Räume wahrgenommen werden. Deinet beschreibt die Beobachtung unter Bezugnahme auf Mollenhauer/Rittelmeyer (1997) als „ein unabdingbares Moment des pädagogischen Handelns" (Deinet 2009: 50). Dabei sind in Abgrenzung zur willkürlichen Beobachtung im Alltagshandeln auch die Selektivität der Beobachtung „und die einfließende Interpretation" (ebd.) zu reflektieren. Hierbei gilt es insbesondere zu berücksichtigen, dass vermeintlich geschlechtshomogene Gruppen nicht automatisch auch „einheitliche Interessen und Bedürfnisse" (Alisch/Ritter 2014: 9) haben. Dieses als „Homogenisierungsdilemma" (Kessl/Reutlinger 2007: 123) verstandene Phänomen zeigte sich auch in den oben skizzierten empirischen Erkenntnissen: Die als Väter bzw. als werdende Väter adressierte Personengruppe wurde nicht nur als homogene Gruppe wahrgenommen, sie wurden – mit Lefebvre gesprochen – im konzipierten Raum der Veranstaltungen bestimmten Verhaltensweisen (freudige Teilnahme an der Geburt) adressiert. Dieses Verhalten trifft auf einen Teil der Väter wahrscheinlich auch zu. Dennoch wäre es – aus einer sozialräumlichen Perspektive – in diesen Veranstaltungen interessant gewesen, die Positionen der Väter im Sinne eines Verstehens ernst zu nehmen und auf ihre Bedenken einzugehen. *Beobachten und Verstehen* als pädagogische Handlungen ermöglichen Reflexionsprozesse nicht nur in Bezug auf die Frage, „wie Geschlechtszuschreibungen vorgenommen werden" (Meuser 2021: 4), sondern darüber hinaus auch, wann in solchen Zuschreibungsprozessen auch Widerstände und Brüche erkennbar sind.

Als weitere sozialräumliche Haltung führt Deinet die *Wahrnehmung von Einschränkungen und Möglichkeiten in der Raumgestaltung* an. Bei dieser Haltung geht es darum, sowohl die zu beobachtenden Einschränkungen, Begrenzungen und Verdrängungen wahrzunehmen, als auch jene Aneignungsprozesse wahrzunehmen, die trotz einschränkender Aspekte zu finden sind (Deinet 2009: 54). Die Möglichkeit und Beschränkung räumlicher Aneignungsprozesse wurde eingangs am Beispiel der Raumverteilung auf der Sitzbank im Bus skizziert. Eine weitere Aneignungsmöglichkeit, bzw. eine verwehrte oder erschwerte Aneignungsmöglichkeit, lässt sich am Beispiel des Phänomens skizzieren, das die Autorin des Podcasts „Raus aus der Geschlechterrolle" Daniela Schmidt äußert: Sie beschreibt ein Unbehagen, das sie erlebt, wenn sie abends alleine auf dem Weg nach Hause ist. Ihrem männlichen Kollegen ist ein solches Unbehagen unbekannt. Hier wird eine doppelte Herstellung von Räumen deutlich: Empirisch lässt sich aufzeigen, dass sich die „vermehrte[n] Unsicherheiten von Frauen im öffentlichen Raum nicht vor dem Hintergrund einer erhöhten Gefährdung erklären lassen" (Ruhne 2011: 209). Allerdings handelt es sich bei einem solchen Unbehagen auch keineswegs um eine irrationale Angst, sondern geschlechterbedingte Sicherheiten, bzw. Unsicherheiten, stellen sich als „wirkmächtiges Moment des Sozialen [dar], das in entscheidender Weise an der wechselseitigen Konstruktion und Konstitution von Raum und Geschlecht in ihren dichotomen Ausprägungen [...] mitwirkt" (Ruhne 2011: 209). Eine weitere Beschränkung räumlicher Aneignungsprozesse findet sich in der Empirie zu freiwilligem Engagement für ältere Menschen. Hier werden sowohl Frauen als auch Männer in einer bestimmten Weise adressiert: Während es Männern nicht möglich ist, an als ‚Kaffeekränzchen' verstandenen Veranstaltungen teilzunehmen, wird dieses – hauptsächlich von Frauen erbrachte – Engagement als eigene Freizeitbeschäftigung abgewertet. Die Wahrnehmung der Einschränkungen und Möglichkeiten der Raumgestaltung bezieht sich hierbei nicht nur auf den wahrgenommenen Raum, der durch soziale Praxen in seiner Materialität wahrnehmbar ist, sondern geht darüber hinaus: Im Anschluss an Lefebvre lässt sich der erlebte Raum als Repräsentationsraum analysieren (vgl. Lefebvre 2006: 333), in dem das Erleben „durch ein mehr oder weniger kohärentes System von nonverbalen Symbolen und Zeichen überlagert werde" (Dirks/Lippelt 2019: 328). Dies umfasst auch die Zuschreibungen zu geschlechterbedingten Verhaltensweisen. Gleichzeitig kann eine solche Analyse verdeutlichen, dass solche Zuschreibungen verändert werden können und sich hierdurch Handlungsspielräume auch erweitern können. Um erweiterte Handlungsmöglichkeiten eröffnen zu können, müssen neben den bisherigen sozialräumlichen Haltungen die Perspektiven der Adressat:innen ernst genommen werden, Deinet spricht davon, diese als Expert:innen anzuerkennen. Eine Berücksichtigung dieses als Expert:innenwissens verstandenen Wissens ist deshalb von besonderer Relevanz, da es sich bei Angeboten Sozialer Arbeit zumeist um Angebote handelt, die auf „interpretierte Identitäten und Bedürfnisse" (Fraser 1994: 237) rekurrieren, die wirklichen Bedürfnisse der Adressat:innen sind den professionell agierenden Personen mitunter gar nicht bekannt. Nicht zuletzt kann durch diese Perspektive – zumindest ansatzweise – das Dilemma berücksichtigt werden, dass Soziale Arbeit „obgleich sie in ihrem Auftrag und Selbstverständnis nach zu mehr sozialer Gerechtigkeit und zum Abbau von Benachteiligungen beitragen soll – in vielfältiger Hinsicht selbst verstrickt ist in Prozesse der Produktion und Aufrechterhaltung sozialer Ungleichheit" (Schirmer 2017: 182).

IV. Zusammenfassendes Fazit

Wie in dem Beitrag aufgezeigt werden konnte, eignen sich sozialräumliche Perspektiven Sozialer Arbeit, um geschlechterbedingte Prozesse analysieren und reflektieren zu können. Insbesondere sollte aufgezeigt werden, dass

- Räume nicht ‚gottgegeben' oder ‚vom Himmel gefallen sind', sondern dass Räume permanenten Herstellungsprozessen unterliegen und somit gestaltet werden (können).
- Räume nicht geschlechtsneutral sind, sondern dass ihnen bestimmte geschlechtliche Konnotationen hinterlegt sind. Für eine Analyse und Reflexion solcher geschlechtlichen Konnotationen eignen sich sozialwissenschaftliche raumtheoretische Zugänge.
- Soziale Arbeit als Akteurin im Sozialraum fungiert und diesen sowohl als Profession als auch als Disziplin mitgestaltet und hierfür über Methoden und Techniken verfügt.

Als Reflexionsfragen bieten sich im Anschluss an diesen Beitrag Fragestellungen dahin gehend an, wie ich – mitunter als professionell tätige Person in der Sozialen Arbeit – dazu beitrage, dass und wie Räume geschlechterkulturell gestaltet werden.

Reflexionsfragen
- Inwiefern beeinflussen gesellschaftliche Normen bezüglich ‚Geschlecht' die Wahrnehmung und Nutzung von Räumen, und wie können diese geschlechterbedingten Unterschiede in der Sozialen Arbeit berücksichtigt werden?
- Welche Rolle spielt die Soziale Arbeit bei der Herstellung und Reproduktion von Sozialräumen, und wie kann sie dazu beitragen, Ausschließungsprozesse abzubauen und gleichberechtigte Teilhabe zu fördern?
- Wie können sozialräumliche Haltungen und Arbeitsprinzipien nach Deinet dazu beitragen, bedürfnisgerechte Angebote in der

Sozialen Arbeit zu gestalten, die geschlechtsspezifische Aspekte berücksichtigen und die Perspektiven der Adressat:innen ernst nehmen?

Literatur

Alisch, Monika/Boos-Krüger, Annegret/Ritter, Martina/Schönberger, Christine/Glaser, Roger/Rubin, Yvonne/Solf-Leipold, Barbara (2018): „Irgendwann brauch' ich dann auch Hilfe …!". Selbstorganisation, Engagement und Mitverantwortung älterer Menschen in ländlichen Räumen. Beiträge zur Sozialraumforschung. Bd. 17, Opladen/Berlin/Toronto: Verlag Barbara Budrich.

Alisch, Monika/Ritter, Martina (2014): Gender und Sozialraum. Sozialraumentwicklung und Organisation im Kontext der Geschlechterverhältnisse. In: Alisch, Monika/Ritter, Martina (Hrsg.): Gender und Sozialraum. Sozialraumentwicklung und -organisation im Kontext der Geschlechterverhältnisse. Beiträge zur Sozialraumforschung. Bd. 10, Opladen/Berlin/Toronto: Verlag Barbara Budrich, S. 7–24.

Bauriedl, Sybille/Schier, Michaela/Strüver, Anke (2010): Räume sind nicht geschlechtsneutral: Perspektiven der geographischen Geschlechterforschung. In: Bauriedl, Sybille/Schier, Michaela/Strüver, Anke (Hrsg.): Geschlechterverhältnisse, Raumstrukturen, Ortsbeziehungen. Erkundungen von Vielfalt und Differenz im spatial turn. 1. Aufl. Forum Frauen- und Geschlechterforschung. Bd. 27, Münster: Westfälisches Dampfboot, S. 10–25.

Bereswill, Mechthild/Ehlert, Gudrun (2010): Geschlecht. In: Bock, Karin/Miethe, Ingrid (Hrsg.): Handbuch qualitative Methoden in der Sozialen Arbeit. Opladen/Berlin/Toronto: Verlag Barbara Budrich, S. 143–151.

Brück, Jasmin (2023): „Ich wünschte, wir müssten nicht so Angst davor haben, wie andere Menschen darauf reagieren". Jung, queer und im Übergangssystem – eine Fallvignette. In: Bitzan, Maria/Brück, Jasmin/Dern, Susanne/Nestler, Thomas/Schirmer, Utan/Staudenmeyer, Bettina/Zöller, Ulrike (Hrsg.): Queer im Übergangssystem. Impulse für eine heteronormativitätskritische Praxis Sozialer Arbeit, Bielefeld: transcript, S. 121–140.

Brück, Jasmin/Brodersen, Folke/Nestler, Thomas (2023): Queere Jugend und ihre Übergänge – Aufwachsen unter ambivalenten Anforderungen. In: Bitzan, Maria/Brück, Jasmin/Dern, Susanne/Nestler, Thomas/Schirmer, Utan/Staudenmeyer, Bettina/Zöller, Ulrike (Hrsg.): Queer im Übergangssystem. Impulse für eine heteronormativitätskritische Praxis Sozialer Arbeit, Bielefeld: transcript, S. 41–66.

Deinet, Ulrich (2009): Sozialräumliche Haltungen und Arbeitsprinzipien. In: Deinet, Ulrich (Hrsg.): Methodenbuch Sozialraum, Wiesbaden: VS Verlag für Sozialwissenschaften/GWV Fachverlage GmbH Wiesbaden, S. 45–61.

Dirks, Sebastian/Lippelt, Maike (2019): Professionelle (Re)produktion als strukturierendes Element des Sozialraums. In: Kessl, Fabian/Reutlinger, Christian (Hrsg.): Handbuch Sozialraum. Grundlagen für den Bildungs- und Sozialbereich. 2. Aufl., Sozialraumforschung und Sozialraumarbeit. Bd. 14, Wiesbaden: Springer VS, S. 321–340.

Fraser, Nancy (1994): Widerspenstige Praktiken. Macht Diskurs Geschlecht, Frankfurt am Main: Suhrkamp.

Gildemeister, Regine (2008): Soziale Konstruktion von Geschlecht: „Doing gender". In: Wilz, Sylvia Marlene (Hrsg.): Geschlechterdifferenzen – Geschlechterdifferenzierungen. Ein Überblick über gesellschaftliche Entwicklungen und theoretische Positionen. Hagener Studientexte zur Soziologie, Wiesbaden: VS Verlag für Sozialwissenschaften, S. 167–198.

Hubrig, Silke (2019): Geschlechtersensibles Arbeiten in der Kita, Weinheim: Beltz Verlagsgruppe.

Kalender, Ute (2022): Komplexe Verkörperung in digitalen Bildungsräumen. Eine queer-feministische Perspektive. In: Kasten, Anna/Bose, Käthe von/Kalender, Ute (Hrsg.): Feminismen in der Sozialen Arbeit. Debatten, Dis/Kontinuitäten, Interventionen, Weinheim, Basel: Beltz Juventa, S. 153–169.

Kessl, Fabian/Maurer, Susanne (2019): Soziale Arbeit. Eine disziplinäre Positionierung zum Sozialraum. In: Kessl, Fabian/Reutlinger, Christian (Hrsg.): Handbuch Sozialraum. Grundlagen für den Bildungs- und Sozialbereich. 2. Aufl., Sozialraumforschung und Sozialraumarbeit. Bd. 14, Wiesbaden: Springer VS, S. 161–183.

Kessl, Fabian/Reutlinger, Christian (2007): Reflexive räumliche Haltung. In: Kessl, Fabian/Reutlinger, Christian (Hrsg.): Sozialraum. Eine Einführung, Wiesbaden: VS Verlag für Sozialwissenschaften/GWV Fachverlage, S. 121–129.

Kessl, Fabian/Reutlinger, Christian (2018): Sozialraumorientierung. In: Böllert, Karin (Hrsg.): Kompendium Kinder- und Jugendhilfe. Wiesbaden: Springer VS, S. 1067–1.093.

Kubandt, Melanie (2020): Zweigeschlechtlichkeit als Dreh- und Angelpunkt sozialpädagogischer Betrachtungen?! Geschlechterforschung im institutionellen Kontext von Kindertageseinrichtungen. In: Rose, Lotte/Schimpf, Elke (Hrsg.): Sozialarbeitswissenschaftliche Geschlechterforschung. Methodologische Fragen, Forschungsfelder und empirische Erträge, Opladen/Berlin/Toronto: Verlag Barbara Budrich, S. 247–261.

Lefebvre, Henri (2006): Die Produktion des Raums (1974). In: Dünne, Jörg/Günzel, Stephan (Hrsg.): Raumtheorie. Grundlagentexte aus Philosophie und Kulturwissenschaften, Frankfurt am Main: Suhrkamp, S. 330–342.

Löw, Martina (2012): Raumsoziologie. 7. Aufl., Bd. 1506, Frankfurt am Main: Suhrkamp Verlag.

Löw, Martina/Sturm, Gabriele (2019): Raumsoziologie. Eine disziplinäre Positionierung zum Sozialraum. In: Kessl, Fabian/Reutlinger, Christian (Hrsg.): Handbuch Sozialraum. Grundlagen für den Bildungs- und Sozialbereich. 2. Aufl., Sozialraumforschung und Sozialraumarbeit. Bd. 14, Wiesbaden: Springer VS, S. 3–21.

May, Michael (2008): Sozialraumbezüge Sozialer Arbeit. In: Alisch, Monika/May, Michael (Hrsg.): Kompetenzen im Sozialraum. Sozialraumentwicklung und -organisation als transdisziplinäres Projekt. Beiträge zur Sozialraumforschung. Bd. 1, Opladen: Barbara Budrich, S. 61–84.

Meuser, Michael (2021): Kindheit, Jugend und Geschlecht. In: Krüger, Heinz-Hermann/Grunert, Cathleen/Ludwig, Katja (Hrsg.): Handbuch Kindheits- und Jugendforschung, Wiesbaden: Springer VS, S. 1–24.

Rose, Lotte/Pape, Judith (2020): Geschlechterordnungen der Familie. Ethnographische Eindrücke zur Positionierung des Vaters in Bildungsangeboten zur Geburt und ersten Lebenszeit des Kindes. In: Rose, Lotte/Schimpf, Elke (Hrsg.): Sozialarbeitswissenschaftliche Geschlechterforschung. Methodologische Fragen, Forschungsfelder und empirische Erträge, Opladen/Berlin/Toronto: Verlag Barbara Budrich, S. 183–200.

Rose, Lotte/Schulz, Marc (2007): Gender-Inszenierungen. Jugendliche im pädagogischen Alltag, Bd. 7, Königstein/Taunus: Helmer.

Rubin, Yvonne (2018): Freiwilliges Engagement in ‚sorgenden Gemeinschaften'. Eine geschlechterkritische Analyse ehrenamtlicher Care-Arbeit für ältere Menschen. Beiträge zur Sozialraumforschung. Bd. 19, Opladen/Berlin/Toronto: Verlag Barbara Budrich.

Rubin, Yvonne (2021): „Also wenn, sind es Exoten." – Geschlechterbedingte Ungleichheiten im freiwilligen Engagement für ältere Menschen. In: Blätter der Wohlfahrtspflege (BdW) 168, H. 3, S. 98–100. DOI: 10.5771/0340-8574-2021-3-98.

Ruhne, Renate (2011): Raum Macht Geschlecht. Zur Soziologie eines Wirkungsgefüges am Beispiel von (Un)Sicherheiten im öffentlichen Raum. 2. Aufl., Wiesbaden: VS Verlag für Sozialwissenschaften.

Ruhne, Renate (2019): (Sozial-)Raum und Geschlecht als strukturierendes Element des Sozialraums. In: Kessl, Fabian/Reutlinger, Christian (Hrsg.): Handbuch Sozialraum. Grundlagen für den Bildungs- und Sozialbereich. 2. Aufl., Sozialraumforschung und Sozialraumarbeit. Bd 14, Wiesbaden: Springer VS, S. 203–224.

Schirmer, Uta (2017): Zwischen Ausblendung und Sozialpädagogisierung? Dilemmata bei der Konstruktion von LSBT*-Jugendlichen als Zielgruppe Sozialer Arbeit. In: Diskurs Kindheits- und Jugendforschung / Discourse. Journal of Childhood and Adolescence Research 12, H. 2, S. 178–189. DOI: https://doi.org/10.3224/diskurs.v12i2.04.

Schirmer, Uta (2022): Trans*aktivistische Bewegungen und Soziale Arbeit – Rekonstruktion eines emanzipatorischen Potentials. In: Kasten, Anna/Bose, Käthe von/Kalender, Ute (Hrsg.): Feminismen in der Sozialen Arbeit. Debatten, Dis/Kontinuitäten, Interventionen, Weinheim, Basel: Beltz Juventa, S. 92–115.

Schmidt, Daniela (2019): Raus aus der Geschlechterrolle. MDR Wissen. www.mdr.de/wissen/podcast/challenge/raus-aus-der-geschlechterrolle100.html, 12.8.2024.

Seehaus, Rhea/Rose, Lotte (2015): Formierung von Vaterschaft – ethnografische Befunde aus Institutionen der Natalität. In: Gender. Zeitschrift für Geschlecht, Kultur und Gesellschaft 7, H. 3, S. 93–108. DOI: https://doi.org/10.25595/2655.

Winkler, Michael (2021): Eine Theorie der Sozialpädagogik. Neuausgabe mit einem neuen Nachwort, Weinheim, Basel: Beltz Juventa.

Geschlecht, extrem rechte Erscheinungsformen und Rassismus im Kontext Sozialer Arbeit

Michaela Köttig

Am 19. Februar 2020 erschoss ein 43-jähriger Mann in Hanau neun Menschen: Kaloyan Velkov, Fatih Saraçoğlu, Sedat Gürbüz, Vili Viorel Păun, Gökhan Gültekin, Mercedes Kierpacz, Ferhat Unvar, Said Nesar Hashemi und Hamza Kurtović, die er als ›Ausländer‹ definierte. Anschließend fuhr er nach Hause, erschoss dort seine Mutter und sich selbst[1]. Einer der Tatorte ist im Stadtteil Kesselstadt in Hanau in der Nähe des JUZ k.town verortet. Ein Stadtteil, in dem sich viele Menschen kennen und ein enges soziales Miteinander gelebt wird. Unter den Opfern sind mehrere Jugendliche, die das Jugendzentrum regelmäßig besucht haben. Nach der Tat wurde das JUZ k.town zu einem zentralen Treffpunkt für die überlebenden Geschwister, Angehörigen und Freunde aus dem Stadtteil. Die Mitarbeiter:innen des JUZ k.town mussten nicht nur ihre eigene Wut, Trauer und Hilflosigkeit bearbeiten, sondern auch die der Menschen, die zum JUZ kamen. Zudem mussten sie immer wieder auf den Vater des Attentäters reagieren, der weiterhin im Stadtteil agiert und mit Drohungen die Betroffenen in Angst und Schrecken versetzt (vgl. Heigl/ Kugler 2023).

Das eigene Arbeitsfeld und die Sozialarbeiter:innen selbst können also durch extrem rechte Anfeindungen oder von den Folgen rechter Attentate betroffen sein. Betroffenheit von extrem rechten Erscheinungsformen ergibt sich darüber hinaus auch noch in vielerlei anderer Hinsicht. So kann sich das Arbeitsfeld – wie in dem Beispiel aufgezeigt – an von Rassismus und Diskriminierung Betroffene richten, andererseits aber auch an potentiell extrem rechte Adressat:innen; Träger können Maßnahmen anordnen, die sich auf bestimmte Gruppierungen ausgrenzend oder gar diskriminierend auswirken, oder auf der Teamebene können Kolleg:innen extrem rechte und rassistische Positionen vertreten oder gar selbst in der extremen Rechten organisiert sein. Ebenso können Angebote der Sozialen Arbeit sich direkt an extrem rechte, bspw. Straffällige, richten oder Sozialarbeiter:innen sind im Stadtteil mit extrem rechten Aktivitäten oder Personen konfrontiert.

---

1 Genaueres zum Verlauf der Tat findet sich u.a. hier: https://mediendienst-integration.de/artikel/chronik-des-anschlags-in-hanau.html, 4.7.2024.

Demgegenüber steht, dass extrem rechte Erscheinungsformen und Rassismus im Studium und/oder in den diversen Praxisfeldern Sozialer Arbeit kaum thematisiert werden und wenn, dann auch eher emotionale (Abwehr-)Reaktionen hervorrufen und damit den Impuls auslösen, die dahinterliegenden Phänomene und Erscheinungsformen von sich selbst und dem eigenen Arbeitsfeld möglichst auf Distanz zu halten und, wenn überhaupt, dann extrem rechte und rassistische Haltungen und Aktivitäten in anderen Praxiskontexten zu verorten. Verständlich, aber aufgrund der anhaltenden und wachsenden gesellschaftlichen Durchdringung extrem rechter Argumentationsfiguren und rassistischer Übergriffe wird ein genaues Hinschauen in allen Bereichen Sozialer Arbeit umso wichtiger. Insbesondere die Komplexität und die vielschichtigen Ebenen, auf denen uns extrem rechte Erscheinungsformen und Rassismus begegnen können, erschweren die Auseinandersetzung und Reflexion.

In diesem Beitrag sollen die oben angesprochenen Betroffenheitsdimensionen im Hinblick auf die Spezifik von Genderdynamiken hin untersucht werden. Die zentralen Fragen sind also: Was haben diese unterschiedlichen Ebenen der Betroffenheit mit Geschlecht zu tun und welche Auswirkungen lassen sich anhand dieser Perspektive beschreiben? Um dem nachzugehen, werde ich zunächst in den Kontext der extrem rechten Erscheinungsformen/Rassismus und Gender einführen, daran anschließend den Stand der Diskussion in der Sozialen Arbeit darstellen und anhand der Thematiken Antifeminismus, sexuelle Gewalt und dem Praxisfeld Frauenhaus konkreter auf Bedrohungen und Ambivalenzen im Umgang mit extrem rechten Erscheinungsformen und Rassismus in der Sozialen Arbeit eingehen. Dabei werden theoretische Hintergründe und wissenschaftliche Erkenntnisse sowie gesellschaftliche Diskurse einfließen. Grundsätzlich muss festgestellt werden, dass sich rechte Ideologiefragmente überall in der Gesellschaft finden lassen, sodass die Vorstellung einer demokratischen Mitte und einem extrem rechten Rand eher verschwimmen. Gesellschaftlich verankerte extrem rechte Ideologiefragmente zeigen sich etwa im Alltagsrassismus oder Antifeminismus. Solche Ideologiefragmente werden gezielt von extrem rechten Organisationen aufgegriffen und als ›normale Meinungen‹ zunehmend normalisiert.

I. Extrem rechte Erscheinungsformen, Rassismus und Gender

Um die Frage nach der Bedeutung von Geschlecht im Kontext von Rassismus und extrem rechten Erscheinungsformen zu beantworten, werde ich zunächst etwas genauer auf die extreme Rechte eingehen. Hier muss als Erstes festgestellt werden, dass nicht von ›der‹ extremen Rechten gesprochen werden kann, sondern gemeint ist eine breite Landschaft an Strukturen, Gruppierungen und Organisationen, die von Jugendszenen, über intellektuelle Kaderschmieden, Terrorgruppen, Reichsbürger*innen[2], diversen Parteien bis hin zu heidnisch-völkischen Milieus reicht. Jeder dieser Kontexte hat jeweils eigene Organisationsformen, partiell unterschiedliche ideologische Ausrichtungen und Zielgruppen, agiert illegal, klandestin oder offen und legal im ländlichen oder städtischen Umfeld. Die sich daraus ergebenden Differenzierungen können aufgrund der Vielfältigkeit im Folgenden nicht im Einzelnen ausgeführt werden, müssen aber, wenn es bspw. darum geht, die Bedrohungsrisiken einzuschätzen, Gegenstrategien zu entwickeln oder auch die speziellen Genderdynamiken zu betrachten, jeweils sehr genau analysiert werden.

All diese Kontexte verbindend ist, dass ›die‹ extreme Rechte als männlich dominiert angesehen wird. Generell wurden und werden bis in die Gegenwart hinein die politischen Motive der Frauen[3], sich in der extremen Rechten zu engagieren, eher bagatellisiert. Stattdessen wird unterstellt, Frauen seien weitgehend unpolitisch und wendeten sich der extremen Rechten zu, da sie dort entweder Beziehungspartner suchten oder die traditionellen Frauenrollen aufgewertet sehen möchten[4]. Beide Thesen zur Erklärung der Hinwendung von Frauen zur extremen Rechten konnten schon frühzeitig aufgrund empirischer Befunde infrage gestellt werden. Vor allem für die 1990er- und beginnenden 2000er-Jahre konnte gezeigt werden, dass sich Frauen nicht wegen, sondern trotz der ideologisch vertretenen Rollenvorstellungen dort engagieren. Entgegen der in vielen extrem rechten Kontexten ideologisch propagierten traditionellen Rollenvorstellungen finden sich in den gelebten Wirklichkeiten extrem rechter Frauen sehr unterschiedliche Geschlechterrollenkonstellationen, partiell werden auch emanzipatorische Rollenmodelle gelebt (vgl. Bitzan 2011; 2016).

---

2   Das Binnen-I wird hier und im Folgenden immer dann verwendet, wenn es um die Bezeichnung von Personengruppen geht, die grundsätzlich von einer zweigeschlechtlichen Geschlechterordnung ausgehen.

3   Bisherige Erkenntnisse sind ausschließlich auf zwei Geschlechter bezogen. Daher sind Aussagen über Orientierung und Beteiligung von trans*, inter* und nicht-binäre Personen (TIN*) in der (extremen) Rechten nicht zu treffen. Hinzu kommt, dass extrem rechte Ideologie von der Vorstellung der Zweigeschlechtlichkeit ausgeht und weitgehend antifeministisch und LGBTQIA*-feindlich ausgerichtet ist, so dass von einer geringen Beteiligung von TIN* Personen in der (extremen) Rechten auszugehen ist, wenngleich dies nicht bedeuten muss, dass nicht auch Personen jenseits der Zweigeschlechtlichkeit extrem rechte Orientierungen vertreten können.

4   Vgl. bspw. https://www.bpb.de/themen/rechtsextremismus/dossier-rechtsextremismus/41496/frauen-in-der-rechtsextremen-szene/, 4.7.2024.

I.1. Die Verteilung der Geschlechter in der Beteiligung in der extremen Rechten

Im Hinblick auf die Verteilung der Beteiligung von Frauen und Männern in der extremen Rechten konnte anhand diverser Untersuchungen gezeigt werden, dass Frauen in allen Kontexten der extremen Rechten präsent sind. Sie sind Wählerinnen und Funktionärinnen extrem rechter Parteien, Mitglieder in allen nur denkbaren extrem rechten Strukturen, Organisationen und Gruppierungen und verbreiten extrem rechte Ideologiefragmente auch in sozialen Netzwerken, wenngleich in einem quantitativ geringeren Ausmaß als Männer. Grob kann gesagt werden, dass die Verteilung bei der Mitgliedschaft und die Übernahme von Funktionen in Parteien und Organisationen etwa bei 2/3 Männern zu 1/3 Frauen liegt (vgl. Bitzan 2016). Je straffer die Gruppierung organisiert ist, desto geringer die Beteiligung von Frauen. Der markanteste Unterschied zeigt sich bei der Beteiligung an extrem rechten Gewalttaten. Bitzan (2016) gibt hier den Frauenanteil mit bis zu 10% an. Und selbst wenn bei diesen Angaben eine hohe Dunkelziffer aufgrund der auch bei der Polizei und Justiz verbreiteten geschlechterrollentypischen Einordnung berücksichtigt werden muss, ist der Täterinnenanteil geringer als der der Täter.

Es kann also geschlussfolgert werden, dass Gewaltanwendung als politische Handlungsstrategie den größten Unterschied zwischen Männern und Frauen ausmacht. Im Gegensatz dazu sind Männer und Frauen im Hinblick auf das Vertreten extrem rechter Einstellungen gleich auf. Es handelt sich dabei um Untersuchungen, bei denen eine repräsentative Stichprobe von der Gesellschaft gezogen wird (also nicht nur extrem rechte Akteur:innen), bei denen herausgefunden werden soll, in welchem Umfang Menschen abwertenden und undemokratischen Einstellungen zugestimmt wird. Die seit vielen Jahren durchgeführten Untersuchungen sind bekannt – etwa unter dem Stichwort Studien zur ›Gruppenbezogenen Menschenfeindlichkeit‹ und wurden dann als die sogenannten Mitte-Studien mit nahezu identischen Befragungsdesigns weitergeführt. In solchen Untersuchungen werden in nahezu gleichen quantitativen Ausprägungen extrem rechte Haltungen und Positionierungen bei Frauen und Männern herausgefunden (vgl. bspw. Zick/Küpper/Mokros 2023: 74f.). Einziger Unterschied: Frauen äußern sich im Hinblick auf ihren sozialen Nahbereich – wie etwa bezogen auf ihren Stadtteil, gegenüber den Kindertagesstättengruppen oder Schulklassen ihrer Kinder – stärker als männliche Befragte rassistisch und ausgrenzend, während sie Fragen zur Gewaltakzeptanz weniger zustimmen. In ihren inhaltlichen Schwerpunktsetzungen, also den Themen, für die sie sich verstärkt einsetzen und engagieren, decken Frauen alle nur denkbaren Politikfelder ab, die von der extremen Rechten besetzt werden.

I.2. Extrem rechte Frauen als unterschätztes Phänomen

Trotz dieser Erkenntnisse werden extrem rechte Frauen als politische Akteurinnen in der öffentlichen Wahrnehmung wie auch im wissenschaftlichen Diskurs oft unterschätzt und ihre politischen Aktivitäten heruntergespielt. Ein Grund dafür ist, dass Frauen eine ›natürliche Friedfertigkeit‹ (Mitscherlich 1985) zugeschrieben wird und das Vertreten destruktiver und inhumaner Haltungen oder gar das Ausüben von Gewalt – wie es *der* extremen Rechten zugeschrieben, aber nur in bestimmten Kontexten eingesetzt wird – nicht in diese Zuschreibung passt. Dies hatte ua zur Folge, dass die Beteiligung von Frauen im Nationalsozialismus lange Zeit nicht wahrgenommen und feministische Wissenschaftlerinnen erst in den frühen 1980er-Jahren anfingen, nach der ›Mittäterschaft‹ von Frauen (vgl. Thürmer-Rohr 1983) zu fragen. Stereotype Männlichkeits- und Weiblichkeitsrollenzuschreibungen gegenüber der extremen Rechten halten sich beharrlich und werden auch bei überführten Terroristinnen aufrechterhalten und aktiv produziert, wie die Berichterstattung zur in Deutschland verurteilten Rechtsterroristin Beate Zschäpe zeigt. Sie war über eine Dekade hinweg eine der zentralen AkteurInnen des sog. Nationalsozialistischen Untergrunds (NSU) und mitverantwortlich für mindestens neun Morde aus rassistischen Motiven, den Mord an einer Polizistin, mehrere Sprengstoffanschläge und zahlreiche Raubüberfälle. In den Medien wurde ihr eine eigenständige politische Gesinnung weitgehend abgesprochen und stattdessen ihr Sexleben und ihre Kleidung während des Prozesses diskutiert (vgl. Köttig 2017).

Dass Frauen extrem rechte Orientierungen und Handlungen weniger zugetraut werden, führt dazu, dass ihre Aktivitäten oft nicht als politisch motiviert eingeordnet werden. Dies wird von der extremen Rechten partiell auch strategisch genutzt, sodass weibliche Akteurinnen solche Aktivitäten übernehmen, die nicht sofort der extremen Rechten zugeordnet werden sollen (wie bspw. Konten eröffnen, Demonstrationen anmelden oder Räume anmieten). Auch treten sie bewusst als Repräsentantinnen bspw. im Wahlkampf auf, um als ›female faces‹ (Gutsche 2019) den Parteien mehr Zulauf zu sichern und die Parteien insgesamt weniger extremistisch erscheinen zu lassen. Und nicht zuletzt: Im oben genannten NSU-Prozess beriefen sich die geladenen Zeuginnen darauf, dass ›Frauen nichts zu sagen hätten, sie nur männliche Anhängsel seien und ihr Platz in der Küche sei[5]. Damit gelang es ihnen, sich gegenüber dem Gericht glaubhaft als unpolitisch und nicht in die NSU-Netzwerkaktivitäten involviert darzustellen, obwohl ihnen faktisch Unterstützungsleistungen zugeordnet werden konnten.

I.3. Neue Entwicklungen und nützliche Passungsverhältnisse

Aus all diesen Erkenntnissen kann zusammenfassend geschlossen werden, dass die Unterschätzung von Frauen als extrem rechte Akteurinnen im wissenschaftlichen und auch im gesellschaftlichen Diskurs dazu führen kann, dass sie unentdeckt bleiben und (häufig auch strategisch wohlüberlegt) ›unter dem Radar‹ agieren, um politische Aktionen zu platzieren. Dieses ›Nicht-Erkennen‹ bzw. ›Sich-nicht-vorstellen-Können‹ eines politisch rechten Motivs im Handeln von Frauen ist vor allem auch deshalb ein Thema, weil es ihnen darüber besonders gut gelingt, die gegenwärtige politische Gesamtstrategie der extremen Rechten umzusetzen: Ging es in den 1990er- und beginnenden 2000er-Jahren darum, sich nach innen zu formieren, Netzwerke, Ideologiegebäude und Strukturen aufzubauen und sich vom Rest der Gesellschaft abzugrenzen, wurde etwa Mitte der 2000er-Jahre die strategische Ausrichtung geändert (vgl. Schulze 2009). Spätestens von da an war die politische Maxime auf die Unterwanderung der gesamten Gesellschaft ausgerichtet, dh extrem rechte Ideologie(fragmente) sollten in alle gesellschaftlichen Kontexte, wie etwa Vereine, Arbeitskontexte, Schulen, Hochschulen eingeführt, verbreitet und darüber normalisiert werden. Der extrem rechte Hintergrund wurde damit verschleiert.

Von nun an ging es also nicht mehr um Abgrenzung, sondern darum, sich ›mittendrin‹ zu bewegen und den gesellschaftlichen Mainstream nach extrem rechts wandern zu lassen. Beispiele für die Umsetzung dieser Strategie sind, dass extrem rechte AkteurInnen sich bspw. in Vorstände/Beiräte von Sportvereinen, Feuerwehren oder Kindertagesstätten wählen ließen, um dort nach und nach die Haltung zu etablieren, dass Mitglieder, Teilnehmer:innen oder allgemein Beteiligte mit Migrationsgeschichte für die Mitwirkung in dem jeweiligen Kontext nicht geeignet seien. Auch an Studiengängen und Fachbereichen Sozialer Arbeit konnten solche Entwicklungen beobachtet werden (vgl. Ehlert et al. 2020). Der Erfolg der Unterwanderungsstrategie zeigt sich vor allem auch darin, dass Parteien wie die AfD, Netzwerke wie die diversen (Peg)ida-

---

5 Siehe die Protokolle des 90., 98., 162. und 169. Verhandlungstages im NSU-Prozess (vgl. www.nsu-wa tch.info/2013/05/sitzungstermine/, 21.2.2023).

Zusammenhänge oder die Identitäre Bewegung möglich wurden und so Bündnisse mit ganz unterschiedlichen PartnerInnen zu Themen wie Lebensschutz, Antifeminismus oder Islam geschlossen wurden. Auch werden aktuelle politische (Krisen-)Ereignisse wie die Coronapandemie, die Flutkatastrophe im Jahr 2021 oder auch der Angriffskrieg auf die Ukraine zur politischen Stimmungsmache genutzt. Es geht vor allem darum, gesellschaftliche Polarisierung und ›Wir‹- und ›die Anderen‹-Konstruktionen zuzuspitzen. Durch gezielte Stimmungsmache und die Etablierung extrem rechter Argumentationsmuster sollen die demokratische und die pluralistische Grundausrichtung der Gesellschaft infrage gestellt und aufgeweicht werden. Mit dieser Entwicklung geht einher, dass die Anzahl extrem rechts *organisierter* Akteur:innen ansteigt sowie sich die Bedrohungslage für Minderheiten und politisch Andersdenkende ausgeweitet hat (vgl. Verfassungsschutzbericht 2021).

Für den Kontext von Sozialer Arbeit und im Hinblick auf Genderfragen ist in diesem Zusammenhang besonders wichtig mitzunehmen, dass viele der Themen, die von der extremen Rechten aufgegriffen und in ihrem Sinne (um-)gedeutet werden, Praxisfelder der Sozialen Arbeit betreffen und dass extrem rechte Frauen – aufgrund der Zuschreibung der ›Friedfertigkeit‹ und der Unterschätzung ihrer politischen Motive – besonders gut unentdeckt extrem rechte Deutungen einfließen lassen können. Zudem muss auch mitgedacht werden, dass Frauen gesamtgesellschaftlich bei repräsentativen Umfragen im gleichen Maß diskriminierende, rassistische, undemokratische und inhumane Positionen vertreten wie Männer und sogar in stärkerer Ausprägung, wenn es um ihr engeres soziales Umfeld geht.

II. Soziale Arbeit, extrem rechte Erscheinungsformen/Rassismus und Gender

Bevor ich ausführlicher auf geschlechterfokussierte Dynamiken im Speziellen eingehe, möchte ich zunächst allgemein auf den Stand der Diskussion in der Sozialen Arbeit Bezug nehmen.

II.1. Allgemeine Entwicklung

Die Auseinandersetzung im Umgang mit extrem rechten Tendenzen in der Sozialen Arbeit begann verstärkt in den 1990er-Jahren nach der Wiedervereinigung beider deutscher Staaten und als Antwort auf die Welle gewalttätiger Übergriffe, Hetzjagden und die Ermordung von Migrant:innen in Mölln, Hoyerswerda, Solingen und Rostock-Lichtenhagen – um nur einige zu nennen. Es wurden auf Bundes- und auf Länderebene Programme aufgelegt, durch die extrem rechte Erscheinungsformen bekämpft werden sollten. Diese Programme waren auf Jugendliche – und hier vor allem junge Männer – ausgerichtet, da männliche Jugendliche aus Ostdeutschland als vermeintlich größte Tätergruppe sowohl in der medialen Berichterstattung als auch im wissenschaftlichen Diskurs vorgestellt wurden. Dieser Fokus hielt sich standhaft – partiell wird diese Ansicht auch als Erklärungsfolie für die gegenwärtige Situation aufrechterhalten – obwohl die Übergriffe in Ost- und in Westdeutschland stattfanden und sowohl männliche als auch weibliche Täterinnen beteiligt waren. Die damals aufgelegten Programme zielten weitgehend auf Projekte in der Offenen Jugendarbeit ab und arbeiteten mit dem sog. ›akzeptierenden Ansatz‹, der aus der Arbeit mit drogenkonsumierenden Jugendlichen aus Westdeutschland übernommen wurde und – trotz späterer Überarbeitung – weitreichende Kritik fand. Als ein zentraler Kritikpunkt wurde hervorgehoben, dass die gesamten finanziellen Mittel des damaligen Bundesprogramms darauf ausgerichtet waren, sowohl die Offene Jugendarbeit in den neuen Bundesländern aufzubauen als auch extrem rechte Tendenzen zu bekämpfen. Rein faktisch flossen die Mittel so in die Arbeit mit extrem rechten (vorwiegend männlichen) Jugendlichen. Die Folgen waren, dass extrem rechte Jugendszenen nicht wie erhofft reduziert werden konnten, sondern im Gegenteil gestärkt wurden und die Unterstützung von Gegenstrukturen weitgehend vernachlässigt wurde (ausführlicher dazu bspw. Köttig 2022). Zudem fehlten geschlechtersensible Handlungsansätze, obwohl von einzelnen Projektmitarbeiter:innen auf die Notwendigkeit von geschlechtsspezifischen Konzeptionen und Umgangsweisen hingewiesen wurde.

Seit dieser ersten Programmphase hat sich einiges entwickelt, insbesondere die Projektelandschaft in der Offenen und Aufsuchenden Jugendarbeit wurde weiterentwickelt und Ansätze wurden in der Arbeit mit AussteigerInnen und im Rahmen der außerschulischen (politischen) Bildung entwickelt. In den Feldern frühkindlicher und jugendlicher Prävention entstanden vielfältige Angebote und Projekte. Zudem fand eine breite theoretische Auseinandersetzung im Bereich geschlechterspezifischer und gendersensibler Sozialer Arbeit statt, in der ebenfalls ausführlich Männlichkeiten in der extremen Rechten reflektiert wurden. Diese Auseinandersetzung mündete in die Entwicklung von Konzepten und Methoden, die in Form von Handreichungen zur Unterstützung professionellen Handelns publiziert wurden (vgl. Hechler/Stuve 2015; Stützel 2019).

II.2. Zentrale Problematiken

Trotz dieser Entwicklungen lassen sich noch immer drei Kernprobleme konstatieren: Als Erstes ergibt sich ein Problem aus der Tatsache, dass die Arbeit im Kontext von extrem rechten Erscheinungsformen noch immer weitgehend durch zeitlich eingegrenzte Modellförderung finanziert wird und somit nicht in die Regelstrukturen eingeflossen ist. Dies führt dazu, dass sich Projektträger:innen jeweils auf Ausschreibungen bewerben müssen, die wiederum politischen Konjunkturen unterliegen, d.h. je nach politischer Ausrichtung der regierenden Parteien kann es kurzfristig dazu kommen, dass regional etablierte Projekte nicht weiter gefördert werden, Programmlinien gestrichen, massiv gekürzt oder neu ausgerichtet werden, sodass eine inhaltliche Kontinuität und Effektivität der Angebote nicht gewährleistet werden können. Hinzu kommt, dass aufgrund der unsicheren und zeitlich begrenzten Einstellungsverhältnisse ein häufiger Wechsel der Mitarbeiter:innen in den Projekten zu verzeichnen ist (zur Kritik an der Förderpolitik siehe Offener Brief 2019).

Das zweite Problem bezieht sich darauf, dass die extreme Rechte zunehmend Einfluss auf Praxisfelder der Sozialen Arbeit nimmt. Dies gelingt einerseits dadurch, dass Parteien aus dem Spektrum der extremen Rechten Sitze in regionalen Parlamenten erlangen und dadurch ihr Einfluss auf Soziale Arbeit steigt, zB indem sie Hilfen für Migrant:innen oder Angebote im Bereich sexueller Orientierung infrage stellen sowie den Versuch unternehmen, Einrichtungen zu schließen, die auf die Stärkung von sozialer oder Geschlechtergerechtigkeit, Demokratie und Vielfalt ausgerichtet sind. Zum anderen besetzen sie selbst Praxisfelder, aus denen sich kommunale Träger zurückziehen. Besonders in ländlichen Räumen ist zu beobachten, dass extrem rechte Organisationen selbst bspw. Kinderbetreuungsangebote einrichten und im Kontext der Hilfen für ältere Menschen, der Offenen Jugendarbeit sowie der außerschulischen Jugendbildungsarbeit Aufgaben ›ehrenamtlich‹ übernehmen, um ihr ›soziales‹ und nicht extremistisches Ansinnen unter Beweis zu stellen und vor allem, um sich den Zugriff auf Kinder und Jugendliche zu sichern (vgl. Grigori 2020).

Das dritte Problem kann darin gesehen werden, dass der Fokus in der Sozialen Arbeit im Kontext der extremen Rechten noch immer auf kinder- und jugendbezogenen Handlungsfeldern liegt und somit in vielen Praxisfeldern das Thema extreme Rechte noch kaum angekommen ist. Zwar ist seit einigen Jahren eine verstärkte wissenschaftliche Auseinandersetzung zu beobachten, d.h. es werden Studien durchgeführt, Lehrbücher, Handbücher, Fachbücher, Zeitschriften und Broschüren herausgegeben, auch werden Angebote in der

Straffälligenhilfe entwickelt und im Kontext der Arbeits- und Wohnungslosigkeitshilfe ist eine beginnende Auseinandersetzung zu beobachten (vgl. zu den Ansätzen einzelne Beiträge im Buch Gille/Jagusch/Chehata 2022), allerdings ist in vielen der klassischen Praxisfelder der Sozialen Arbeit das Bewusstsein, extrem rechten Phänomenen begegnen zu können, bisher kaum etabliert.

Neben diesen allgemeinen Überlegungen zur Sozialen Arbeit im Umgang mit extrem rechten Erscheinungsformen und Rassismus können auch spezifische Schauplätze ausgemacht werden, in denen extrem rechte und rassistische Ideologie und Geschlechterthemen miteinander verkoppelt sind.

II.3. Genderarenen im Kontext extrem rechter Erscheinungsformen/ Rassismus und Sozialer Arbeit

Soziale Arbeit und extrem rechte Erscheinungsformen/Rassismus stehen sich schon allein deshalb unvereinbar gegenüber, da die Grundprinzipien Sozialer Arbeit auf Humanität, Menschenrechte, soziale Gerechtigkeit, Pluralität und Partizipation ausgerichtet sind. Extrem rechte Ideologie dagegen ist gekennzeichnet durch das Vertreten von inhumanen, undemokratischen und diskriminierenden Weltanschauungen, wie etwa die Überhöhung der eigenen Nation bzw. des eigenen Volkes (völkischer Nationalismus), die Diffamierung und Ausgrenzung von Menschen, die abwertend definiert werden (Rassismus, Antisemitismus), die Ablehnung der demokratischen Grundordnung – also unserer gegenwärtigen Verfassung. Diese Haltungen stehen im absoluten Widerspruch zu den Grundprinzipien Sozialer Arbeit (vgl. Salzborn 2018).

Werden bisherige Überlegungen ernst genommen, so kann es aus der Perspektive der extremen Rechten einen besonderen Reiz darstellen, durch Umdeutungen bisherige Praxen der Sozialen Arbeit infrage zu stellen oder gar darauf hinzuwirken, dass sie verändert werden. Beispiele dafür gibt es mittlerweile einige, wie die Forderung danach, niedrigschwellige Angebote der Wohnungslosenhilfe nur noch ›Deutschen‹ anzubieten oder Sprach- und Integrationskurse zu streichen (vgl. Gille et al. 2022). Bisher stehen solche Forderungen nur im Raum, werden also nicht umgesetzt. Dass sie nicht nur laut werden, sondern ggf. sogar in Betracht gezogen wird, sie umzusetzen, dazu muss eine Basis geschaffen werden, d.h. Ideen der Ungleichbehandlung von Menschen aufgrund spezifischer Merkmale müssen im Alltag des jeweiligen Arbeitsbereichs Fuß fassen und nach und nach als legitim angesehen werden.

Solche Entwicklungen sind schon jetzt nicht mehr undenkbar und es wird demnach notwendig, die Vorstellung aufzugeben, das eigene Praxisfeld, das eigene Team oder das eigene Seminar an der Hochschule seien nicht betroffen. Vielmehr ist davon auszugehen, dass Argumentationen, die extrem rechten Ideologiefragmenten entstammen, zunehmend mehr Raum greifen, als ›normal‹ hingenommen und viel zu selten hinterfragt werden. Dies gilt insbesondere gegenüber Frauen, also weiblich gelesenen Sozialarbeiterinnen, denen das Vertreten extrem rechter Ideologie nicht zugetraut wird, deren Aussagen ignoriert oder bagatellisiert werden (vgl. oben und Lehnert/Radvan 2016). Es gilt also, die Aufmerksamkeit möglichst genau auf Argumentationen zu richten, die ausgrenzende, diskriminierende und inhumane Forderungen zum Inhalt haben. Solche Inhalte können grundsätzlich von Personen aus allen geschlechtlichen Zuordnungen und sowohl von Kolleg:innen als auch von Nutzer:innen kommen, und ihnen sollte entschieden entgegengetreten werden.

Darüber hinaus lassen sich unterschiedliche Arenen ausmachen, in denen Gender noch eindeutiger Austragungsort von Kämpfen im Kontext der extremen Rechten und Rassismus wird. Im Folgenden möchte ich dies exemplarisch an den Auseinandersetzungen zu den Themen Feminismus, sexuelle Gewalt und dem Praxisfeld Frauenhaus aufzeigen.

II.4. Genderarena Antifeminismus

Die Strategieänderung in der extremen Rechten hat zur Folge, dass sich breitere Bündnisse zu spezifischen Themen bilden. Eins dieser Themen ist die Ablehnung von Debatten rund um die soziale Konstruktion des Geschlechts (Gender) und damit verbunden Feminismus und geschlechtlicher Vielfalt. Zu Stichworten wie ›Anti-Feminismus‹ oder ›Anti-Genderismus‹ können sich inhaltliche Übereinstimmungen bspw. zwischen christlichen FundamentalistInnen, konservativen bis reaktionären JournalistInnen, sog. Männerrechtler*nnen und Milieus der extremen Rechten finden. Ausgehend von der ideologischen Vorstellung, dass Zweigeschlechtlichkeit und Heterosexualität mit jeweils damit verbundenen Aufgaben und Zuständigkeitsbereichen einer biologistisch determinierten ›natürlichen Ordnung‹ unterliegen, werden Kämpfe um Emanzipation und Gleichberechtigung sowie sexuell und geschlechtlich vielfältige Lebensweisen und generell die soziale Konstruiertheit von Geschlecht abgelehnt und bekämpft (vgl. Lang/Peters 2015).

Angriffsfläche bieten Projekte, Organisationen, Institutionen und auch einzelne Personen, die sich mit gleichstellungspolitischen und feministischen Themen beschäftigen. Besonders betroffen von verbalen Anfeindungen bis hin zu Angriffen gegen Einrichtungen und einzelne Mitarbeiter:innen sind etwa Frauenhäuser, Projekte für LSBTIQ*-Personen, Bildungs- und Beratungskontexte, die sich mit körperlicher und sexueller Selbstbestimmung beschäftigen (wie etwa Pro Familia) oder sexuelle Aufklärungsarbeit anbieten[6]. Nicht selten sind bei Kampagnen gegen die soziale Herstellung von Geschlecht (Anti-Gendermobilisierungen) und antifeministischen Angriffen auch Frauen beteiligt. Was auf den ersten Blick als Widerspruch erscheint – Wieso sollten sich Frauen gegen Forderungen zur Wehr setzen, die ihnen mehr Selbstbestimmung und Emanzipation sichern sollen? – werden bei genauerer Betrachtung die dahinterliegenden Machtverhältnisse sichtbar.

Wie schon Rommelspacher (2009) herausarbeitete, können Frauen sowohl Opfer als auch Täterinnen im Kontext patriarchaler Unterdrückung sein. Das Engagement im Kontext von Antifeminismus kann so als Möglichkeit von Frauen gewertet werden, sich in den eigenen Strukturen zu profilieren und sich darüber mehr Wirkmächtigkeit zu verschaffen. Für die Betroffenen sind antifeministische Anfeindungen nicht nur physisch und psychisch bedrohlich und belastend, sondern binden auch professionelle Kapazitäten. Um die Angriffe abzuwehren und um sich zu schützen, müssen persönliche und institutionelle Schutzkonzepte, helfende Netzwerke und Gegennarrative entwickelt werden. Es muss dabei auch in Betracht gezogen werden, dass die mit dieser Abwehr verbundene Arbeitszeit nicht mehr den Adressat:innen der Einrichtungen zur Verfügung steht.

II.5. Genderarena sexuelle (Beziehungs-)Gewalt und das Praxisfeld Frauenhaus

Das Thema sexuelle Gewalt gegenüber Frauen und Kindern wird in vielfacher Hinsicht von der extremen Rechten funktionalisiert und stellt ebenfalls ein Thema dar, über das breitere Bündnisse geschlossen werden können. Im Hinblick auf sexuelle Gewalt gegenüber Kindern wurde insbesondere mit dem Slogan ›Todesstrafe für Kinderschänder‹ versucht, möglichst viele Menschen anzusprechen und emotional aufzuladen. Ganz ähnliche Dynamiken sollen auch im Hinblick auf Übergriffe gegenüber Frauen erzeugt werden. Täter werden in der Regel als ›fremde Männer‹ konstruiert, obwohl hinreichend bekannt ist, dass sexuelle Übergriffe vor allem im sozialen Nahraum verübt

---

6   Vgl. die Texte und Vorträge im Rahmen der Tagung: ‚Menschlich bleiben – Strategien im Umgang mit antifeministischen Angriffen auf die Soziale Arbeit' des Gunda-Werner-Instituts der Heinrich Böll Stiftung in 2017. Siehe: www.gwi-boell.de/de/menschlich-bleiben-strategien-im-umgang-mit-antife ministischen-angriffen-auf-soziale-arbeit, 18.03.2024.

werden (vgl. Beitrag von Brückner in diesem Band). Die De-Thematisierung von sexueller Gewalt durch Männer, die der ›Wir-Gruppe‹ zugerechnet werden, ermöglicht deren Idealisierung und lenkt gleichzeitig davon ab, dass auch durch extrem rechte Männer innerhalb und außerhalb der extremen Rechten sexuelle Übergriffe sowohl an Kindern als auch an Frauen verübt werden (vgl. Köttig 2018).

Im außerhäuslichen Bereich richtet sich sexualisierte Gewalt von männlichen Tätern gegen Frauen, die als ›politisch Andersdenkende‹ definiert werden. Anhand der Statistiken unabhängiger Beratungsprojekte für Opfer rechter Gewalt lässt sich zeigen, dass hier vor allem Schwarze Frauen und linke Aktivist:innen betroffen sind. In diesen Fällen geht es vor allem um die Schwächung und die Erniedrigung aus rassistischen und ideologischen Motiven (vgl. Kleffner 2014). Daneben üben extrem rechte Männer auch gegenüber ihren Partnerinnen sexuelle und andere Formen häuslicher Gewalt aus. Und obwohl das Outing sexueller Übergriffe innerhalb der extremen Rechten noch zusätzlich dadurch belastet ist, dass die Frauen die Verfolgung durch rechte GesinnungsgenossInnen fürchten müssen, suchen letztendlich einige von ihnen den Schutz in Frauenhäusern. In einer Untersuchung konnte festgestellt werden, dass 11 % – die Dunkelziffer dürfte erheblich höher liegen – der Frauenzufluchtsstätten Erfahrungen im Umgang mit extrem rechten Frauen gemacht haben (Betzler/Degen 2016: 167).

Wenn sich vergegenwärtigt wird, dass die Arbeit in den Frauenhäusern an Prinzipien der Ganzheitlichkeit, Parteilichkeit und Betroffenheit orientiert ist und dass Frauen aus ganz unterschiedlichen sozialen und ethnischen Herkünften Zuflucht suchen (vgl. der Beitrag von Brückner in diesem Band), so kann erahnt werden, dass eine (offen agierende) extrem rechte Frau in einer solchen Einrichtung Verunsicherung und Ambivalenzen sowohl im Team als auch bei den Bewohnerinnen auslösen kann. Betzler und Degen (2016), die neben einer repräsentativen quantitativen Erhebung auch qualitative Interviews mit insgesamt 14 Mitarbeiterinnen der Frauenhäuser zu ihren Erfahrungen mit den extrem rechten Bewohnerinnen geführt haben, mussten zunächst einmal feststellen, dass es den Mitarbeiterinnen der Einrichtungen nicht leichtfiel, eine Einordnung von Bewohnerinnen als der extremen Rechten zugehörig vorzunehmen. Dies lag einerseits daran, dass die politische Positionierung der Frauen im Rahmen ihres Aufenthalts gar nicht erkennbar war, sondern entweder im Nachhinein durch sie selbst oder die Zugehörigkeit ihrer Partner erst aufgedeckt wurde. Auch zeigte sich in der Befragung die Tendenz, die politische Positionierung als eher passiv zu bewerten – sie also zu bagatellisieren –, wie es eine intuitive Umgangsweise gegenüber extrem rechten Frauen generell darstellt (siehe oben) und vor dem Hintergrund der erfahrenen Gewalt und der Sensibilität der Einrichtung noch mal spezifischer erklärbar wird. In den Fällen, in denen Frauen offen als der extremen Rechten zugehörig auftraten, wurden von den Mitarbeiterinnen insbesondere abwertendes Verhalten und partiell auch Übergriffe gegenüber migrantisch gelesenen Frauen dargestellt. Darüber hinaus wurde ebenfalls die starke Gefährdungslage der Frauen angesprochen, die das Frauenhaus nutzten, um aus der extremen Rechten auszusteigen.

Im Hinblick auf die Konsequenzen der Präsenz einer extrem rechten Zufluchtssuchenden bietet die Untersuchung erste Hinweise darauf, dass die Mitarbeiterinnen herausgefordert wurden, Entscheidungen zu treffen, die sich zwischen dem Schutz der migrantisch gelesenen Frauen, ihrem eigenen und dem der extrem rechten Frauen bewegten, Teamabsprachen und Hausregeln und generell die Prinzipien der Frauenhausarbeit zu reflektieren, um der Situation annähernd begegnen zu können.

III. Zusammenfassendes Fazit

Wie in dem Beitrag deutlich wurde, können diverse Berührungspunkte, Phänomene und Dynamiken, die sich aus den Themenfeldern extrem rechter Erscheinungsformen/Rassismus in der Sozialen Arbeit ergeben, festgestellt werden. Insbesondere durch die Geschlechterperspektive ergeben sich spezifische Einsichten, die abschließend kurz zusammengefasst werden sollen. So konnte aufgezeigt werden, dass

■ wenn es um extrem rechts positionierte Frauen geht, ihre politischen Haltungen anhand der Zuschreibungen des ›Unpolitisch-Seins‹ und der ›Friedfertigkeit‹ bagatellisiert werden;

■ ein spezifisches Passungsverhältnis zwischen der strategischen Unterwanderung der Gesellschaft und der Entpolitisierung der Aktivitäten extrem rechter Frauen darin besteht, dass es ihnen darüber besonders gut gelingen kann, extrem rechte Ideologie in diverse gesellschaftliche Kontexte unwidersprochen einfließen zu lassen;

■ in spezifischen Arbeitsfeldern, wie etwa dem der Jugendarbeit, sowohl extrem rechte Erscheinungsformen/Rassismus als auch die Verknüpfung mit Geschlechterdimensionen breit diskutiert wurde/wird und auch bereits ein

Methodenrepertoire existiert, in anderen Praxisbereichen bisher kaum ein Problembewusstsein vorhanden ist;

- extrem rechte Frauen sich auch in zunächst einmal widersprüchlichen thematischen Feldern engagieren können – wie bspw. im Themenfeld Antifeminismus. Es gelingt ihnen darüber, Anerkennung innerhalb der extremen Rechten zu erreichen;
- extrem rechte Frauen sowohl Täterinnen als auch Opfer sein können, wie das Thema sexuelle Gewalt und ihr Aufenthalt in Frauenzufluchtsstätten und die Dynamiken, die dadurch ausgelöst werden, deutlich machen.

Um den Herausforderungen begegnen zu können, bedarf es der Aufklärung, Sensibilisierung und Auseinandersetzung, die bereits im Studium einsetzen und im Rahmen von Weiterbildungen im Kontext der diversen Praxisfelder stetig fortgesetzt werden muss. Zudem ist insbesondere eine aktive Selbstpositionierung gegenüber extrem rechten Argumentationen und Umdeutungsversuchen geboten.

Reflexionsfragen

- Bitte gehen Sie zurück in die Vergangenheit Ihrer Familie. Was wissen Sie darüber, was Ihre Groß- und Urgroßeltern während der Zeit des Nationalsozialismus gemacht haben? Wo und wie haben sie zwischen 1932 und 1945 gelebt, welche Verbindung gibt es zum deutschen Naziregime? Begeben Sie sich auf Spurensuche und denken Sie insbesondere auch Ihre Groß- und Urgroßmütter mit!
  Die Familienvergangenheit zu kennen, ist eine der präventiven Maßnahmen, um erkennen zu können, welche unbearbeiteten Themen familiengeschichtlich tradiert werden.
- Wenn Sie sich in Ihrer Umgebung umschauen, wo und wie sind Sie mit ausgrenzenden, inhumanen und abwertenden Positionen konfrontiert und wie gehen Sie damit um?
- Welches Praxisfeld der Sozialen Arbeit streben Sie an? Welche Auswirkungen könnten in diesem Bereich extrem rechte Ideologie, extrem rechte Strategien und Positionen von extrem rechten Parteien und Organisationen haben und wie kann dem begegnet werden?

Literatur

Betzler, Agnes/Degen, Katrin (2016): Täterin sein und Opfer werden? Extrem rechte Frauen und häusliche Gewalt, Hamburg: Marta Press.

Bitzan, Renate (2016): Geschlechterkonstruktionen und Geschlechterverhältnisse in der extremen Rechten. In: Virchow, Fabian/Langenbach, Martin/Häusler, Alexander (Hrsg.): Handbuch Rechtsextremismus, Wiesbaden: Springer VS, S. 325–373.

Bitzan, Renate (2011): »reinrassige Mutterschaft« versus »nationaler Feminismus«. Weiblichkeitskonstruktionen in Publikationen extrem rechter Frauen. In: Birsl, Ursula (Hrsg.): Rechtsextremismus und Gender, Opladen/Farmington Hills: Barbara Budrich, S. 115–129.

Bundesamt für Verfassungsschutz (2022): Verfassungsschutzbericht 2021. Berlin: Ministerium des Innern, für Bau und Heimat. www.bmi.bund.d e/SharedDocs/downloads/DE/publikationen/themen/sicherheit/vsb -2021-gesamt.pdf?__blob=publicationFile&v=6, 22.2.2023.

Ehlert, Gudrun/Radvan, Heike/Schäuble, Barbara/Thiessen, Barbara (2020): Verunsicherungen und Herausforderungen. SozialExtra 44, H. 2, S. 102–106. DOI: http://dx.doi.org/10.1007/s12054-020-0026

Gille, Christoph/Jagusch, Birgit/Chehata, Yasmine (Hrsg.) (2022): Die extreme Rechte in der Sozialen Arbeit. Grundlagen – Arbeitsfelder – Handlungsmöglichkeiten, Weinheim/Basel: Beltz Juventa.

Gille, Christoph/Jagusch, Birgit/Krüger, Christine/Wéber, Júlia (2022): Kontinuierliche Präsenz, systematische Angriffe und alltägliche Verschiebungen. Die extreme Rechte in der Sozialen Arbeit in Nordrhein-Westfalen und Mecklenburg-Vorpommern. In: Gille, Christoph/Jagusch, Birgit/Chehata, Yasmine (Hrsg.): Die extreme Rechte in der Sozialen Arbeit. Grundlagen – Arbeitsfelder – Handlungsmöglichkeiten, Weinheim/Basel: Beltz Juventa, S. 121–144.

Grigori, Eva (2020): Recht(s) sozial: Zugriffe extrem rechter Organisationen auf die Jugendarbeit. In: Forum Sozial, Themenheft Rechtsextremismus und Soziale Arbeit, H. 1, S. 33–36.

Gutsche, Elisa (2019): Das weibliche Gesicht der Rechten. In: Neue Gesellschaft. Frankfurter Hefte 5, S. 11–14.

Hechler, Andreas/Stuve, Olaf (Hrsg.) (2015): Geschlechterreflektierte Pädagogik gegen Rechtsextremismus, Opladen/Berlin/Toronto: Barbara Budrich.

Heigl, Antje/Kugler, Günter (2023): Umgang mit Betroffenheit. Das JUZ k.town nach dem Anschlag von Hanau. In: Köttig, Michaela/Meyer, Nikolaus/Bach, Johanna/Castein, Connie/Schäfer, Mona (Hrsg.): Soziale Arbeit und Rechtsextremismus. Ein Studienbuch für Lernende und Lehrende, Opladen/Toronto/Leverkusen: Barbara Budrich, S. 241–256.

Kleffner, Heike (2014): Eine potentiell tödliche Mischung: Extrem rechter Frauenhass und neonazistische Gewalt. In: Debus, Katharina/Laumann, Vivien (Hrsg.) Rechtsextremismus, Prävention und Geschlecht: Vielfalt_Macht_Pädagogik. Arbeitspapier Nr. 302. Düsseldorf: Hans-Böckler-Stiftung, S. 49–58.

Köttig, Michaela (2022): Akzeptieren?! – Konfrontieren?! Gesellschaftshistorische Einbettung und gegenwärtige Herausforderungen an professionelle Ansätze in der Sozialen Arbeit im Umgang mit extrem rechten Tendenzen. In: Gille, Christoph/Jagusch, Birgit/Chehata, Yasmine (Hrsg.): Die extreme Rechte in der Sozialen Arbeit. Grundlagen – Arbeitsfelder – Handlungsmöglichkeiten, Weinheim/Basel: Beltz Juventa, S. 157–170.

Köttig, Michaela (2018): Sexualisierte Gewalt im Kontext extrem rechter Milieus. In: Rethowski, Alexandra/Treibel, Angelika/Tuider, Elisabeth (Hrsg.): Handbuch sexualisierte Gewalt und pädagogische Kontexte, Weinheim: Beltz Juventa, S. 342–350.

Köttig, Michaela (2017): Gender Stereotypes Constructed by the Media: The Case of the National Socialist Underground (NSU) in Germany. In: Köttig, Michaela/Bitzan, Renate/Petö, Andrea (Hrsg.): Gender and Far Right Politics in Europe, London: Macmillan Palgrave, S. 221–234.

Lang, Juliane/Peters, Ulrich (2015): Antifeministische Geschlechter- und Familienpolitiken von Rechts. In: MBT Hamburg (Hg.): Monitoring No. 4. https://hamburg.arbeitundleben.de/img/daten/D281485360.pdf, 23.2.2023.

Lehnert, Esther/Radvan, Heike (2016): Rechtsextreme Frauen. Analysen und Handlungsempfehlungen für Soziale Arbeit und Pädagogik, Opladen/Berlin/Toronto: Verlag Barbara Budrich.

Mitscherlich, Margarete (1985): Die friedfertige Frau, Frankfurt a.M.: S. Fischer Verlag.

Offener Brief (2019): Demokratie retten, zivilgesellschaftliches Engagement stärken! Offener Brief zur aktuellen Förderpolitik des Bundesprogramms »Demokratie leben!«. https://cultures-interactive.de/de/news-im-detail/demokratie-retten-zivilgesellschaftliches-engagemen t-staerken.html, 22.2.2023.

Rommelspacher, Birgit (2009): Intersektionalität: Über die Wechselwirkung von Machtverhältnissen. In: Kurz-Scherf, Ingrid (Hrsg.): Feminismus: Kritik und Intervention, Münster: Verl. Westfälisches Dampfboot, S. 81–96.

Salzborn, Samuel (2018): Rechtsextremismus? Rechtsradikalismus? Extreme Rechte? Rechtspopulismus? Neonazismus? Neofaschismus? Begriffsverständnisse in der Diskussion. In: Baron, Philip/Drücker, Ansgar/Seng, Sebastian (Hrsg.): Das Extremismusmodell. Über seine Wirkungen und Alternativen in der politischen (Jugend-)Bildung und der Jugendarbeit. Düsseldorf: Informationszentrum für Antirassismusarbeit (Ida) e.V., S. 5–9, www.idaev.de/fileadmin/user_upload/pdf/publi kationen/Reader/2018_IDA_Extremismusmodell.pdf, 18.3.2024.

Schulze, Christoph (2009): Das Viersäulenkonzept der NPD. In: Braun, Stephan/Geisler, Alexander/Gerster, Martin (Hrsg.): Strategien der extremen Rechten, Wiesbaden, S. 77–100.

Stützel, Kevin (2019): Jugendarbeit im Kontext von Jugendlichen mit rechten Orientierungen. Rekonstruktiv-praxeologische Perspektiven auf professionelles Handeln. Wiesbaden.

Thürmer-Rohr, Christina (1983): Aus der Täuschung in die Ent-täuschung. Zur Mittäterschaft von Frauen. In: Beiträge zur feministischen Theorie und Praxis, H. 8, S. 11–26.

Zick, Andreas/Küpper, Beate/Mokros, Nico (2023): Die distanzierte Mitte. Rechtsextreme und demokratiegefährdende Einstellungen in Deutschland 2022/23, Bonn: J.H.W. Dietz Verlag.

Von „Frauenseminaren" zum „Gendermodul".
Ein Gespräch über Erfahrungen und Entwicklungen
geschlechtersensibler Lehre im Studium Sozialer Arbeit

Margrit Brückner, Michaela Köttig, Lotte Rose, Yvonne Rubin, Barbara Thiessen

Dieses Lehrbuch bietet Einblicke in zentrale Fragestellungen zu Geschlecht und Sozialer Arbeit. Die Idee ist, dass sich Studierende und am Thema Interessierte in das Themenfeld einlesen können und Lust am Weiterdenken bekommen. Leitend war für uns, welches Interesse Studierende haben könnten, sich mit Geschlechterfragen auseinanderzusetzen. Hier sind uns zugleich Erfahrungen mit Widerständen und Irritationen von Studierenden deutlich geworden. Die Diskussionen darüber führten uns auch zu der Frage, wie sich unser eigenes Interesse an Geschlechterfragen entwickelt hat und wie wir selbst unser Studium im Hinblick auf diese Themen erlebt haben. Da wir unterschiedlichen Generationen angehören, zeigte sich, dass wir uns historisch an unterschiedlichen Zeitpunkten in die Entwicklungen der Frauen- und Geschlechterforschung eingefädelt haben. Unsere losen Gesprächsfäden haben wir im März 2024 zu einem mehrstündigen Austausch gebündelt. Hieraus haben wir die wesentlichen Passagen zusammengestellt und verschriftlicht. Wir danken Hanna Haag, die unseren Erzählfluss meisterlich geführt und freundlicherweise auch begrenzt hat.

I. Motivation zur Herausgabe des Lehrbuchs

THIESSEN: Ich habe eine Anfrage bekommen vom Verlag Nomos. Dort gibt es eine erfolgreiche Lehrbuchreihe Soziale Arbeit und da fehlte noch das Themenfeld ‚Geschlecht und Soziale Arbeit'. Ob ich nicht Interesse hätte? Das hatte ich, wollte es aber nicht alleine stemmen, sondern habe das in unsere, damals noch ‚Fachgruppe Gender', heute ‚Sektion Gender und Queer Studies in der Sozialen Arbeit' genannte Vernetzung in der Deutschen Gesellschaft für Soziale Arbeit (DGSA) eingebracht.

KÖTTIG: Inhaltlich ging es auch darum, dass wir in der Lehre mit Themen konfrontiert werden, die theoretisch in der Geschlechterforschung kaum diskutiert wurden. Wir wollen die Studierenden ja abholen und von dem ausgehen, was von den Studierenden an Themen kommt. Mit unseren Texten wollten wir an diesen Themen ansetzen. Ich erinnere noch dieses Thema ‚rosa für Mädchen und blau für Jungs', was aktuell wieder ganz en vogue ist und dass wir davon ausgehend schreiben wollten.

BRÜCKNER: Mir ist es wichtig, die Vielfalt der Geschlechterthemen aus einer sozialarbeitswissenschaftlichen Perspektive sichtbar zu machen als theoretischen Ansatz, um Geschlechterverhältnisse in dieser Gesellschaft und deren Wandel zu verstehen.

RUBIN: Ja, und die Möglichkeit für die Lehre. Ich war damals ja noch die Neueste in der Lehre und ich fand es gut, ein Lehrbuch zu haben, das ich für die Veranstaltung nutzen kann.

THIESSEN: Eine weitere Motivation von uns war auch, eine fachliche Setzung zu machen zur Frage, was heißt eigentlich Gender in Sozialer Arbeit? Was gehört zum Fachwissen Sozialer Arbeit dazu, welches Genderwissen ist bedeutsam in Theorie und Praxis Sozialer Arbeit? Viele Kolleg:innen binden Gender als Querschnittsthema in ihre Lehre ein, beziehen sich z.B. auf Mädchen oder Queers in der Jugendarbeit, aber die fachliche Breite, die theoretische Tiefe ist damit ja noch nicht erfasst. Zudem fehlt die Geschichte unserer Disziplin und Profession.

ROSE: Bei deinen Ausführungen fällt mir noch ein Stichwort ein, das auch unsere Diskussion bestimmt hat, nämlich diese Kanonisierungsthematik. Jede Disziplin hat einen wissenschaftlichen Kanon. Und in Bezug auf Gender haben wir das im Grunde noch gar nicht, sondern beleihen andere Disziplinen. Da wollten wir mit so einem Buch eine Setzung machen, so das ist jetzt der Katechismus der Genderforschung in Disziplin und Profession der Sozialen Arbeit.

THIESSEN: Also eigentlich wollten wir fünf verschiedene Bücher schreiben, ein Theoriebuch, ein Genealogiebuch, eine Verortung von Genderwissen in der Praxis Sozialer Arbeit, Gendertheorien in Sozialer Arbeit. Und jetzt machen wir erst mal ein Lehrbuch.

RUBIN: Dadurch, dass wir erkannt haben, wir schaffen es nicht, fünf Bücher zu schreiben – und selbst das eine wird kürzer als ursprünglich geplant – entstehen daraus hoffentlich Nachfolgebände, die dann möglicherweise auch aus der Sektion heraus gestaltet werden.

II. Geschlechterfragen im Generationenvergleich – Erfahrungen im eigenen Studium

BRÜCKNER: In meiner Zeit als Studentin war das Geschlechterthema schlicht nicht vorhanden. Der Beginn der Studentenbewegung hat das geändert. Mit dem gesellschaftlichen Aufbruch, der Idee von Befreiung und Selbstbefreiung haben wir als junge Studierende erstmals auf uns selbst geschaut als junge Frauen, was völlig neu war und wo wir noch gar keine genauen Ideen hatten, wie das gehen kann. Hilfreich war da die Frauenbewegung in den USA, die schon weiter war mit ihren Consciousness Raising Groups, also Selbsterfahrungsgruppen, wo sich erstmals Frauen zusammengesetzt und ausgetauscht haben: Wie geht es uns in dieser Gesellschaft, wer sind wir, was bewegt uns? Was ist unsere Rolle in der Studentenbewegung, die damals Studentenbewegung hieß, deswegen nutze ich den Begriff, das hat uns beschäftigt. Dann gab es den berühmten Tomatenwurf einer Studentin gegen die sozialistischen Anführer, alles Männer mit patriarchaler Haltung. Nur wenige Frauen spielten eine Rolle in den einzelnen lokalen Gruppen der Studierendenbewegung und das war einer der Ausgangspunkte zu fragen, was ist unsere Rolle, warum sprechen vorwiegend Männer, sind wir nur Zuträgerinnen. Dann wurden „Weiberräte" in fast allen größeren deutschen Städten gegründet, wo Frauen sich zusammenschlossen, was alleine so aufregend war, dass das schon fast Thema genug war. Dann gab es erste Veröffentlichungen, wo Frauen über sich selbst und ihre Rolle nachgedacht haben, sowie Rückblicke auf die Arbeiterinnenbewegung in den 1920er-Jahren und deren heutige Bedeutung. Es wurden Frauenzentren gegründet mit Themen wie § 218 (Abtreibungsverbot), die für alle Frauen relevant waren, das heißt, es ging um eigene Themen von Frauen. Ich selbst war, wie eine Reihe Frauen, „doppelt organisiert", ich war nach wie vor in einer sozialistischen Gruppe aktiv, und das war mir auch wichtig, denn es ging um die Befreiung unterdrückter Gruppen weltweit und die Befreiung der Frauen war für mich ein Teil davon. Mir war immer wichtig, für beides einzustehen, auch wenn das manchmal schwierig war. In den politischen Gruppen wurden die beiden Themen als „Haupt- und Nebenwiderspruch" diskutiert. Wir Frauen waren der Nebenwiderspruch gegenüber dem Klassenwiderspruch, also dem Hauptwiderspruch. Das haben wir vehement zurückgewiesen. Es waren aufregende Aufbruchszeiten ohne Vorbild, denn durch den Nationalsozialismus in Deutschland gab es nicht die Kontinuität sozialistischer Bewegungen wie in anderen Ländern, wo es auch ältere Frauen aus früheren Bewegungen gab, wie aus der ersten Frauenbewegung, aus der Sozialdemokratie und aus sozialistischen Gruppen. Insofern standen wir an einem Nullpunkt.

ROSE: Sagst du nochmal, wann du dein Studium angefangen hast?

BRÜCKNER: 1966. Zu Beginn der Studentenbewegung war ich dann in Frankfurt, das war ein Hotspot, wo sich viel bewegt hat, sowohl auf der Theorieebene als auch durch Aktionen, es war ja eher eine theoretisch aufgeladene Gruppierung in Frankfurt, im Gegensatz zu Berlin, die eher praxisorientiert war und wo die Frauen z. B. die ersten Kinderläden begründet hatten. Die waren auch ein bisschen älter als wir und hatten Kinder, bei uns hatte niemand Kinder, insofern gab es lokal unterschiedliche Themen.

KÖTTIG: Ich war ein Jahr, als du angefangen hast zu studieren.

ROSE: Ich war zumindest schon im ersten Schuljahr, als du angefangen hast, Margrit. Das ist jetzt ein Sprung von zwölf Jahren, ich habe 1978 angefangen, in Dortmund, das war genderlos, aber es gab Sigrid Metz-Göckel, die hat ein Seminar zur Gewalt gegen Frauen, Frauenhäuser gemacht. Da habe ich gedacht, was ist das denn? War völlig irritiert. Da kursierte dann auch Anja Meulenbelts „Die Scham ist vorbei" und dann gab's noch Verena Stephans „Häutungen". Das war Erleuchtungsliteratur, wo ich so dachte, oh, ich bin ja auch eine Frau. Das, was ich erlebe, könnte was mit Geschlecht zu tun haben. Ich bin dann nach Marburg gegangen und da war die Stimmung völlig anders. Da waren bei den Erziehungswissenschaften alles Männer. Aber dann haben wir, ich weiß nicht wie, als Studierende Frigga Haug mit ihrem Frauengrundstudium nach Marburg geholt. Das war der nächste Erweckungsschub. Also Studentinnen setzen selbst durch, ein eigenes Seminar zu bekommen. Wir haben dann, das war ja auch so ein besonderer Forschungsansatz, Geschichten geschrieben, also uns selbst zum Forschungsobjekt gemacht. Das hat mir Spaß gemacht und war inspirierend. Und es war sofort auch klar, das bedeutet Konflikt, und das hat uns richtig Spaß gemacht. Also mein Studium war eine lustvolle Erfahrung, solche Sachen zu machen, mit denen man auffiel und nervte und wo Widerspruch kam. In der Zeit kamen ja auch die Ansätze der Mädchenarbeit. Das Buch von Savier/Wildt „Mädchen zwischen Widerstand und Anpassung". Das kursierte bei uns, und dann wurden in Marburg überall Mädchengruppen installiert, und die Jungen sind Amok gelaufen. Das war was Lustvolles, das hat uns Spaß gemacht, zu provozieren. Ob da irgendwelchen Mädchen mitgeholfen worden ist, weiß ich nicht, aber es war für uns ein positiv erregendes Moment, diese provokanten Ansätze in der Jugendpflege durchzusetzen. Außer Frigga Haug und ihren Mitarbeiterinnen habe ich aber keine Frauen als Lehrende erlebt. Dann gab es Jürgen Zinnecker, der war aufgeschlossen gegenüber der Genderforschung, hatte ja auch selber zur Frauenbildung promoviert. Aber ansonsten war das ein männlicher Apparat. Also es war schon ein bisschen anders als bei dir, Margrit. Es gab schon was, und es gab auch Literatur. Ich habe nicht viel Geld gehabt, aber jedes Buch, was da im Regal stand, war ein Prestigeobjekt.

BRÜCKNER: Für uns waren das eher Themen außerhalb der Universität. Die Studentenbewegung hat zwar Proteste wie gegen den Vietnamkrieg und sozialistische Theorien hineingetragen, aber die erste Frauenliteratur, wie Simone de Beauvoir, haben wir in den „Weiberräten" gelesen. Und das andere ist, dass für mich biografisch die Studenten- und die Frauenbewegung die Möglichkeit geboten haben, mich durchzuringen gegen Widerstand aus dem Elternhaus und der gesellschaftlichen Umgebung als einziges Mädchen meiner Abiturklasse ein volles Studium zu machen. Das hätte ich mich sonst nicht getraut.

THIESSEN: Ich knüpfe mal an Lottes lustvollen Erfahrungen beim widerständigen feministischen Engagement im Studium an.

ROSE: Wann hast du denn angefangen, Barbara?

THIESSEN: Ich habe 1986 angefangen mit dem Studium an der Evangelischen Hochschule in Reutlingen. Die galt als links und auch als Ort von feministischer Selbstorganisation. Das wusste ich aber zu Beginn des Studiums noch nicht. In meinem ersten Semester hatte ich das Seminar „Sexismus in der Pädagogik". Das hat mich total mitgerissen und wurde von nebenamtlichen Dozentinnen gehalten. Es gab an der Hochschule bereits eine feministische Blase von engagierten Studentinnen und nebenamtlichen Dozentinnen, die wohlwollend durch eine Professorin begleitet wurde und die feministischen Lehrveranstaltungen organisierten. Die hießen Frauenseminare und da durften auch nur Frauen rein. Das war ganz klar und da hatte ich schon eins in Pädagogik im ersten Semester und das war wie eine Initiation. Der Trägerverein der evangelischen Hochschule hat an dem Titel Anstoß genommen und wollte die Veranstaltung streichen. Das war der Anlass für feministischen Protest, bei dem ich natürlich sofort mitgemacht habe. Ab meinem zweiten Semester war ich dann Mitglied im „Autonomen Frauenplenum" und habe nicht nur weitere feministische Veranstaltungen mit auf den Weg gebracht, sondern wir haben ein „Frauencurriculum" aufgesetzt als Grundlage für die Beantragung einer „Professur für feministische Theorie und Praxis in der Sozialen Arbeit". Und zu unserer großen Überraschung waren wir erfolgreich: Im Fakultätsrat gab es konkurrierende Vorschläge für Neuberufungen, die haben sich gegenseitig blockiert und am Ende ist es unser Vorschlag geworden. Die Stelle ist 1990 zwar ausgeschrieben worden mit der Denomination „Soziale Arbeit mit Frauen und Mädchen", war aber die erste Volldenomination zu Geschlechterforschung in Baden-Württemberg. Und die haben wir als Studentinnen durchgesetzt. Also mein Studium hat bereits schon mit feministischem Wissen angefangen und mit Vorbildern im Studium. Wir haben Nancy Chodorow und Simone de Beauvoir gelesen. Ich habe im autonomen Frauenhaus und bei der kommunalen Gleichstellungsbeauftragten Praxissemester gemacht. Das gab es alles schon Ende der ,80er-Jahre. Aber es war klar, wenn es unser Engagement nicht gibt, dann werden diese Initiativen schnell wieder eingestellt. Wir sind auch bundesweit auf feministische Tagungen gegangen, z. B. nach Frankfurt gegen Gen- und Reproduktionstechnologie, nach Berlin zur Debatte um Mittäterschaft mit Christina Türmer-Rohr. Die habe ich sehr verehrt und alles gelesen, was es von ihr zu lesen gab. Nach der Fachhochschule war ich noch hungrig auf feministische Theorien und bin an die Uni Bremen gegangen. Die habe ich mir gezielt ausgesucht, denn die hatte gerade in der Zeit einen reinen Frauen-ASTA. Ich habe Helga Krüger, Ilona Ostner, Marianne Friese, Bettina Dausien, Ilse Dröge-Modelmog und viele andere inspirierende Geschlechterforscherinnen kennengelernt. Neben Frauenseminaren, die auch in der Zeit nur für Frauen ausgeschrieben waren, habe ich mich engagiert in der Gründungskommission des Zentrums feministische Studien. Später wurde ich dort Wissenschaftliche Geschäftsführung. Das war eine großartige Zeit von sehr viel Lernen, von Hunger nach Texten lesen, um sich die Welt neu erschließen zu können. Und gleichzeitig war es auch eine Zeit großen Engagements mit der Hoffnung, dass die Wirklichkeit anders wird. Ich weiß nicht, wie viele Vereine ich schon gegründet habe. Anfang der ,90er-Jahre war ja auch die Zeit der Wiedervereinigung und ich war auf Tagungen, wo ich von Ostfrauen gelernt habe, man kann feministisch sein mit Männern und es gibt auch ganz andere Erfahrungen. Zeitgleich haben mich die großen Debatten zum Thema Rassismus in der Frauenbewegung sehr beschäftigt.

KÖTTIG: Es gibt strukturell wirklich große Ähnlichkeiten zwischen unseren Erfahrungen, Barbara, obwohl mein Ausgangspunkt ein anderer ist. Ich habe eine Erzieher:innenausbildung gemacht und das erste Mal, als ich mit dem Thema Geschlecht konfrontiert wurde, war, als ich in der Erzieher:innenausbildung eine Hausarbeit abgegeben habe und meine Lehrerin mir in den Text reinmarkiert hat, dass ich immer nur die männliche Form genutzt habe und sie sich nicht vertreten fühlt. Ich war erst mal sauer, weil die ganze Arbeit rot markiert war, dann habe ich aber überlegt, und es hat sich etwas entwickelt.

Ich habe angefangen, mich in der Erzieher:innenausbildung damit zu beschäftigen. Also bei mir war zum Beispiel dieses Buch von Marianne Grabrucker, ‚typisch Mädchen‘, oder das von Ursula Scheu „Wir werden nicht als Mädchen geboren, sondern dazu gemacht", ganz ausschlaggebend für die Entwicklung eines kritischen Bewusstseins. In meinem Anerkennungsjahr und auch danach habe ich in einem Kinderschutzhaus gearbeitet und bin unglaublich extrem mit sexueller Gewalt konfrontiert worden und zwar zu einer Zeit, in der dieses Thema vielleicht schon im wissenschaftlichen Kontext angekommen war, in der Praxis aber kaum. Wir waren völlig überfordert und wir waren über die Auswirkungen und Dimensionen absolut geschockt. Ich war damals noch sehr jung und das hat mich sehr mitgenommen. Ein anderer Pfad war, dass zwei meiner Freundinnen an der Gesamthochschule Kassel im Kontext der Forschungswerkstatt von Fritz Schütze biografieanalytische Arbeiten zu Frauenthemen geschrieben haben. Es ging einmal um den Wiedereinstieg von Frauen nach der Kinderphase und bei der anderen um spanische Migrantinnen. Diese biografieanalytische Perspektive auf Frauenleben hat mich sehr fasziniert. Dieses Interesse, und dass ich gemerkt habe, ich muss raus aus diesem Kinderschutzhaus, weil es mich zu stark belastet, waren die Auslöser dafür, dass ich angefangen habe zu studieren. Dort habe ich auch gleich als Erstes ein Seminar, in dem es um narrative Interviews ging, belegt und ansonsten habe ich nach Veranstaltungen gesucht, die irgendetwas mit Frauen oder Feminismus zu tun hatten, ganz egal, in welchem Fach, ob das Politikwissenschaft, Soziologie oder Ethnologie war. In meinem Fachbereich Sozialwesen habe ich das Frauenbildungsarbeitsprojekt bei Hildegard Feidel-Merz besucht und habe Veranstaltungen bei Ingeborg Pressel zur feministischen Theorie belegt. Es gab eine starke Auseinandersetzung darüber, ob Männer für die Veranstaltungen zugelassen werden oder nicht. Ich kann mich noch sehr gut erinnern, bei einer Veranstaltung zu Gruppendiskussionsverfahren saßen hinten drei Frauen, die Strichlisten geführt haben, wie oft die männliche Form benutzt wurde und wie oft die weibliche, also wir waren schon auch auf Krawall gebürstet. An der Hochschule wurde diskutiert, nennen wir das Referat jetzt Frauenreferat oder Frauen/Lesbenreferat, da zeigten sich also die ersten Differenzierungen innerhalb der weiblichen Communities. Meine Praktika habe ich bei einer Frauenbeauftragten gemacht und das andere bei der Mädchenbeauftragten des LWV Hessen. In diesem Praktikum war mein Schwerpunkt, eine LAG Mädchenarbeit aufzubauen, die LWV-Mädchenbeauftragten gibt es ja schon lang nicht mehr. Im Rahmen des Praktikums bei der Frauenbeauftragten habe ich einen Frauenbildungsurlaub mit 50 Landfrauen nach Griechenland zu einer Frauenkooperative gemacht – sehr spannend. Und was mich damals sehr beschäftigt hat, war der große Streit zwischen den Mitarbeiterinnen der autonomen und der staatlich finanzierten Frauenhäuser. Der Streit ging quer durch meinen Freundinnenkreis, also so heftig, dass Freundinnenschaften zerbrochen sind. Der Streit ging darum, dass die einen unabhängig von staatlicher Förderung bleiben wollten, um nicht ausgeliefert zu sein. Sie warfen den kommunal oder staatlich geförderten Frauenhäusern – im schlimmsten Fall – vor, sich zu prostituieren und staatstreu zu unterwerfen. Es war eine sehr heftige Auseinandersetzung, die sehr viel Energie gekostet hat und die auch sehr tragisch für manche Beziehungen war. Tja, und nach den Praktika, das war dann in der Nach-Wendephase, als es zu Übergriffen auf Migrant:innen kam, in Hoyerswerda, Mölln usw. Da bin ich das erste Mal damit konfrontiert worden, dass Frauensolidarität und die Vorstellung ihrer Friedfertigkeit in Frage zu stellen ist, weil ich da diese klatschenden Frauen vor den brennenden Häusern gesehen habe. Damit begann für mich die Desillusionierung von ,der Frau'. Ich habe angefangen, mich zu fragen, warum machen Frauen das? Wie können die das machen? Damals gab es zu rechten Frauen fast noch gar nichts, so dass ich angefangen habe, diesen Acker selbst zu beackern. Ich habe mir biografieanalytisch und später auch familiengeschichtlich angeschaut, was dazu führt, dass Frauen in diese Szene reingehen. Für mich zeigen sich einige strukturelle Ähnlichkeiten zu deiner Entwicklung, Barbara, obwohl mein Ausgangspunkt ein anderer ist. Übrigens, meine erste Studienarbeit habe ich zum Thema ,Frauen und Geld' geschrieben, was ich aus der Perspektive kaum erklären kann, warum mich das so ernsthaft beschäftigt hat.

ROSE: Aber das war unsere Startveranstaltung im Frauengrundstudium: Frauen und Ökonomie, dazu haben wir die ersten Geschichten geschrieben. Michaela, wann hast du dein Studium angefangen?

KÖTTIG: Mein Studium habe ich 1989 angefangen.

THIESSEN: Neben dem Lustvollen an feministischem Denken erinnere ich auch, dass die Debatten in den Frauenseminaren oft sehr hart geführt wurden, dass da Frauen rausgerannt sind und geweint haben, weil sie nicht das angeblich Richtige gesagt haben. Das geht natürlich gar nicht. Aber das war atmosphärisch noch geprägt von der Studentenbewegung, wo es ja auch gerne um das ,richtige' Bewusstsein ging. Wie ging es denn bei dir, Yvonne, eigentlich los?

RUBIN: Ich bin jetzt, wenn ich euch so reden höre, was meine eigene Biografie angeht, ein bisschen fassungslos. Ich bin 1977 geboren und habe irgendwann, da war ich vielleicht 14, 15, 16, begonnen, mich darüber zu ärgern, dass Frauen heiraten, sauber machen, den Haushalt machen, kochen, Kinder bekommen sollen und dann in Teilzeit erwerbsarbeitstätig sind. Ihnen also – auch Mitte der 1990er-Jahre – hauptsächlich reproduktive Tätigkeiten zugeschrieben werden. Ich weiß nicht genau, woher dieser Ärger kam, aber ich hatte in meiner Jugend immer mehr männliche Freunde und für mich war als Jugendliche schon klar, dass ich nicht will, dass jemand bestimmt, dass ich zu Hause bei den Kindern bleibe. Ich konnte damals schon mehr mit ‚männlichen Lebensentwürfen' anfangen als mit ‚weiblichen Lebensentwürfen'. Ich hatte – im Unterschied zu meinen Freundinnen – kein Interesse, nach dem Mann fürs Leben zu suchen und die Hochzeit zu planen. Für alle anderen war total klar: heiraten, wir suchen den Mann fürs Leben, schon mit 14, 15. Meine Freundinnen schrieben Zettel an Jungs: „Willst du mit mir gehen, ja, nein, vielleicht?" Ich wollte nicht mit denen ‚gehen', sondern mit ihnen Fußball spielen. Das waren Themen, die mich in meiner Jugend beschäftigt haben. Ich habe auf dem zweiten Bildungsweg Abitur gemacht und zuvor Altenpflege gelernt. Während meiner Ausbildung haben mich geschlechtsspezifische Fragestellungen weiter beschäftigt und ich habe mich gefragt: Wie gehen wir als Gesellschaft eigentlich mit Frauen um? In den Altenheimen, da habe ich ja hauptsächlich Frauen als Bewohnerinnen getroffen und deren Biografien waren – damals noch mehr als heute – durch Zuschreibungen geprägt: Sie haben ihre Männer gepflegt, diese sind irgendwann gestorben, dann haben sie alleine gewohnt und hatten niemanden, der sie später bei Pflegebedürftigkeit versorgt hat. Sie mussten dann ins Altenheim. Darüber hatte ich mich schon geärgert. Also die wenigsten Frauen, die ich kennengelernt habe, wollten im Heim leben. Schon vor 25 Jahren wollte da niemand wohnen. Das Geschlechterthema hat mich persönlich weiter begleitet, aber es fand in meinen Ausbildungen nicht statt. Und das, obwohl die Altenpflege durch die Konzeptionalisierung der Pflegeversicherung erheblich geschlechtsspezifisch kontextualisiert ist. Auch im Studium – ich habe zunächst Pflege und Gesundheit studiert – fanden Geschlechteranalysen nicht statt. Zu dem Zeitpunkt – da war ich ja schon älter – hatte ich im privaten Kontext Freunde und Freundinnen, die sich mit geschlechterbedingten Fragestellungen beschäftigt haben, und da habe ich mitbekommen, dass Geschlecht eine relevante Kategorie in der Gesellschaft ist und habe begonnen, mich mit Geschlecht zu beschäftigen. Aber meine berufliche Erfahrung bis dahin war, dass Geschlecht in diesen Bereichen keine professionelle Berücksichtigung findet. Ich habe eine Weile als Leitung in der Pflege gearbeitet, aber relativ schnell erkannt, dass ich die Strukturen in der Pflege weder ändern noch mittragen kann. Ich habe mich inhaltlich nochmal umorientiert und Soziale Arbeit im Master studiert und mich zum ersten Mal auch wissenschaftlich mit Geschlecht auseinandergesetzt. In meiner Masterarbeit konnte ich mich wissenschaftlich damit beschäftigen, wie Pflegeleistungen vergesellschaftet werden. Geschlechterbedingte Fragestellungen, die ich damals hatte, in meinem ersten Praktikum im Altenheim, da war ich 16 oder 17, beschäftigen mich bis heute: Wie vergesellschaften wir Sorgetätigkeiten von und für ältere Menschen und was liegen diesen für geschlechterbedingte Fragestellungen zugrunde? Heute liegt mein Fokus weniger auf der Pflege und mehr auf dem professionellen Handeln Sozialer Arbeit.

III. Aktuelle Schwerpunkte in der Lehre: Gelingendes und Hürden

BRÜCKNER: Darf ich noch ein Zwischenstück einflechten? Da geht es durchaus um Lehre, denn all das, was ihr beschreibt, habe ich auf der anderen Seite erlebt. Ich bin 1972, wie mehrere andere junge Kolleg*innen, die in der Studenten- und Frauenbewegung aktiv waren, an die Fachhochschule gegangen, zunächst als Lehrbeauftragte, dann mit verschiedenen Kettenverträgen, später in Festanstellung. In der Sozialen Arbeit ist Frauenarbeit ja ein traditionelles Thema, aufgrund von Geschlechtertrennung und Koedukation. So gab es schon immer Männerarbeit, z. B. mit Obdachlosen und Frauenarbeit, z. B. für sogenannte „gefallene Mädchen", aber auch für Alleinerziehende. In meinem Fachbereich lehrten zwei linke SPD-Kolleginnen, die im Kontext von Praxis Vorbereitungsseminare zu Frauenarbeit anboten, an die ich anknüpfen konnte. Diese Kolleginnen waren nicht in der Zweiten Frauenbewegung aktiv und es gab zunächst ein Fremdeln zwischen uns, aber heute würde ich sagen, dass es einen fließenden Übergang gab, auch wenn sie nicht so revoluzzerhaft aufgetreten sind, wie wir das gemacht haben. Dann haben wir alten und neuen Kolleginnen fast von Anfang an, so ab 1973/74, Frauenplenarveranstaltungen in der Aula durchgeführt, weil es so viele Interessentinnen gab. Es war ein richtiger Aufreger. Männer hatten keinen Zutritt. Weil die Frauenbewegung zu der Zeit auf der Straße aktiv und präsent war, interessierte das sehr viele Studentinnen. Die meisten waren mindestens so alt wie ich und hatten oft gerade einen Bruch in ihrem Lebenslauf wie Scheidung, hatten Kinder oder wollten einen Berufswechsel. Das heißt, sie hatten als Frauen sicherlich mehr Erfahrungen als ich damit, was Frau sein in dieser konservativen Gesellschaft bedeutet. Daher interessierten sie sich für Frauenthemen und dieses Frauenplenum, wo es um Selbstvergewisserung ging und darum, was wir im Fachbereich ausrichten können. Es gab keinen großen Widerstand, eher einen etwas misstrauischen Blick von manchen Frauen und Männern aus dem

Kollegium; wir waren ein sehr linker Fachbereich, da hätte niemand was dagegen unternommen. Es gab einige protestierende Studenten, die in Seminare kamen und sagten, wir wollen hier auch mitmachen und dann rauskomplimentiert wurden. Themen der Frauenseminare waren z. B. Frauensozialisation und Mädchenarbeit, es gab auch praxisbezogene Projekte und einen über zwei Fachbereiche – Sozialpädagogik und Sozialarbeit – reichenden eigenen „Frauenstudienführer". Viel davon wurde von feministischen Dozentinnen organisiert, da die Studentinnen sehr eingebunden waren durch Kinder und Erwerbsarbeit und zum Teil bei uns die mittlere Reife und später die fachgebundene Hochschulreife nachgeholt haben. Das war natürlich etwas sehr Attraktives. Ich habe dann Ringvorlesungen organisiert und Frauenprojekte in Kooperation mit dem entstehenden Frauenhaus durchgeführt und wir haben eine Frauenberatungsstelle mit aufgebaut und haben aktuelle Frauenthemen, die damals eine Rolle spielten, aufgegriffen wie Frauen und Soziale Arbeit, historische Themen, Stadtteilarbeit, Frauen in gesellschaftlichen Randpositionen.

ROSE: Wird man ein bisschen wehmütig bei deinen Erzählungen.

THIESSEN: Ja, ich habe auch gerade gedacht, meine Themen haben sich aus den Forschungsprojekten entwickelt, die dann möglich waren. Bei mir war das nicht so stringent wie bei Michaela oder auch bei Yvonne; ihr hattet Fragen aus eurer vorherigen Tätigkeit, die ihr dann verfolgt habt. Bei mir war das eher so, dass ich als studentische Mitarbeiterin bei einer Geschlechterforscherin einen Forschungsantrag miterarbeitet habe. Marianne Friese hat sich mit Dienstmädchen historisch beschäftigt und davon ausgehend gefragt, wie sich bezahlte Hausarbeit heute darstellt. Maria Rerrich hatte da gerade auf dem Soziologiekongress einen Vortrag gehalten, über ihre Situation als Wissenschaftlerin mit einer Reinigungskraft im eigenen Haushalt und die Frage gestellt, wie diese Arbeitsteilung unter Frauen feministisch verstanden werden kann. Aus dem Forschungsantrag zur Professionalisierung von Haushaltsarbeit wurde letztendlich meine Promotionsstelle zu bezahlter Arbeit im Privaten, zu Care, Geschlecht, Familie und zum Umgang mit Schmutz. Es folgte ein Forschungsprojekt über jugendliche Mütter und schulische Ausbildung. Diese Themen – soziale Prekarisierung, Bildung, Beratung, Arbeit, Sexualität, Familie und Geschlecht – also das waren und sind meine Themen. Auch in meiner Lehre, selbst bei „Einführung in wissenschaftliches Arbeiten", konnte ich die immer gut unterbringen. Aber ich habe mich gewundert, dass es da erstmal wenig Interesse gab. Das war Ende der 90er- und Anfang der 2000er-Jahre. Erst mit Aufkommen der „Third Wave" im Feminismus, mit ‚slut walks', dem Blog ‚Mädchenmannschaft', später mit #MeToo, kamen Studentinnen und auch

Studenten in die Veranstaltung, die von sich aus gesagt haben, ich komm hierher, weil ich Feministin, weil ich Feminist bin, weil mich diese Themen interessieren. Das habe ich Jahre davor nicht gehört. Ich habe daher gelernt, mit didaktischen Möglichkeiten geschlechterkritisches Denken anzuregen, etwa mit Themen, die etwas mit Familie, Körper oder Beziehung zu tun haben oder mit dem Bearbeiten von Statistiken zu geschlechtlicher Ungleichheit, weil das Möglichkeiten waren, wo Studierende am Ende gesagt haben: „Ja, wenn ich mir das jetzt genau angucke, das ist ja total ungerecht!" Wo ich gedacht habe, ich hätt's nicht besser sagen können, aber Selbsterkenntnis ist zielführender. Bemerkenswert fand ich, dass es vor allem Studentinnen waren, die in der Zeit queere Themen eingebracht haben oder im Themenfeld häuslicher Gewalt eher Frauen als Täterinnen fokussieren wollten. Meines Erachtens haben sie auf diese Weise die Kenntnisnahme patriarchaler Machtverhältnisse vermieden.

BRÜCKNER: Ich glaube, Anfang der 70er-Jahre hätte keine Studentin so etwas gesagt wie „ich interessiere mich für ein bestimmtes Frauenthema". Da ist eine Distanzierung drin, ich als Person interessiere mich für irgendwas außerhalb von mir, das war nicht das Thema. Das Thema war vielmehr, wer bin ich als Frau? Was wollen wir als Frauen? Und das hatte weniger einen theoretischen Zugang, das gab es auch, aber wichtiger war die Frage, was gibt es für Lebensmöglichkeiten für uns Frauen? Wer sind wir eigentlich? Wie leben wir? Wie lernen wir uns kennen? Das war sehr praxisorientiert. Wir haben ein Projekt mit wohnungslosen Frauen gemacht, wo ein Highlight für die Studentinnen war, dass die wohnungslosen Frauen sie abends in die Stadt mitgenommen haben in deren Kneipen und den Studentinnen gezeigt haben, wie man Männer dazu bringt, einen Drink auszugeben und ohne Geld einen schönen Abend zu haben. Wo es ganz andere Formen gab, Brücken zwischen Frauen zu schlagen, einschließlich der Frage, wie ist es mit meinem Leben? Was dürfen und können Frauen? Alles, was zu tun hatte mit Sexualität und Verhütung, war sehr virulent, insgesamt Frauengesundheitsthemen und das Gewaltthema, aber weniger im Sinne von „ich interessiere mich für...", sondern „meine Erfahrung ist ...". Im Mittelpunkt stand der Austausch darüber, ist es nur meine Erfahrung oder ist es die von vielen? Dieses Unmittelbare lässt sich nicht auf Dauer stellen, sondern das hat was zu tun mit einer Phase, wo etwas neu aufbricht und in dem Fall war das eben die Frauenbewegung. Mit dem Zeitpunkt, wo solche Themen und Ansätze üblicher und kanonisierter werden, entsteht ein Stück Distanz zum eigenen Leben. Also, es war eine relativ kurze Phase, die aber intensiv war für alle, die das erlebt haben.

ROSE: Das find ich schön rekonstruiert, die Veränderung des Themas in diesem Generationenvergleich. Aber ich muss noch was anderes loswerden. Denn wir haben jetzt schon lange gesprochen und die Männerfrage ist noch nicht aufgetaucht. Also alle eure Geschichten waren klar frauenfokussiert. Meine Erweckung war im Frauengrundstudium von Frigga Haug. Ich bin da aber auch wieder weg, hab mich richtig verstritten und zwar wegen der Männerfrage, weil mich das irgendwann sowas von angekotzt hat, dass immer nur die widrigen Lebensbedingungen von Frauen thematisiert wurden, was ich ja richtig fand, ging ja dann auch um mein Leben. Aber ich habe auch wahrgenommen, dass das bei den Männern, mit denen ich zu tun habe, auch nicht alles so dolle war. Das war der Punkt, wo mich die Männerfrage dann schon recht früh angefixt hat. Ein Aha-Erlebnis hatte ich dann mit meiner Promotionsforschung zu Biografien von Kunstturnerinnen. Ich habe das sehr stark geschlechtsspezifisch verortet, diese Drangsaal des Kunstturnerinnen-Lebens als Ausdruck von geschlechtsspezifischen, mädchenspezifischen Abhängigkeiten und Ausbeutungsverhältnissen. Dann gab es einen Sportwissenschaftler, der das Buch rezensiert hat. Er war Kunstturner gewesen und hat mir dann später gesagt: Das, was du beschrieben hast, das ist eins zu eins meine männliche Erfahrung in diesem Leistungssport. Wo ich dann dachte, habe ich da möglicherweise überschießend Mechanismen vergeschlechtlicht, die für die andere Seite genauso problematisch sind. Das wäre dann auch der Brückenschlag zur Frage, wie das jetzt eigentlich in der Lehre ist. Ich war in der Lehre immer stark getrieben von dem Anliegen, Geschlechterfragen in der Sozialen Arbeit nicht als mädchen- und frauenspezifisch zu konnotieren, um zu verhindern, dass unproduktive Situationen entstehen, dass die einen sauer sind, weil nur über die anderen geredet wird und sich dann da dran abgearbeitet wird. Ich denke, geschlechtsspezifische Machtordnungen sind für beide Seiten belastend und nicht gut. Also das so als Agenda für meine Lehrtätigkeit.

KÖTTIG: Ich habe oft Seminare angeboten, in denen ein Geschlechterfokus schon in der Kommentierung festgelegt wurde oder in denen Geschlechterdynamiken rekonstruiert werden sollten, vor allem als ich an der Uni in Göttingen war. Dort waren es meist Begleitseminare zur qualitativen Methodenvorlesung oder Lehrforschungsprojekte zu ganz unterschiedlichen inhaltlichen Schwerpunkten, bspw. Ethnografien in multikulturellen Räumen, Biografien von Menschen mit spezifischen Migrationserfahrungen oder Biografieforschung im Kontext von politischem Aktivismus. Die Seminare wurden intensiv besucht, obwohl der Diskurs dann schon in Richtung Transgender, Queerness ging. Dies vor allem ausgelöst dadurch, dass es eine transgender

Lehrperson gab und sich möglicherweise daraufhin einige Studierende erkennbar machten. Zum Politikum wurde es in der Fakultät, als diese transgender Lehrperson sich zur Wahl als Gleichstellungsbeauftragte aufstellte. Aber das wäre noch mal ein anderes Thema. Halten wir fest, in Göttingen sind die Veranstaltungen mit Geschlechterfokus sehr gut angenommen worden, insbesondere auch, weil das Erforschen nochmal ein sehr interessanter Aspekt war. Ich habe in den Seminaren Geschlecht nicht einfach so gesetzt als Kategorie, aber trotzdem wurde deutlich, wie Lebensläufe sich entwickeln und an welchen Stellen Geschlecht eine Rolle spielt – oft eine entscheidende Rolle. In der Analyse war eine Entdeckungslogik drin und das war für die Studierenden, glaube ich, ganz interessant. Als ich dann 2009 nach Frankfurt kam, habe ich solche Seminare gar nicht mehr angeboten, sondern meine Haltung in den Seminaren ist geprägt durch eine geschlechtersensible Perspektive. Ich schaue, was sind die Dynamiken im Seminar, wer spielt sich da wie hervor und so weiter, wo muss ich nachsteuern, wie kann ich diese Dynamiken aufgreifen und bewusst machen. Ich bringe immer wieder geschlechterreflektierende Aspekte mit ein bei Themen, die zunächst so scheinen, als hätten sie gar nichts damit zu tun, und bringe sie so an, dass sie immer wieder aufscheinen als durchgängiges Thema. Und natürlich mein Intersektionalitätsseminar – das lehre ich noch immer anhand von biografischen Interviews mit dieser spezifischen Entdeckungslogik.

RUBIN: Also meine Gedanken zur Lehre sind ganz anders als eure: Ich habe meine Themen direkt in unserem Modulkatalog verortet. Die Fragestellungen, die mich interessieren, sind, subjektorientierte Perspektiven mit gesellschaftstheoretischen Aspekten zu kontextualisieren. Also zu analysieren, wie wir als Gesellschaft bestimmte Dinge organisieren und dies aus Subjektperspektive versuchen zu verstehen. Das kann ich eigentlich überall unterbringen. Also ich lehre Grundlagen Sozialer Arbeit, Theorien, Methoden, Geschichte schwerpunktmäßig mit dem Fokus auf Alter(n). Der Zugang über subjektorientierte Perspektiven eröffnet für mich Geschlechterfragen, ohne Zuschreibungen vorzunehmen.

THIESSEN: Da ich als Studentin feministische Seminare einerseits persönlich als unfassbar bereichernd erlebt habe, aber zum Teil auch persönlich diffamierend und sehr konflikthaft, war für mich klar, bei mir gibt es kein sich gegenseitig Niedermachen und hier ist niemand im Besitz der Wahrheit. Das Besondere an genderbezogenen Themen ist, dass immer auch das eigene, das persönliche Leben samt Beziehungserfahrungen in die Lehrveranstaltung mitgebracht wird. Und das ist heikel, das ist verletzungsanfällig. Es sitzt auch die Frage nach Machtverhältnissen sofort mit am Tisch und damit auch ein Angriff, den etwa männliche Studierende als solchen erleben, auch wenn niemand sie persönlich angreift, sondern über geschlechterbezogene Machtverhältnisse und Strukturen gesprochen wird. Da ist es mir wichtig, die Differenzierung von Mikro-, Meso- und Makroebene von Anfang an zu klären und auf einem freundlichen Miteinander zu bestehen. Wer sich persönlich angegriffen fühlt, kann das sofort signalisieren. Und ich biete mich auch an als diejenige, an der Studierende sich abarbeiten können. So hatte ich eine Studentin in einem Seminar zu häuslicher Gewalt, die ihre Einschätzungen zum Thema abwertend und aggressiv vorbrachte. Am Ende der Veranstaltung hat sich gezeigt, dass sie selber vielfache familiale Erfahrungen hatte. Ich konnte das gut verstehen, dass sie zunächst sauer auf mich war. Denn ich bringe diese unangenehmen Themen auf. Ich mache aber zugleich deutlich, dass es nicht um Selbsterfahrung geht oder die Anforderung individueller Veränderungen. Es geht mich nichts an, wie Studierende leben. Aber sie werden mit Adressat:innen zu tun haben, die vor allem auf den Schattenseiten des Geschlechterverhältnisses stehen, sowohl Frauen als auch Männer als auch Queers und damit müssen sie sich auseinandersetzen können. Deren Lebenslagen müssen sie auch unter einer geschlechterkritischen Perspektive wahrnehmen können, wenn ihre Interventionen passgenau sein sollen. Ebenso sollten sie die geschlechterhierarchischen und geschlechterkulturellen Strukturen in Organisationen erkennen können. Das gehört zu ihrer Fachlichkeit dazu. Es kann sein, dass bei ihnen persönlich etwas anklingt aus ihrem Familien- und Beziehungsleben oder Körperempfinden. Das ist bei Geschlechterthemen nie ausgeschlossen. Aber das mache ich nicht offensiv zum Thema. Wenn sie davon etwas einbringen wollen, gerne, und wir überlegen, welcher Rahmen dann angemessen ist. Es ist klar, dass Themen wie Queerness, Intersexualität und Gender immer auch das Risiko enthalten, dass sich Studierende wechselseitig auf Opfer- und Täter:innenseite erleben. Das gilt es zu entschärfen und auf analytische Ebene zu bringen. Was ich auch feststelle, ist, dass Studierende, die sich mit queer-feministischen Themen befassen, gerne Fragen mitbringen wie: „Gestern Abend haben wir uns festgefahren beim Thema sowieso, haben Sie da nicht Argumente für mich?“ Dann gebe ich das natürlich in die Seminarrunde und erlebe, wie das persönliche Interesse hilfreich ist für Erkenntniszuwachs.

ROSE: Ich finde das sehr interessant, Barbara, wie du beschreibst, diese fachliche Qualifizierung zu entpersonalisieren. Das war für mich auch so ein Punkt, gerade nach meinen Erfahrungen im Frauengrundstudium, wo wir uns selber ja zum Ausgangspunkt der Erkenntnisproduktion gemacht haben. Für mich war von Anfang an klar: Das will ich nicht, das kann ich auch nicht, falls da irgendwas kommt, mit dem ich nicht umgehen kann. Also ich bringe dieses Thema auf den Tisch über die Auseinandersetzung mit ganz anderen Themen, über die Hochgewichtigkeit, über das Mensch-Tier-Verhältnis, über Essen, über diese Alltagsphänomene. Doing Gender kann man da auch erkennen. Aber ich mache nicht zum Thema, wie die persönlichen Geschichten dazu sind. Das werden sie hinterher im Café machen. Das sollen die Studierenden unter sich machen, da möchte ich nicht dabei sein. Und ich bringe mich da auch nicht ein mit meinen Geschichten. Es kam dann irgendwann mal ein Student und hat gesagt, Frau Rose, wir haben lange drüber nachgedacht, ob Sie wohl Fleisch essen, darf ich Sie das fragen? Es beschäftigt offenbar. Aber ich möchte das nicht zur persönlichen Frage im Seminar machen, ich finde das auch nicht erforderlich.

BRÜCKNER: In der Anfangszeit der Frauenseminare war das Studium anders organisiert. Frauen konnten Frauenseminare auswählen oder auch nicht, so wie es im ganzen Studium viele Wahlmöglichkeiten gab. Von daher gab es diese Themen, die ihr jetzt nennt, nicht. Es ging eher um gemeinsame Interessen, klar gab es immer mal Auseinandersetzungen, aber nicht auf dieser prinzipiellen Ebene, ob das Thema wichtig ist oder nicht, sondern es ging z. B. um Projekte eng mit der Praxis verknüpft. Theoretische Fragen dazu waren eher auf der allgemeinen Ebene von „Frauen und Soziale Arbeit", weil es kaum Literatur gab. Als dann die Debatte aufkam, das Thema Frauen, später Gender, verpflichtend zu machen für alle, war ich dagegen, weil Geschlechterthemen für mich eine Verknüpfung von politischer Bewegung und Sozialer Arbeit darstellten, die ich mit denen besprechen und ausarbeiten wollte, die das auch wollten. Das Geschlechterthema sollte kein x-beliebiges Fach werden, das man ‚lernen' muss. Heute weiß ich nicht, ob die Position richtig war oder nicht, für beides spricht relativ viel. Dann gab es in den ‚80er/'90er-Jahren eine Phase, da habe ich mit einem männlichen Kollegen Seminare – offen für alle – zu Geschlechterverhältnissen gemacht, aber da gab es auch noch keine grundsätzlichen Kontroversen zu diesem Thema unter interessierten Studierenden. Erst in den letzten Jahren, in denen ich Seminare zu Gewalt im Geschlechterverhältnis gemacht habe, haben sich oft junge Studentinnen gemeldet und vertreten, dass Frauen doch genauso gewalttätig seien wie Männer; während die jungen Männer das nie gesagt haben, es waren immer Frauen. Ich habe dann versucht, den Einwand aufzugreifen und zu gucken, was steckt dahinter, wie kann man das wissenschaftlich, quantitativ und qualitativ aufschlüsseln. Dennoch war mein Thema Gewalt gegen Frauen immer noch wichtig und es gab noch genügend Studierende, die das interessiert hat. Ein anderes mir wichtiges Thema war und ist Care. Da haben wir über viele Semester ein Lehrforschungsprojekt gemacht und Frauen und Männer befragt über Care-Situationen, über Sorgen und versorgt werden, kein reines Frauenthema, aber dennoch bis heute sehr frauenlastig. Derzeit mache ich eher supervisorische Seminare. Da geht es um konkrete Praxisprozesse, die nicht so ideologisch aufgeladen sind, wobei durch das Queer-Thema und den Umgang mit Queer schon eine neue emotionale Aufladung hineinkommt.

IV. Wo geht die Reise hin? Zukunft von Geschlechterfragen in der Lehre Sozialer Arbeit

BRÜCKNER: Mir ist es nach wie vor wichtig, dass es eine Frauenbewegung gibt. Gerade im Kontext sozialer Problemlagen, die ja konstitutiv für Soziale Arbeit sind, finde ich das was sehr Wichtiges. Ob das das Gewaltthema ist, das Thema von Berufszugängen, Armut, Alleinerziehen, Erziehungsaufgaben oder Care: All diese Themen sind nach wie vor ganz zentral geschlechtsspezifische Themen. Ich habe auch mit Männerberatung und Täterarbeit zu tun durch mein Engagement im Bereich Gewalt gegen Frauen. Ich finde es wichtig, dass es Angebote gibt, sich mit der Täterseite – und der Täterinnenseite natürlich dann auch – auseinanderzusetzen, um Beratungen anbieten zu können. Insofern finde ich das Männerthema auch wichtig. Zudem ist die Frage zu stellen, inwieweit ist ein Thema ein Geschlechterthema oder ein intersektionales Thema, wo spielt Klasse oder Ethnie eine Rolle. Aber auch Frauenthemen sollten weiter präsent sein und nicht verschwinden hinter irgendwelchen anderen Themen. Denn jenseits der Frage, wie viele Geschlechter wir haben, gibt es nach wie vor so viele Zuschreibungen an Frauen und deren Notlagen sind so beträchtlich, dass wir uns davon nicht verabschieden dürfen.

ROSE: Das wäre jetzt ein Missverständnis. Wenn ich anmerke, dass wir auch zur Frage der Männlichkeit mehr sagen müssen, heißt das nicht, dass „Frauenthemen" erledigt seien. Es gerät immer in einen Konkurrenzmodus, das ist aber überhaupt nicht mein Punkt. Bezeichnend ist doch, Margrit, dass du sagst, wir müssen uns den männlichen Tätern zuwenden. Ich meine aber, wir müssen uns auch den männlichen Opfern zuwenden. Die männliche marginalisierte Klassenposition ist auch grausam, gewaltvoll, unzumutbar.

BRÜCKNER: Da stimme ich dir sofort zu.

THIESSEN: Das ist ja eigentlich das Schöne an unserer Tätigkeit in der geschlechterreflektierten Lehre: Solange es das Patriarchat gibt, werden alle Geschlechter sich damit auseinandersetzen müssen und werden es auch tun. Also da bin ich ganz zuversichtlich, dass wir immer wieder auch neue Themen und didaktische Wege haben werden. Manche Themen kommen immer wieder, egal ob das Gewalt gegen Frauen oder #metoo heißt. Und es gibt noch jede Menge Themen, die tabuisiert sind, also zum Beispiel sexualisierte Gewalt von Müttern an Kindern. Wenn wir Genderwissen für Soziale Arbeit für bedeutsam halten, dann geht es natürlich auch um die Vergeschlechtlichung von Männern in marginalisierten Positionen. Das ist ja gar keine Frage. Und es geht weiter um Themen wie Alleinerziehende, die natürlich klassische Frauenfragen sind, wenn ich das jetzt, Margrit, in diesem Duktus formuliere. Was mir Sorgen bereitet, wenn ich an die Zukunft von Geschlechterfragen denke, ist nicht, dass unser Thema verschwindet. Aber der Rechtspopulismus und der zunehmende Rechtsextremismus wird dazu führen, dass Frauenrechte und Rechte von Queers in Frage gestellt werden, ähnlich wie Michel Friedman jüngst gesagt hat: „Für die AfD sind wir das Amuse-Gueule". Rechtspopulistische Debatten um reproduktive Rechte oder das sogenannte Gendersternchen sind der Vorgeschmack auf künftige Entwicklungen. Der Rechtsextremismus wird versuchen, Gender Studies zu verbieten und da werden wir dann sehen, wer im Kollegium und in der Disziplin solidarisch sein wird.

KÖTTIG: Ich glaube auch, dass das die nächsten Themen sind. Wir müssen zunehmend daran arbeiten, erkämpfte Rechte abzusichern und ich glaube auch, dass es wichtig ist, alle möglichen Geschlechterperspektiven mit aufzunehmen. Wenn wir etwas verändern wollen, brauchen wir alle Perspektiven. Wir können nicht nur von einer Perspektive ausgehen. Also zum Beispiel nur von der Situation der Frauen, sondern wir müssen uns Macht-Ohnmachtsverhältnisse aus beiden Perspektiven anschauen. Um mit Birgit Rommelspacher zu sprechen, müssen wir uns nicht nur die Auswirkungen auf die Ohnmächtigen, sondern auch die auf die Mächtigen anschauen, um gezielt dagegen anzugehen. Und ich denke, da müssen wir immer von allen möglichen Seiten schauen, ohne die Parteilichkeit für Frauen aufzugeben.

RUBIN: Vielleicht ist es noch nicht gelungen deutlich zu machen, dass Genderforschung auch was mit Männern zu tun hat und diese auch mitzunehmen, weil geschlechterbezogene Probleme soziale Probleme sind und Menschen, die sich in prekarisierten Lebenslagen befinden, haben alle Probleme. Aber es ist auch sicherlich so, dass Frauen z. B. in Situationen von Wohnungslosigkeit mit anderen Herausforderungen konfrontiert sind als wohnungslose Männer. Und dasselbe gilt für pflegebedürftige Personen: Für Männer in Altenheimen ist das nicht besser als für die Frauen, im Gegenteil, ich würde sogar sagen, die sind da nochmal mit mehr Problematiken herausgefordert, weil sie permanent besondert werden als Mann. Und meistens als einziger Mann. Und immer stehen sie mit ihrem Geschlecht im Fokus, ob sie wollen oder nicht. Also ich fände es für die Zukunft wichtig, nochmal deutlicher zu machen, dass geschlechterbedingte Fragestellungen uns alle betreffen.

ROSE: Du hast mir nochmal ein Stichwort gegeben. Gender ist nicht nur die Queer- und Flinta*frage. Wenn ich mir angucke, was ich für Anfragen für Thesisbetreuungen kriege, die mit Geschlecht zu tun haben. Dann ist das immer mehr die Frage nach der Queerness. Also ich will kein Missverständnis, ich finde das ist gut, aber ist das nicht auch eine Verdrängung? Das ,andere Geschlecht' ist irgendwie so weg, das ist unattraktiv geworden, darüber schreibe ich doch keine Thesis mehr, so ein Oldschool-Kram.

THIESSEN: Ja also mir hat mal einmal ein Student in der Transition gesagt: „Ja, Frau Thiessen, Ihre Veranstaltung, das ist der alte Feminismus und ich bin der neue." Ich habe geantwortet, das mag so sein, nur der Punkt ist, wenn Sie als Sozialarbeiter in die Praxis gehen, dann begegnen Ihnen leider viele noch unerledigte Fragen von diesem alten Feminismus. Und deshalb bitte ich Sie, da auch noch hinzugucken.

BRÜCKNER: Eine gute Antwort.

KÖTTIG: Vielleicht ist das ein gutes Schlusswort.

Autorinnenangaben

Brückner, Margrit: Dr.phil. habil., Dipl. Soz., Supervisorin und Gruppenlehranalytikerin, Professur (i. R.) für Soziologie, Frauen- und Geschlechterforschung und Supervision am Fachbereich Soziale Arbeit und Gesundheit der Frankfurt University of Applied Sciences. Arbeitsschwerpunkte: Geschlechterverhältnisse, Gewalt gegen Frauen, Frauen- und Mädchenprojekte, das Unbewusste in Institutionen, internationale Care-Debatte. margrit.brueckner@fra-uas.de

Köttig, Michaela: Dr. disc. pol., Dipl. Sozialarbeiterin/-pädagogin, Professorin für Gesprächsführung, Kommunikation und Konfliktbearbeitung und Sprecherin des Kompetenzzentrums für Soziale Interventionsforschung an der Frankfurt University of Applied Sciences im Fachbereich Soziale Arbeit. Forschungsschwerpunkte: rekonstruktive Beratung und Konfliktanalyse, Gender und Rechtsextremismus mit dem Fokus auf Familiengeschichte, biografische Entwicklungen und Gruppeninteraktionen, (forcierte) Migration, Adoleszenz, Biografieforschung, Ethnografie, Übersetzung qualitativer Forschungsmethoden in den Kontext der Sozialen Arbeit. koettig@fra-uas.de

Rose, Lotte: Dr.phil., Dipl. Pädagogin, Professorin an der Frankfurt University of Applied Sciences, Fachbereich Soziale Arbeit und Gesundheit, Leitung des Gender- und Frauenforschungszentrums der Hessischen Hochschulen (gFFZ), Forschungsschwerpunkte: Gender Studies, Food Studies, Fat Studies, Human Animal Studies, Geburtshilfe- und Elternschaftsforschung, Ethnografie. rose@fra-uas.de

Rubin, Yvonne: Prof. Dr.phil., M.A. Soziale Arbeit, B.Sc. Pflege und Gesundheit, Professorin für Soziale Arbeit mit dem Schwerpunkt Lebensalter und Lebenslagen an der Ernst-Abbe-Hochschule in Jena. Arbeits- und Forschungsschwerpunkte: Soziale Arbeit in Kontexten des Alterns, sozialräumliche Geschlechterforschung, sozialstaatliche Transformationsprozesse, Sozialraumentwicklung, qualitativ-rekonstruktive Forschung und Handlungsforschung. yvonne.rubin@eah-jena.de

Thiessen, Barbara: Dr.phil., Dipl. Päd., Dipl. SozPäd. (FH), Supervisorin, Professur für Erziehungswissenschaft mit dem Schwerpunkt Beratung und Geschlecht an der Fakultät für Erziehungswissenschaft der Universität Bielefeld. Arbeitsschwerpunkte: rekonstruktive und sozialtheoretische Beratungsforschung in Kontexten Sozialer Arbeit und Bildung, theoretische und empirische Perspektiven auf Geschlecht, Care und private Lebensformen, Theorien und Methoden gendersensibler Beratung. barbara.thiessen@uni-bielefeld.de

Register